NATIONALPARK

KALKALPEN

DAS GESAMTPROJEKT

HANS PETER GRANER

NATIONALPARK KALKALPEN

DAS GESAMTPROJEKT

Mit 231 Farbabbildungen

VERLAG CHRISTIAN BRANDSTÄTTER · WIEN–MÜNCHEN

Die Deutsche Bibliothek – CIP-Einheitsaufnahme
Ein Titelsatz für diese Publikation ist bei
Der Deutschen Bibliothek erhältlich

Gefördert aus Mitteln
der Naturschutzabteilung des Landes
Oberösterreich

Mit freundlicher
Unterstützung der Wiener Städtischen
Versicherungs AG

1.Auflage 1999

Die graphische Gestaltung und die technische Betreuung des Werkes
stammen von Rudolf Metzger, das Lektorat besorgte Maria Seifert.
Die Reproduktion der Abbildungen erfolgte bei Grafo in Wien.
Druck und Bindung des Werkes bei Druckerei Gutenberg, Wiener Neustadt.

ISBN 3-85498-019-1

Christian Brandstätter Verlagsgesellschaft m.b.H.
A-1010 Wien, Schwarzenbergstraße 5
Telephon (+43-1) 514 05-0, Telefax (+43-1) 514 05-231

Inhalt

Mit dem Nationalpark Kalkalpen entstand ein Meilenstein in der Geschichte des Naturschutzes in Oberösterreich. Nicht nur wir, sondern vor allem die nächsten Generationen werden von diesem Projekt profitieren. Als zuständiger Landesrat für Naturschutz bin ich daher besonders stolz auf dieses Stück wunderschöner Natur.

Dieses Buch stellt das „Gesamtprojekt Nationalpark Kalkalpen“ vor. Beginnend bei der Entstehung des Nationalparkgedankens, behandelt dieses Werk die interessantesten Themen rund um dieses Naturdenkmal Oberösterreichs.

Neben den Naturschätzen mit den ansässigen Pflanzen und Tieren des 1. Verordnungsabschnittes wird besonders der Naturraum der Haller Mauern, des Warscheneckstocks und des gesamten Toten Gebirges vorgestellt.

Man erfährt den Nationalparkbegriff als Vision der Region Eisenwurzen und des Salzkammerguts. Der Geologie dieser faszinierenden Kalkberge wird ebenso ein gebührender Raum gewidmet wie der Wunderwelt des Karsts mit seinen zahllosen klaren Quellen.

Die „dunkle Mystik“ der im Inneren der Berge vorkommenden gigantischen Höhlensysteme wird für Sie beleuchtet und bringt Ihnen dieses geheimnisvolle Thema näher.

Nicht vergessen darf man bei einer umfassenden Betrachtung des Themas Nationalpark die geschichtliche Entwicklung mit jahrhundertealter Tradition der Eisenwurzen und der Hammerherrengeschlechter. Interessante Aspekte ergeben sich auch, wenn man die Geschichte des Salzwesens, des Salzkammerguts und der Volkskulturen mit ihren Brauchtümern studiert.

Neben dieser historischen Betrachtung werden aber auch Einblicke in aktuelle Managementmaßnahmen und Arbeitsprogramme der Nationalparkverwaltung gewährt.

Dieses von zahlreichen namhaften Wissenschaftlern begleitete Werk verschafft Ihnen einen guten Gesamtüberblick über dieses komplexe und vielfältige Thema „Nationalpark“.

Eine schöne Zeit beim Lesen wünscht Ihnen

Dipl.-Ing. Erich Haider
Naturschutz-Landesrat

Die nördlichen Kalkalpen bilden in Österreich von Ost nach West ein 500 km langes und 50 km breites Band an faszinierenden Karstlandschaften.
Die wild zerklüfteten, schroffen Gipfel der Haller Mauern, des Sengsengebirges, des Warscheneckstocks und des Toten Gebirges bilden mit dem vorgelagerten wald- und schluchtenreichen Reichraminger Hintergebirge einen besonders repräsentativen Querschnitt des Karsts in Österreich.
Die Kalkstöcke der nördlichen Kalkalpen sind auf Grund unzähliger Dolinen, ausgedehnter Karrenfelder, von eiszeitlicher Vergletscherung gebildeter steiler Kare oder auf Grund des Gebirgsbildungsprozesses aufgetürmter gigantischer, senkrechter Felswände für den Wanderer oft nur mühsam zu erkunden.
Seit Menschengedenken ist auch der Salzreichtum des Kalkgebirges bekannt. Die Hochkultur der Hallstattzeit hat diesem „Weißen Gold" seine europaumspannende Bedeutung zu verdanken. Seit der Zeit der Habsburger ist das Salz Grundlage des Wohlstandes des Salzkammerguts und in Form von Solebehandlungen auch des Kur-Tourismus.
Das überragende Erbe der „Welt des Eisens" in der „Eisenwurzen" – einer wunderbaren Gewerbe- und Industrielandschaft, die sich wie ein weit verzweigtes Geflecht, vom Erzberg ausgehend, in das Alpenvorland ausweitet – wird heute sorgsam in der Nationalparkregion bewahrt und auch fachgerecht präsentiert.
Die Bergstöcke beherbergen aber vor allem in ihrem Inneren ein aus Abertausenden Spalten und Klüften gebildetes Netz an Hohlräumen, das sich manchmal dem menschlichen Auge in Form von gigantischen Höhlensystemen mit riesigen Hallen, Hunderte Meter tiefen Schächten und einer wahren Wunderwelt aus Tropfstein und Eis präsentiert. Durch diese „Wasserwege" findet das kostbare Naß seinen Weg durch den Fels und sprudelt in zahllosen glasklaren Quellen am Bergfuß wieder zu Tage.
Heute ist die Gewinnung von glasklarem, geschmacklich einwandfreiem Trinkwasser zu einer eminent wichtigen Frage unserer Zivilisation geworden. Gerade diese Kalkstöcke halten für die österreichische Bevölkerung die benötigten Trinkwasserreserven behutsam bereit.
Die Stadt Wien hat den Wert des „kostbaren Nasses" schon vor über 100 Jahren richtig erkannt und nicht nur mit den beiden Hochquellenwasserleitungen aus dem Schneeberg/Raxgebiet und dem Hochschwabmassiv Vorsorge für eine einwandfreie Trinkwasserversorgung getroffen, sondern auch mit der nachhaltigen Pflege ihrer Quellschutzforste, einer klugen Ankaufspolitik an Grundflächen und einem europaweit beachteten Karstforschungsprojekt für die Wassergewinnung die Weichen für die Zukunft gestellt.
Die Naturschutz- und Alpinvereine sind mit ihrem unbeugsamen Kampf um die Erhaltung der romantischen Schluchten des Reichraminger Hintergebirges Vorreiter der späteren Hainburgbewegung. Dieser Einsatz der Naturschützer hat sich bis heute gelohnt. Es gilt nun das Gesamtprojekt des Nationalparks Kalkalpen schrittweise umzusetzen, denn der Nationalparkgedanke hat in unserer heutigen Zeit, gerade was den Naturschutz und die Sicherung unserer wichtigsten Ressourcen betrifft, nichts an Aktualität verloren, sondern bewährt sich mehr und mehr auch als Hüter der Landschaft, ihrer Menschen und ihrer gelebten Volkskultur.

DR. MICHAEL HÄUPL
Bürgermeister der Stadt Wien

GRAPHIK: HANS PETER GRANER

NATIONALPARK OBERÖSTERREICHISCHE KALKALPEN

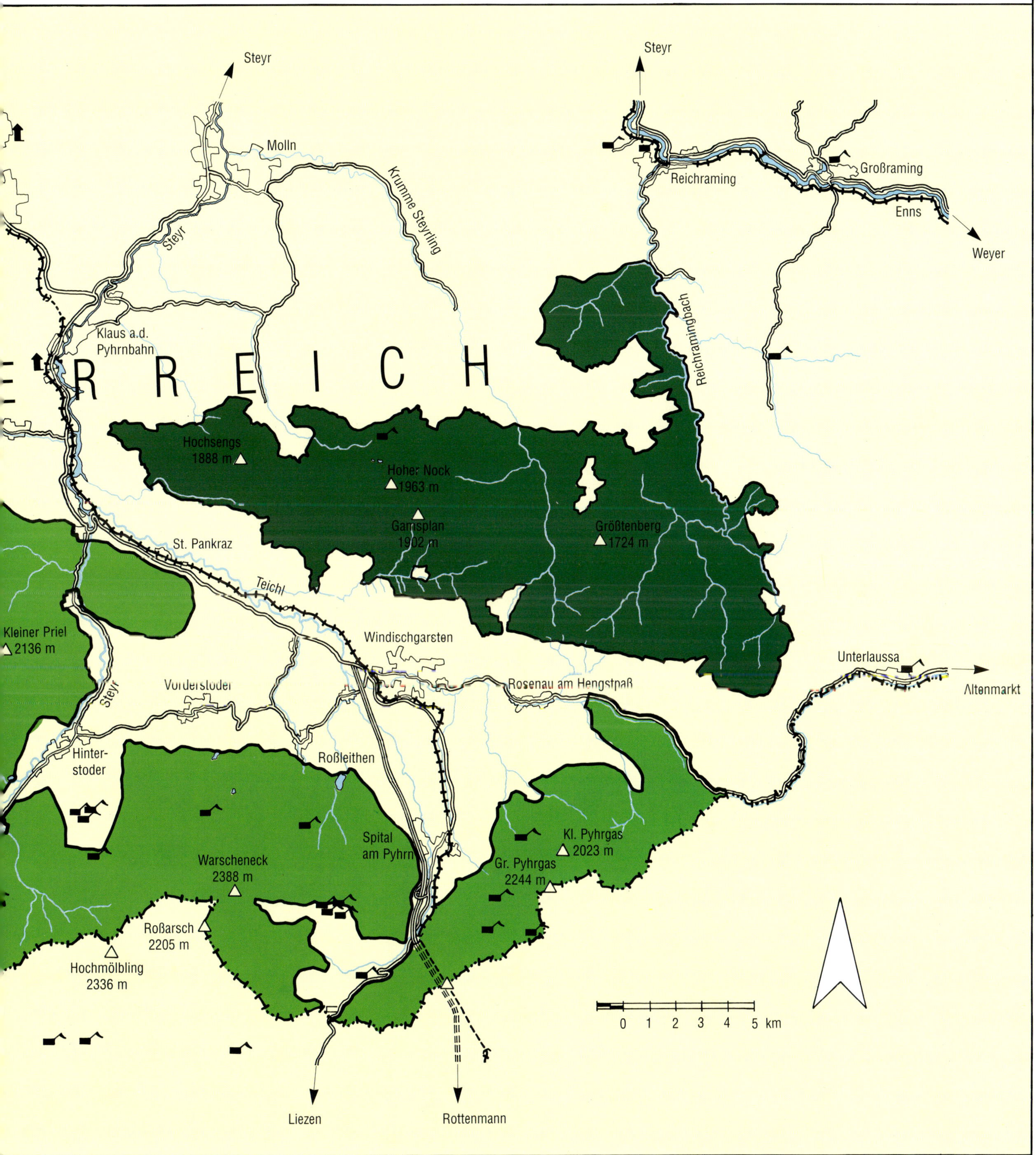

Vom Aufstieg zum Warscheneck senkt sich der Blick zum kreisrunden Brunnsteiner See und dem darüber auf der Plateaufläche befindlichen Lärchen-Zirbenurwald. Gegenüber: Wuchtig ragt die Rote Wand über den Teichlboden.

...Zur Freude und Erbauung nachfolgender Generationen...

Die Nationalparkidee

Narzissen gehören im Nationalpark zu den zahlreichen Wiesenbewohnerinnen.

In der ersten Hälfte des 19. Jahrhunderts entdeckten wagemutige Waldläufer im heutigen Bundesstaat Wyoming in den USA ein Gebiet mit unglaublichen Naturwundern: Tausende siedendheiße Quellen, ergänzt durch schier endlos scheinende Katarakte von Sinterterrassen, aufgelockert durch blubbernde Schlammtöpfe und Fumarolen, gepaart mit Geysiren, die gewaltige Wasserfontänen gegen den stahlblauen Himmel schicken – und zwischen und neben all diesen vulkanisch bedingten Naturwundern Bilder fast paradiesischen Friedens mit großen Herden von Bisons und Wapiti-Hirschen vor der gewaltigen Kulisse der schneebedeckten Rocky Mountains, umtost von gewaltigen Wasserfällen.

Es war also durchaus kein Wunder, daß weit vorausblickende Männer und Frauen diese an den „Garten Eden“ erinnernden Naturschätze in ihrer Gesamtheit vor Ausbeutung und Zerstörung durch Schürf- und Landrechte – „For the benefit and the enjoyment of people and future generations“ („Zur Freude und Erbauung nachfolgender Generationen“) – für alle Zeit bewahren wollten. So schuf 1872 der amerikanische Kongreß den 8991 km² großen Yellowstone Nationalpark.

Gerade in dieser Bilderbuchlandschaft wollte man eine Naturschutzidee verwirklichen, die bis zum heutigen Tage einen immens wichtigen Bestandteil des Nationalstolzes und der Identität der Vereinigten Staaten bildet. Hier sollten Pflanzen, Tiere, Berge, Täler, Flüsse, Geysire und all die vielgestaltigen Naturwunder sich vollkommen selbst überlassen bleiben. Nichts im natürlichen Lebensgefüge sollte durch den Menschen nachhaltig verändert werden – nur in Teilbereichen sollte der Mensch zur Erholung und Erbauung diese Naturschätze mit seinen Sinnen aufnehmen dürfen.

Diese Idee – eine gewaltige Kulturleistung für eine damals noch junge, aufstrebende Weltmacht – schlug weltweit wie eine Bombe ein: Nationalpark – welch ein Wort! Hier werden die letzten Paradiese auf Erden bewahrt, hier gibt es noch unberührte Wildnis und keinerlei Beeinträchtigung durch die moderne Zivilisation. „Nationalpark“ – das bedeutet Ehrfurcht des Menschen vor der Erhabenheit der Schöpfung, hier ist der Mensch noch klein und die Natur noch groß! „Nationalpark“ steht aber auch für den Stolz einer Nation, seine Naturschönheiten zu bewahren und zu präsentieren.

Seit seinen Anfängen vor Jahrmillionen ist der Mensch gewohnt, die Natur zu nutzen und nach seinen Maßstäben zu verändern, ja ihrer dem Menschen scheinbar „feindlich“ gesinnten Urgewalt die für sein Leben notwendigen Dinge „abzutrotzen“ und sie sogar zu „besiegen“. Erst nach der industriellen Revolution hat man allmählich erkannt, wie wertvoll und einzigartig die Natur und ihr Wirkgefüge sind. Erst die zunehmende wissenschaftliche Erkenntnis hat uns gelehrt, wie verletzbar unser blauer Planet und damit wir selbst im endlosen Universum wirklich sind: Menschenwerk kann von Menschenhand neu geschaffen werden, eine seltene Tier- und Pflanzenart, besondere geologische Formationen und Kreisläufe des Lebens jedoch lassen sich nie mehr ersetzen, wenn sie einmal ausgerottet oder vernichtet sind. Heute sind selbst großräumige Naturlandschaften durch die übermächtige Gegenwart einer scheinbar grenzenlosen, auf den schnellen maximalen Gewinn orientierten Weltwirtschaft von der vollständigen Vernichtung bedroht.

EINE IDEE SETZT SICH DURCH

Die Sehnsucht nach Urlandschaften wird in unserer übertechnisierten „Leistungsgesellschaft“ immer drängender – und der Mangel an solchen letzten Paradiesen immer größer.

Aus diesen Gründen setzte sich der idealistische Schutzgedanke des Nationalparks auch weltweit durch. Über 120 Länder nennen bereits rund 2200 Nationalparks ihr eigen. Auch in Europa wurden schon zahlreiche Nationalparks geschaffen. Aber der Kontinent der Alten Welt war und ist im Gegensatz zu den Vereinigten Staaten bereits zum Großteil dicht besiedelt, und dementsprechend wurde das Land mehr oder weniger intensiv genutzt. Großräumige, geschlossene und unberührte oder kaum vom Menschen in Anspruch genom-

mene Flächen finden sich in Europa nur mehr in den Hochgebirgen und Tundren, teilweise in Feuchtgebieten an Flüssen und Seen oder hie und da noch in einzelnen Meeresrefugien. Der Nationalparkgedanke wurde zunächst in Europa auch von politischen Entscheidungsträgern dahingehend mißinterpretiert, daß die Schutzmaßnahmen eher auf die Sicherung der menschlichen Lebensgrundlagen abzielten als darauf, der Natur und ihren ungestörten Entwicklungsmöglichkeiten höchste Priorität einzuräumen. Der fundamentalen Auffassungsunterschiede und der kleinräumigen Gegebenheiten wegen konnten in Europa Nationalparks nicht so ohne weiteres per

Das frische Grün der Lärchen umrahmt die smaragdenen Wasser des Steirersees.

Die frühlingshafte Große Schlucht im Reichraminger Hintergebirge

Gesetz verordnet werden. Im Gegenteil, Nationalparks mußten – und müssen besonders heute – erst in mühsamer Kleinarbeit gemeinsam mit der ortsansässigen Bevölkerung erarbeitet werden. Vor allem die Einheimischen sehen in der Errichtung von Nationalparks oft eine „großstädtische Fremdbestimmung“ – und dieses Mißtrauen muß erst einmal durch intensive Aufklärungsarbeit abgebaut werden!

Eine glückliche Ausnahme bildet der Schweizer Nationalpark in Graubünden. Am 1. August 1914 eröffnet, stellt er eines der ersten verwirklichten Projekte Europas dar. Seine Berühmtheit verdankt er den rigorosen Schutzbestimmungen, die durchaus amerikanischen Verhältnissen gleichkommen. Im übrigen Europa wurden die strengen amerikanischen Schutzbestimmungen bald heftigst diskutiert. Unterschiedliche Vorstellungen über den Grad der Unterschutzstellung führten schließlich dazu, daß die Anforderungen des „Totalnaturschutzes“ in Frage gestellt und letztlich neu interpretiert werden mußten. Man versuchte, neue Nationalparkkriterien zu formulieren, um eine international verbindliche Definition des Begriffes „Nationalpark“ zu entwickeln – ein notwendig gewordener Schritt, da einzelne Länder mit dem inzwischen populären Prädikat „Nationalpark“ sozusagen Etikettenschwindel betrieben und solche Gebiete ohne strengere Schutzbestimmungen aus reiner Vermarktung für den Fremdenverkehr ins Leben riefen. 1969 wurde der erste Schritt einer eindeutigen Definition des Begriffs „Nationalpark“ durch die Generalversammlung der IUCN (International Union for Conservation of Nature and Natural Ressources) – einer 1948 gegründeten Teilorganisation der UNESCO – getan. 1972 folgte auf der 11. Hauptversammlung der IUCN im kanadischen Banff und 1978, bei der 2. Weltkonferenz für Nationalparks im berühmten Grand Teton National Park in den USA, die dringend notwendige Modifizierung des Nationalparkbegriffes entsprechend den europäischen Verhältnissen sowie die Ausarbeitung von zehn Schutzgebietskategorien.

So entschloß sich die IUCN 1980, eine „United List of National Parks and Equivalent Reserves“ zu erstellen, in der zunächst in den besagten Kategorien geschützter Gebiete die Nationalparks in Kategorie II aufgelistet waren.

Nicht nur die europäischen Problemstellungen über Schutzstatus und Zonierungen, sondern auch teilweise unklare Unterschiede zwischen den einzelnen Kategorien oder in Fragen des Meeresschutzes ließen deutlich werden, daß das Klassifikationssystem nochmals überarbeitet werden mußte. Die Nationalparkkommission CNPPA (Categories, Objektives and Criteria for Protected Areas) überarbeitete nun das Klassifikationssystem der Schutzgebiete.

DIE NATIONALPARKDEFINITION

Anläßlich des 4. Nationalpark-Weltkongresses in Caracas (Venezuela) im Jahre 1992 wurde beschlossen, neue standardisierte Richtlinien und Klassifikationen für Schutzgebiete auszuarbeiten.

Seit 1994 liegen nun diese neuen Richtlinien der IUCN vor. Sie entsprechen den Prinzipien der schon 1978 erarbeiteten Richtlinien, haben diese aber auf heutigen Stand gebracht, klarer voneinander abgegrenzt, vereinfacht und besser verständlich gemacht. Zudem sind die neuen Richtlinien eine Art „Handwerkszeug“ für das Management, aber kein einengendes Regelwerk, und flexibel genug, um der weltweiten Vielfalt zu genügen. Statt der bisher zehn Schutzgebietskategorien gibt es nunmehr sechs, wobei der Begriff „Nationalpark“ weiterhin der Kategorie II zugeordnet ist.

Definition

Als Nationalpark bezeichnet man ein natürliches Landgebiet oder marines Gebiet, das ausgewiesen wurde, um (a) die ökologische Unversehrtheit eines oder mehrerer Ökosysteme im Interesse der heutigen und kommender Generationen zu schützen, um (b) Nutzungen oder Inanspruchnahmen, die diesen Zielen widersprechen, auszuschließen, und das (c) eine Basis für geistig-seelische Erfahrungen sowie umwelt- und kulturverträgliche Forschungs-, Bildungs- und Erholungseinrichtungen für Besucher bietet.

Managementziele

- Schutz natürlicher Regionen und landschaftlich reizvoller Gebiete von nationaler und internationaler Bedeutung für geistige, wissenschaftliche, erzieherische, touristische und Erholungszwecke;
- dauerhafter Erhalt charakteristischer Beispiele physiographischer Regionen, Lebensgemeinschaften, genetischer Ressourcen und von Arten in einem möglichst natürlichen Zustand, damit ökologische Stabilität und Vielfalt gewährleistet ist;
- Besucherlenkung für geistig-seelische, erzieherische, kulturelle und Erholungszwecke in der Form, daß das Gebiet in einem natürlichen oder naturnahen Zustand erhalten wird;
- Beendigung und sodann Unterbindung von Nutzungen oder Inanspruchnahme, die dem Zweck der Ausweisung entgegenstehen;
- Respektierung der ökologischen, geomorphologischen, religiösen oder ästhetischen Attribute, die Grundlage für die Ausweisung waren;
- Berücksichtigung der Bedürfnisse der eingeborenen Bevölkerung einschließlich deren Nutzung bestehender Ressourcen zur Deckung des Lebensbedarfs mit der Maßgabe, daß diese keinerlei nachteilige Auswirkungen auf die anderen Managementziele haben.

Auswahlkriterien

- Das Gebiet muß ein charakteristisches Beispiel für Naturregionen, Naturerscheinungen oder Landschaften von herausragender Schönheit enthalten, in denen Pflanzen- und Tierarten, Lebens-

Hauchzarte Wasservorhänge zaubern mit grünen Moospolstern Licht und Farbe in das Grau der Felsen.

Der romantische Schiederweiher mit der mächtigen Felsfront der Spitzmauer und des Großen Priel

räume und geomorphologische Erscheinungen vorkommen, die in geistig-seelischer Hinsicht sowie für Wissenschaft, Bildung, Erholung und Tourismus von besonderer Bedeutung sind.

- Das Gebiet muß groß genug sein (aus Praktikabilitätsgründen ca. 1000 ha), um ein oder mehrere vollständige Ökosysteme zu erfassen, die durch menschliche Inanspruchnahme oder menschliche Nutzungen nicht wesentlich verändert wurden.

Mächtige, uralte, bemooste Eschen säumen die unberührten Karstbäche.

Zuständigkeiten

Die oberste zuständige Behörde eines Staates sollte im Normalfall Eigentümer des Schutzgebietes und dafür verantwortlich sein. Die Verantwortung kann aber auch einer anderen Regierungsstelle, einem Gremium von Vertretern der eingeborenen Bevölkerung, einer Stiftung oder einer anderen rechtlich anerkannten Organisation übertragen werden, die das Gebiet einem dauerhaften Schutz gewidmet hat.

Die Zugänglichkeit ist in einem Nationalpark eine Grundvoraussetzung zu „geistig-seelischen, erzieherischen, kulturellen und Erholungszwecken", wobei Grad und Art der Erschließung reglementiert werden können.

Nationalparks dienen in erster Linie dem Schutz des fragilen Wirkgefüges der Natur und ihrer Lebensgemeinschaften. Leider gibt es in diesem Punkt des öfteren fundamentale Differenzen mit Politikern und Tourismusmanagern. Diese sehen in Nationalparks zumeist Erholungsgebiete, die möglichst gut vermarktet werden sollen, um maximalen Nutzen aus einer Landschaft zu ziehen. Gerade bei diesem heiklen Thema treffen sich oft die fundamentalen Interessen der ortsansässigen Bevölkerung und der Naturschützer. Ruhe, Beschaulichkeit und Qualitätstourismus (nicht monetär gemeint, sondern was das „qualitätsvolle" Erleben der Natur mit allen Sinnen betrifft) sind die Gemeinsamkeiten vor Massentourismus, Verkehrsinfarkt und „Mega-Events". Selbstverständlich kommt der naturorientierten Erholung und dem Naturerlebnis in Nationalparks ebenfalls große Bedeutung zu, doch sollten wir dabei nie aus den Augen verlieren, daß der Schutz der Natur höchste Priorität hat, wenn man dem Schutzauftrag nachkommen will. Wir alle – Naturliebhaber aus dem In- und Ausland – sollten dafür Verständnis aufbringen, daß gewisse Einschränkungen und Lenkungsmaßnahmen für Besucher einfach notwendig sind.

Links: Hellgrüne Rotbuchenblätter im gleißenden Frühlingslicht
Gegenüberliegend: Die schneebedeckte Schermberg-Nordwand lugt über die dunkle Wasserfläche des Großen Ödsees.

Warum ein Nationalpark in den Kalkalpen?

Die gewaltigen Wurzeln dieser uralten Zirbe lassen den Wanderer staunen.

Im Südosten Oberösterreichs liegt eine faszinierende, mit bizarren, fast lebensfeindlich wirkenden Steinwüsten durchsetzte Kalklandschaft, von hoch aufgetürmten und wild zerklüfteten steilen Gebirgsstöcken begrenzt, von ausgedehnten, naturbelassenen Laub- und Nadelmischwäldern umrahmt, um die sich eine seit Jahrhunderten vom Menschen bewirtschaftete, traditionsreiche, gewachsene Kulturlandschaft in den Tallagen schmiegt – die Kalkalpen!

Das ausgedehnte, waldreiche Reichraminger Hintergebirge stellt mit rund 200 km² Fläche das größte, geschlossene, von keinerlei Siedlungsraum unterbrochene, überwiegend aus Laubwald bestehende Waldgebiet der Nördlichen Kalkalpen dar. Diese eher sanftkuppige Mittelgebirgslandschaft zwischen 900 und 1300 m Seehöhe (höchste Erhebung ist der Größtenberg mit 1724 m) wird von einem wahren Labyrinth tief eingeschnittener, unzugänglicher, kilometerlanger Schluchten durchzogen, deren Bäche sich in den harten Dolomit gefressen haben. Das Bachsystem des Reichramingbaches ist mit rund 180 km Länge das ausgedehnteste, ungestörte Bacheinzugsgebiet der Ostalpen mit nahezu Trinkwasserqualität!

An das Hintergebirge schließen im Westen das Sengsengebirge und die Haller Mauern als hochalpine Kettengebirge an.

Das Sengsengebirge hat sozusagen zwei „Gesichter“: Zeigt es dem Wanderer vom südlich gelegenen Windischgarstner Becken das eher sanfte, leicht zugängliche Antlitz, so bricht es gegen Norden mit teilweise senkrechten, schroffen und charakteristisch vertikal geschichteten, bis zu 600 m hohen Wetterstein- und Dolomitgesteinswänden zu den waldreichen Almböden ab. Der gänzlich verkarstete Gebirgsstock erreicht knapp 2000 m Höhe und ist durch extreme Wasserlosigkeit in den Hochlagen sowie durch breitgestreute Quellaustritte in den Mittel- und Tieflagen geprägt.

Die Haller Mauern sind noch wesentlich stärker zerklüftet. Die hoch aufragenden, gescharteten, mit steilen Graten, steinigen Karen, beeindruckenden Wandfluchten ausgestatteten und über breite Trogtäler zugänglichen, hellen Dachsteinkalkwände der bis zu 2200 m hohen Gipfel erscheinen aus den Tallagen fast unbezwingbar. Dieser eindrucksvolle Gebirgszug bildet im Süden den malerischen alpinen Abschluß des Windischgarstener Tals und weist ins steirische Admonter Becken.

Der bis zu 2400 m hohe Warscheneckstock mit seinem typisch horizontal gebankten Dachsteinkalk stellt den östlichen Teil des Toten Gebirges dar und zählt zum Typus des verkarsteten Plateaugebirges. Hier stockt an seiner nordöstlichsten Verbreitungsgrenze der wahrscheinlich größte, geschlossene, ungenutzte Karbonat-Lärchen-Zirbenurwald der Alpen – ein verstecktes Juwel der Kalkalpen!

Auf der Wurzeralm am Teichlboden befindet sich eine weitere Besonderheit des Gesamtprojektes Nationalpark Kalkalpen – die zu den höchstgelegenen Latschenhochmooren des gesamten Alpenraumes zählenden Moorgebiete des Oberen und Unteren Filzmooses!

Die Karstriesenquelle des Pießling-Ursprungs stellt mit einer durchschnittlichen Schüttung von 1000 l/sec (eine randvolle Badewanne!) eine der größten Karstquellen Österreichs mit Trinkwasserqualität dar.

Das sich vom Warscheneckstock im Osten bis nach Bad Ischl im Westen erstreckende Tote Gebirge gilt mit über 400 km² Ausdehnung als das gewaltigste Karsthochplateau Mitteleuropas und ist weltweit als typisch hochalpine Karstformation mit modellhaft ausgeprägten Karsterscheinungen bekannt. Der Name „Totes Gebirge“ ist für diese abweisende, scheinbar wasser- und vegetationslose „Steinwüste“, die an eine Mondlandschaft erinnert, ausgezeichnet gewählt.

Wie unüberwindliche, gigantische „Felsburgen“ mit senkrechten Wänden und zinnenbewehrten Graten umrahmen die Gipfel das an ein wüstenhaftes Ödland erinnernde Hochplateau. Wer kennt sie nicht, die berühmte Ansicht mit Spitzmauer, Brotfall und Großem Priel, vom Stodertal aus gesehen! Die Schermbergnordwand – vom Almtal aus erreichbar – gehört mit ihren 1400 m hoch aufragenden, senkrechten Felswänden zu

Gegenüber: Der steile Nordabfall des Sengsengebirges im aufziehenden Gewitter

Die verwachsenen Stadeln in den blumenübersäten Wiesen der Mollner Breitenau zeigen den behutsamen Umgang des Menschen mit der Kulturlandschaft.

den mächtigsten und eindruckvollsten Wandbildungen der Ostalpen!

Hier senken riesige Dolinen die wellige, einst von Laub- und Nadelwäldern bestandene Hochebene mit ihren charakteristischen Trichtern ein. Über 3000 (!) ausgedehnte Höhlensysteme, wie das der Raucherkarhöhle mit über 50 km Länge, bilden in dem mächtigen Karstgebirgsstock großteils unerforschte und unermeßliche Labyrinthe des Wassers. Die kolossale Tiefenbronnerhalle (305 m Längs-, 85 m Quer- und 50 m Höhenerstreckung) ist der größte Höhlenraum Mitteleuropas, der Schacht der Feuertalhöhle reicht unglaubliche 913 Höhenmeter vertikal in das Innere des Gebirges! Ein unendliches Gewirr von verschiedensten Karrenbildungen an der Oberfläche leitet das Regenwasser durch ungezählte Klüfte in diese gewaltigen Höhlensysteme einer Vielzahl von Karstquellen zu.

Artenreiche Fettwiesen sind das beste Futter für das Vieh.

An die 2000 Blüten- und Farnpflanzenarten, 3000 Großpilze und 15 000 weitere Pilzarten beherbergen die Karstgebirge und ihre ausgedehnten Wälder. Hier fühlen sich 50 Säugetierarten, 130 Vogelarten und an die 800 verschiedene Arten von Großschmetterlingen wohl. Fast 4500 Käferarten leben von und auf abgestorbenen Baumriesen der naturnahen Wälder. Rund 1000 Quellen speisen mit ihrem kristallklaren Wasser fast 700 km natürliche Bachläufe. Und dies alles nur im bis dato (1. Verordnungsabschnitt) bestehenden Nationalpark Kalkalpen, der untersucht wurde.

Die äußerst kompliziert aufgebauten, mannigfaltigen Gesteinsserien der „Hallstätterzone“ beherbergen zudem gehäuft auftretende Gips- und vor allem Salzlagerstätten (Bad Ischl, Bad Goisern, Altaussee, Bad Aussee, Grundlsee), die seit Menschengedenken den Wohlstand und den Ruf des Salzkammergutes ausmachen.

Die sensationellen Funde in der Ramesch-Knochenhöhle am Warscheneck, in der Gamssulzenhöhle am Gleinkersee und in der Nixlucke bei Losenstein stellen eindrucksvolle Zeugnisse der frühesten Anwesenheit des Menschen dar. Die Höhlen des Toten Gebirges sind zudem die ältesten Kultstätten des Alpenraumes.

Abgerundet wird dieses Bild einer vom Kalk geprägten und geschaffenen faszinierenden Naturlandschaft mit ihren typischen Pflanzen und Tieren durch die einerseits von Bauernhand behutsam gepflegte und geprägte Kulturlandschaft mit ihren Almen und sorgsam erhaltenen Gehöften, andererseits durch die Errungenschaften der 300 Jahre andauernden Hochblüte in der Sensenerzeugung der „Eisenwurzen“. Der durch Salz- und Eisengewinnung entstandene enorme Bau- und Brennholzbedarf wurde zudem durch eine sich entwickelnde naturnahe Forstwirtschaft mit ausgedehnten Klausen und Triftanlagen zur Holz-

Der im Juni blühende Bocksbart überzieht die Wiesen mit einem gelben Blütenmeer, während im Hintergrund das schneebedeckte Tote Gebirge thront.

Knabenkräuter gehören zur Blütenpracht des Nationalparks.

bringung in den wasserreichen Wäldern abgedeckt.

Wen wundert es also, daß sich die Alpinvereine und Naturschutzorganisationen so lange mit zäher und unbeirrbarer Beharrlichkeit für das große Ziel eines Nationalparks Kalkalpen eingesetzt haben? Nun ist zumindest eine erste große Etappe geschafft. Im 1. Verordnungsabschnitt (Reichraminger Hintergebirge–Sengsengebirge) ist zunächst auf fast überwiegendem Bundesbesitz der Nationalpark rechtlich und organisatorisch verankert! Hier kann man der noch mißtrauischen und widerstrebenden Bevölkerung nunmehr das Wesen des Nationalparks vor Augen führen. Endziel muß es jedoch auch in Zukunft sein, mit unermüdlichem Einsatz aller das große Gesamtziel eines Nationalparks Kalkalpen auf oberösterreichischem und steirischem Gebiet im Bereich der Haller Mauern, des Warscheneckstocks und des Toten Gebirges zu verwirklichen – nicht nur zum Wohle der Natur, sondern auch zum Wohle der hier lebenden Menschen!

Kampf um das Waldgebirge

Von den stürmischen Tagen im Hintergebirge bis heute

Wie bei fast allen österreichischen Nationalparkprojekten entzündete sich der Naturschutzgedanke an einem naturvernichtenden Großprojekt: 1966 präsentierten die Ennskraftwerke in Molln Pläne für ein gigantisches System von Kraftwerken. Ein Pumpspeicherkraftwerk in der Mollner Breitenau erhitzte als erste Keimzelle des Widerstands die Gemüter der einheimischen Bevölkerung. Durch eine 140 m hohe Staumauer sollte der gesamte Talboden der Krummen Steyrling unter den Wassermassen eines 8 km langen Stausees – etwa so groß wie der Hallstätter See – verschwinden. Dem nicht genug, wollte man auch noch die Wasser der Steyr in die Enns ableiten – hochgepumpt werden sollten diese Wasser mit dem Strom aus einem Atomkraftwerk an der Ennsmündung!

Beinahe augenblicklich kam es, angetrieben durch die rührige Alpenvereinssektion aus Molln und eine 14köpfige Studentengruppe der Universität Innsbruck unter der Federführung des späteren ersten Nationalparkleiters Mag. Kurt Rußmann zum Widerstand gegen dieses Vorhaben. Als Gegenargumentation erarbeitete die Gruppe wohldurchdachte Pläne und Zonierungen zur Unterschutzstellung des Sengsengebirges, Reichraminger Hintergebirges und der Haller Mauern.

Im Januar 1967 erschütterte schließlich ein starkes Erdbeben – mit Zentrum direkt unter Molln – das Steyrtal. 1969 lehnte der Mollner Gemeinderat die Errichtung des Kraftwerksystems einstimmig ab und beschloß eine Volksbefragung. Dabei sprachen sich 65 Prozent der Befragten gegen das Pumpspeicherkraftwerk aus.

Der Verein „Rettet das Steyrtal“ sammelte 1973 insgesamt 70 000 Unterschriften gegen das Kraftwerksprojekt an der Krummen Steyrling. Dieser überaus entschlossene Widerstand und die von Wissenschaftlern kritisierte Unwirtschaftlichkeit des Großprojektes sowie die nicht wiedergutzumachenden Umwelteingriffe brachten letztendlich das Pumpspeicherkraftwerk zum Scheitern. Der Bau des Kraftwerkes Klaus – der ersten Baustufe des Gesamtprojektes – wurde trotzdem noch durchgezogen.

So schaffte die Mollner Alpenvereinssektion auch 1976 die Unterschutzstellung großer Teile des Sengsengebirges zu einem der strengsten und größten Naturschutzgebiete Österreichs. Etwa 3400 ha werden seit über 20 Jahren nicht mehr forstlich genutzt. Im Zuge der Arbeiten am Naturschutzgebiet Sengsengebirge taucht auch zum ersten Mal die Idee von einem „Nationalpark im Süden Oberösterreichs“ auf.

Doch die Technikeuphorie erreichte erst in den achtziger Jahren ihren Höhepunkt. So darf es nicht verwundern, daß schon 1981 der Plan eines Kanonenschießplatzes im Reichraminger Hintergebirge aus der Schublade gezogen wurde. Die seit dem Noricum–Waffenskandal sattsam bekannte GHN-15,5cm-Kanone der damaligen VOEST sollte in den einsamen Schluchten des Hintergebirges einer ersten technischen und ballistischen Funktionsprobe unterzogen werden.

Doch die aufgebrachte ortsansässige Bevölkerung und die eilig gegründete „Aktionsgemeinschaft Hintergebirge“ brachten zusammen mit den Naturschutzorganisationen auch dieses natur- und menschenverachtende Projekt im Mai 1982 zu Fall. Die VOEST verlegte den Schießplatz schließlich nach Eisenerz.

Einige Tage später tauchten jedoch bereits Gerüchte über ein geplantes Speicherkraftwerk im Hintergebirge auf. Die Ennskraftwerke AG (EKW) veröffentlichten alsbald ihre Pläne, am Großen Bach eine 100 m und eine 80 m hohe Staumauer zu errichten, in deren Stauseen die Naturjuwele der Großen Schlucht versinken und die wichtigsten Bäche durch Kraftwerksbeileitungen nahezu trockengelegt werden sollten. Und das bei einer lächerlichen Energieleistung von 93 Gigawattstunden (weniger als 0,2 % des österreichischen Stromverbrauchs!).

Kurz danach wurde schon die Basisgruppe „Schützt das Hintergebirge“ als Speerspitze des Widerstandes gegründet und präsentierte nun das Alternativkonzept „Nationalpark statt Kraftwerk“.

Im Februar 1983 wurde schließlich die „Arbeitsgemeinschaft Hintergebirge“ als Dachorganisati-

Zarte Wasserschleier beleben die üppig grünen Moospolster.

Gegenüber: Die Bewahrung des Unberührten, Wilden und Schönen war und ist vornehmste Aufgabe des Naturschutzgedankens.

on von 35 Natur- und Umweltvereinigungen zur Intensivierung des Widerstands ins Leben gerufen. Die Auseinandersetzungen um den Kraftwerksbau trieben bis Juni 1984 einem Höhepunkt entgegen. Nach Zustimmung der oberösterreichischen Landesregierung zum Kraftwerksbau begannen die EKW im Mai 1984 mit „Probebohrungen". Massive Proteste bewegten Landeshauptmann Dr. Josef Ratzenböck letztendlich doch noch dazu, die Bauarbeiten zu stoppen. Da diese Anordnung des Landeshauptmanns aber seitens der EKW ignoriert wurde, besetzten bis zu 300 Naturschützer aller Alters- und Bildungsschichten vom 20. Juni bis zum 5. Juli 1984 die Baustelle, um der „Meinung des Herrn Landeshauptmannes bei der EKW zur Durchsetzung zu verhelfen". Dieses erste große Beispiel mutigen zivilen Widerstands ist um so bemerkenswerter, als diese Ereignisse im Hintergebirge erst das Vorbild für die wenige Monate später stattfindende und weltweit bekannte friedliche Aubesetzung in Hainburg gegen den Bau des gleichnamigen Monsterkraftwerks darstellten. Schon zwei Wochen danach erklärten die zuständigen Politiker das vorläufige „Aus" des Projekts. Die unaufhörlichen und zähen Interventionen der alpinen Vereine und Naturschutzorganisationen (Alpenverein, Naturfreunde, Naturschutzbund, WWF) – im „Mollner Kreis" zusammengefaßt – gipfelten schließlich im September 1989 in der „Mollner Erklärung", in der die Schaffung eines Nationalparks für die herrliche Gebirgswelt des Toten Gebirges, der Haller Mauern und des Sengsengebirges sowie für das waldreiche Schluchtenlabyrinth des Hintergebirges in seiner Gesamtheit nach internationalen Kriterien gefordert wurde. Besonders hervorzuheben ist hier die unaufhörliche und unbeirrbare Aufbauarbeit des jungen Mollner Biologen Mag. Franz Maier, der auch heute noch als Generalsekretär des Umweltdachverbandes ÖGNU (Österr. Gesellschaft für Natur- und Umweltschutz) ein wachsames Auge auf die Entwicklung des Nationalparks Kalkalpen hat.

Noch im Herbst 1989 fiel der einstimmige Beschluß der oberösterreichischen Landesregierung, die Agrar- und Forstrechtsabteilung des Landes mit der Planung eines derartigen Nationalparks zu beauftragen. 1990 nahm die Planungsabteilung in Kirchdorf a.d. Krems ihre Arbeit auf. Leider beschränkten sich von Anfang an sämtliche Planungen ausschließlich auf den oberösterreichischen Nationalparkanteil, da man sich im steirischen Salzkammergut einfach politisch bezüglich der Einrichtung eines Nationalparks nicht einigen konnte. Außerdem glaubte man in der Steiermark, mit einem bis dato schon eingerichteten, strengen Naturschutzgebiet das Auslangen finden zu können.

Im Mai 1990 wurde auf Initiative der Alpinvereine und Naturschutzorganisationen der „Verein Nationalpark Kalkalpen" gegründet, der sich die „Schaffung, Erhaltung und Förderung des Nationalparks Kalkalpen" mit internationaler Anerkennung der IUCN zum Ziel machte. Unter der Leitung des damaligen Landeshauptmannes Dr. Josef Ratzenböck und des damaligen Naturschutzlandesrates Fritz Hochmair wurde der Verein auch von Regionalvereinen, involvierten Ministerien und Persönlichkeiten der Region beschickt. Man hatte sich ein ehrgeiziges Projekt zur Aufgabe gemacht. In den Kalkalpen sollte der größte Nationalpark Mitteleuropas entstehen und zu zwei Drittel in Oberösterreich, zu einem Drittel in der Steiermark liegen. „Dieser Nationalpark wird mit 1400 Quadratkilometern der größte Nationalpark Mitteleuropas", verkündete ein zuversichtlicher und stolzer Landesvater Dr. Josef Ratzenböck in einer seiner sonntäglichen Rundfunkreden.

Kurz danach wurde von Landwirten und Grundbesitzern eine „Interessengemeinschaft Planungsgebiet Nationalpark Kalkalpen" gegründet, die vor allem volle Information über die Planungsarbeiten sowie die Abgeltung vermögensrechtlicher Nachteile verlangte und Mitspracherecht einforderte.

Doch schon bald begannen, wie bei allen österreichischen Nationalparkprojekten üblich, die Proteste der Grundbesitzer gegen die Arbeit der Planer unter der Leitung von Mag. Kurt Rußmann, die die politischen Entscheidungsträger verunsicherten.

Auch die Österreichischen Bundesforste als größter Grundbesitzer im Planungsraum wiesen nun auf ihre berechtigten Anliegen hin. Vor allem die Entschädigungs- und Bewirtschaftungsfragen, das Problem der Jagd und die Einbeziehung privaten Grund und Bodens in das Nationalparkprojekt erhitzten die Gemüter. Viele Bauern fühlten sich durch die Öffentlichkeitsarbeit der Planer „überfahren" und reagierten teils mit wild entschlossener Ablehnung oder weit überzogenen Entschädigungsforderungen gegen ein Naturschutzprojekt, das sie in seiner vollen Tragweite gar nicht kannten.

Gegenüber: Die Große Schlucht im Hintergebirge wäre nach dem Wunsch der E-Wirtschaft 1984 in den Wassermassen des aufgestauten Reichramingbaches verschwunden.

Besonders im Herbst „erblühen“ die Kalk-Buchenmischwälder auf der Sonnseite vor dem dunklen Grün der Nadelwälder an der Schattseite. Dieses einzigartige, geschlossene Waldmeer galt es in einem Nationalpark zu schützen.

Natürlich wurden von den Planern auch Fehler gemacht – es wurde wohl verabsäumt, die Betroffenen früher einzubinden und umfassend zu informieren. Aber wie sollten sie das denn tun, wenn schon im Vorfeld aller Entscheidungsfindung durch die Politiker und in der verständlichen Euphorie der Planer und Naturschützer keine Gesamtsicht des Nationalparkprojekts vermittelt werden konnte?

Um den schwankenden Politikern „den Rücken zu stärken“, entschlossen sich nun die alpinen Vereine und Naturschutzorganisationen unter dem Motto „Nationalpark Kalkalpen jetzt“, der ablehnenden Haltung mancher Betroffener mit ehrlicher Information entgegenzutreten. Tatsächlich gäbe es im Nationalpark Einschränkungen für die Jagd, Almen hingegen wären eine unverzichtbare Bereicherung der Kulturlandschaft und somit auch förderungswürdig. Auch in den Randzonen könnte man das Land ganz normal bewirtschaften, verboten wären nur Großprojekte wie Schipisten, Seilbahnen und Schottergruben. Man wies zudem auf die wirtschaftliche Belebung der Region durch „Sanften Tourismus“ hin. Von den

Politikern wurde außerdem ein klares Bekenntnis zum Nationalpark eingefordert.

Nun legten die Planer einen Nationalparkgesetzesentwurf vor, der sofort von allen Seiten – ob Nationalparkbefürworter oder Gegner – via Medien kritisiert wurde. Die einsetzende Informationsoffensive der Planungsstelle brachte den Nationalparkgedanken der Bevölkerung vor Ort durch Ton-Dia-Schauen, Ausstellungen und Info-Material augenscheinlich näher. In den Orten der Region wurden nun „Nationalparkforen" gegründet, um die Bevölkerung zur Mitarbeit am Nationalparkprojekt zu animieren.

Sofort stieß man aber wiederum auf Mißtrauen, Unverständnis, ja auf geharnischten Widerstand. Die Stodertaler Bevölkerung verwandelte im April 1990 eine Turnhalle in einen wahren Hexenkessel. „Wir brauchen keine Forschung, die Forstleute wissen, was der Wald braucht!" „Wir wollen kein Zoo sein für das Naherholungsgebiet", tönte es den verdutzten Planern entgegen. „Beschränkt euren Nationalpark auf Bundesforstegebiet", meinten etwa die Bauern.

Landeshauptmann Dr. Josef Ratzenböck hatte jedoch sofort eine Antwort parat: „Wir zerlegen das Problem und versuchen, vorerst einen Teil zum Nationalpark zu machen. Es soll ein Modell entworfen werden, das dann studiert werden kann, und mit dem wir Erfahrungen sammeln können."

Etwas plakativer formuliert, meinte er schließlich in den Medien: „Ein Nationalpark ist wie ein Wiener Schnitzel. Wenn ich es auseinanderschneide, vermindert das nicht den Genuß!" Da half auch die Drohung von Naturschutzlandesrat Fritz

In der Gassel-Tropfsteinhöhle kann man diese „Tropfsteinorgel" bewundern.

In vielen Katarakten rieselt der Hochschlachtbach von einem „Tümpfel" (kreisrundes Becken) zum anderen.

Die Schneeheide-Kiefernwälder stocken auf sonnigwarmen, steilen und felsigen Wänden.

Hochmair nichts, sich „mit seinem letzten Blutstropfen gegen eine Schrumpfung des Nationalparks“ zu wehren.

Diese Entwicklungen führten unter anderem – ebenso wie die dauernden Querschüsse der Nationalparkgegner – zu einer Umbesetzung der Geschäftsführung der Nationalparkplanung und des Nationalparkvereines unter der Leitung von Dr. Erich Mayrhofer. Zu Beginn des Jahres 1992 wurde beim Land Oberösterreich der Naturschutz als eigene Abteilung eingerichtet. Die Nationalparkplanung wurde Teil der Naturschutzabteilung des Landes Oberösterreich. Im August 1992 zogen die Planer nun in die neue Planungsstelle nach Leonstein um.

Auch die Bundesforste erklärten nun nach langem Zögern ihre Bereitschaft zur Mitarbeit und wollten Partner des Nationalparks werden.

Im November 1992 gab Landeshauptmann Dr. Josef Ratzenböck schließlich die Teilung des Projektes in vier Verordnungsabschnitte (1. Abschnitt: Reichraminger Hintergebirge–Sengsengebirge, 2. Abschnitt: Haller Mauern–Warscheneckgruppe sowie 3. und 4. Abschnitt: Totes Gebirge) bekannt.

Ein nun vorgelegter erster Abgrenzungsvorschlag der Bundesforste für den ersten Verordnungsabschnitt (Reichraminger Hintergebirge – Sengsengebirge) auf Eigengrund von rund 9000 ha erwies sich aufgrund einer Zonierung aus rein betriebswirtschaftlicher Sicht als völlig unzureichend. Sofort brach wieder der seit langem schwelende Konflikt zwischen den Bundesforsten und Naturschützern auf, und es setzten massivste Proteste der Naturschutzorganisationen gegen die „Forstpartie“ ein. Hauptkritikpunkt war natürlich das Aussparen wertvollster Biotope im vorliegenden Abgrenzungsvorschlag. Der Koordinator der Alpinvereine und Naturschutzorganisationen sprach sich ebenso wie namhafte Landespolitiker gegen eine Entschädigung der Bundesforste aus, da es in anderen europäischen Staaten selbstverständlich sei, staatseigene Gebiete in Nationalparks kostenlos einzubringen. Die Nationalparkplaner legten nach einer fundierten Lebensraumbewertung einen Kernzonenvorschlag von 21 500 ha für den ersten Verordnungsabschnitt vor.

Der weiterhin in Diskussion stehende Gesetzesentwurf wurde von Alpinvereinen und Naturschutzorganisationen als vom internationalen Standard meilenweit entfernt bezeichnet, obwohl man sich grundsätzlich zum Planungskonzept bekannte. Auch forderte man von der Landespolitik aufgrund der jahrelang geleisteten Aufbauarbeit für das Nationalparkprojekt verstärkte Mitsprache der Naturschützer im Gesetzeswerdungsprozeß. Bauern, Einforstungsberechtigte und Grundbesitzer sahen wiederum ihre Rechte nur ungenügend wahrgenommen.

Ein nun Anfang 1993 von den Bundesforsten eingebrachter Abgrenzungsvorschlag von rund 16 000 ha im Reichraminger Hintergebirge und im Sengsengebirge brachte wieder Bewegung in die festgefahrenen Fronten, wobei die Bundesforste aber sogleich ihr Begehren formulierten, weiterhin in ihrem Gebiet als „heimliche Kaiser“ zu herrschen: Der Nationalparkforstmeister sollte etwa über das „naturräumliche Management“ ebenso bestimmen wie über die Liegenschaftsverwaltung, die Besucherlenkung, die Öffentlichkeitsarbeit und das Budget. Selbstverständlich zogen solche Forderungen die Verhandlungen weiter in die Länge, wobei auch dieser Minimalvorschlag von 16 000 ha noch weiter reduziert werden sollte. In der breiten Öffentlichkeit sprach man bereits von einer „Restlverwertung“, einer „Emmentalerlösung“ oder einer „Minimundusvariante“.

Im August 1993 wurde der Nationalparkgesetzesentwurf der Landesregierung vorgelegt und von dieser dem Landtag zur Beratung zugewiesen. Nach Fallen des „Enteignungspassus“ im Gesetzesentwurf schien ein wesentlicher Problempunkt beseitigt. Doch das dauernde Hin und Her bei Entschädigungsforderungen – vor allem der Bundesforste –, bei Abgrenzungsvorschlägen und der Frage der Finanzierungsbeteiligung des Bundes verhinderte einen raschen Gesetzesbeschluß des oberösterreichischen Landtags.

Mit viel Verhandlungsgeschick und zähem Willen brachte dann die junge Naturschutzlandesrätin Mag. Barbara Prammer die Verhandlungen mit den Bundesforsten wieder in Gang. Es gelang ihr, nicht nur die finanziellen Wünsche der Staatsförster einzugrenzen, sondern auch den Nationalpark selbst wiederum flächenmäßig zu vergrößern. Hatte sich noch Landeshauptmann Dr. Josef Ratzenböck stets dagegen verwahrt, „den Bundesforsten auch nur einen Schilling zu bezahlen“, so einigte sich sein Nachfolger Dr. Josef Pühringer mit den Staatsforsten auf einen Kompromiß: Für eine Fläche von 16 500 ha bekommen die Bundesforste nunmehr für den jährlichen Nutzungsentgang 30 Millionen Schilling.

Das „Nationalparkjahr“ 1996 sollte letztendlich

doch noch die gesetzlichen Voraussetzungen für den Nationalpark Kalkalpen bringen. Von der Nationalparkplanung Kalkalpen wurde ein ausgezeichnet vorbereiteter, strenger, den IUCN-Kriterien entsprechender Nationalparkgesetzesentwurf am 5. Dezember 1996 schließlich im oberösterreichischen Landtag beschlossen.
Freilich sollte der Nationalpark Kalkalpen zunächst nur im 1. Schritt im Reichraminger Hintergebirge und im Sengsengebirge eingerichtet werden. Nach fieberhaften Verhandlungen zwischen Bund, Land Oberösterreich und den Bundesforsten gelang es, einen tauglichen Staatsvertrag gem. §15a Bundesverfassungsgesetz über Finanzierung und Organisation des Nationalparks in den Kalkalpen auszuarbeiten. In diesem Staatsvertrag konnten auch die so lange hinderlichen Konflikte um die Einbindung der Österreichischen Bundesforste hinsichtlich Organisation, Öffentlichkeitsarbeit und personeller Ausstattung leidlich gelöst werden.
Am 15. Januar 1997 wurde anläßlich eines wahrhaft herzlichen und versöhnlichen Festes der Nationalparkplaner, der ortsansässigen Bevölkerung und der Naturschützer in Großraming der besagte Staatsvertrag gem. §15a BVG von Bundesminister Dr. Martin Bartenstein und Landeshauptmann Dr. Josef Pühringer unterzeichnet. Damit waren zunächst 16 500 ha Grundbesitz der Österreichischen Bundesforste im Nationalpark Kalkalpen unter strengem Naturschutz.
Am 25. Juli 1997 wurde in Windischgarsten im Rahmen eines großen Nationalparkfestes mit kulinarischen Schmankerln, traditionellem Handwerk, Volkstanz und musikalischen Darbietungen der Nationalpark Kalkalpen offiziell durch Bundesminister Dr. Martin Bartenstein, Landeshauptmann Dr. Josef Pühringer und Naturschutzlandesrat DI. Erich Haider eröffnet. In Eröffnungsreden wurde vor allem den mutigen und engagierten „Rebellen vom Hintergebirge" gedankt – ein längst überfälliges Zeichen an jene Leute, die diese Nationalparkidee erst möglich machten!
Seit Mitte 1997 ist endlich auch das große Ziel der internationalen Anerkennung durch Aufnahme des Nationalparks Kalkalpen in die internationale Liste der Schutzgebiete in der Kategorie II der IUCN erreicht – eine Anerkennung der wohlvorbereiteten Konzepte für die Arbeiten in und um den Nationalpark (Managementpläne) durch die Planer. Der Nationalpark Kalkalpen ist demnach in der Reihenfolge der zweite unter Österreichs Nationalparks, nach dem Nationalpark Neusiedlersee-Seewinkel und vor dem Nationalpark Donau-Auen, mit diesem internationalen Etikett!
Ob das Ziel der nunmehr in einer Nationalpark Kalkalpen GesmbH. organisierten Planer unter der Leitung des neuen „alten" Nationalparkgeschäftsführers Dr. Erich Mayrhofer und der Naturschutzorganisationen sowie der Alpinvereine erreichbar sein wird, nämlich auch auf privaten Flächen diesen 1. Abschnitt im Verordnungswege auf 21 500 ha, also 215 km² Fläche, zu erweitern, werden die schwierigen Verhandlungen mit den betroffenen Grundeigentümern im Wege des Vertragsnaturschutzes noch zeigen.
Das Gesamtziel, die Durchsetzung des ursprünglichen Projektes und Errichtung eines Großnationalparks auch in den Haller Mauern–Warscheneckstock und im Toten Gebirge, wird, wie von Naturschutzlandesrat DI. Erich Haider schon angesprochen, weiterhin von den Alpinvereinen und den Naturschutzorganisationen sowie dem Umweltdachverband ÖGNU gefordert. Mit gutem Willen, Vertrauen und ehrlicher Zusammenarbeit ohne persönliche Profilierungswünsche der Beteiligten – ob Naturschützer oder Politiker, ob Bundesforste, Bauern, Planer oder Grundeigentümer – kann diese raumordnungspolitische Großtat Oberösterreichs – und auch der Steiermark – in vollem Umfang umgesetzt werden!

Herbst im Nationalpark Kalkalpen

Die Auffaltung der Kalkriesen

Die geologische Entstehung

Die Nördlichen Kalkalpen bilden einen in Österreich von West nach Ost reichenden Gürtel an Karstlandschaften, der im Bereich des Nationalparks Kalkalpen seine größte Breite erreicht und sich bis zum Alpenostrand erstreckt. Von dort gibt es eine Verbindung zu den Karpaten in der Tiefe unter dem Wiener Becken. Dieses gewaltige Band aus Kalkgesteinen dehnt sich über etwa 500 km Länge und maximal 50 km Breite aus und besteht aus Gesteinsformationen mit bis zu 5000 m Mächtigkeit. Südlich dieses Bandes an hochaufgetürmten, bizarren Kalkgipfeln, bereits auf steirischem Gebiet gelegen, befindet sich die eher sanftwellige Landschaft der Grauwackenzone, die aus erzreichen Schiefern und anderen Gesteinen (Kalken, Dolomiten, Quarziten) besteht. Von großer wirtschaftlicher Bedeutung ist hier der steirische Erzberg. Südlich dieser Zone folgen die Zentralalpen, die hier von weniger schroffen, kristallinen Gesteinen (Gneisen und Glimmerschiefern) aufgebaut werden und den Alpenhauptkamm bilden.

Nördlich des Nationalparkgebietes grenzen die ebenfalls sanfthügeligen Bergrücken der Flyschzone bzw. des Helvetikums an und leiten damit zu den Ebenen der Molassezone im Alpenvorland und zur Donau hin.

Die gewaltigen Bergriesen des Toten Gebirges, des Warscheneckstocks, der Haller Mauern und des Sengsengebirges gehören wegen ihrer Höhenlagen (an die 2000 m Seehöhe oder darüber) genaugenommen zu den sogenannten Kalkhochalpen, während das vorgelagerte hügelige und waldreiche Reichraminger Hintergebirge zu den Kalkvoralpen zählt.

Die geologische Entstehung der Kalkstöcke im Nationalparkgebiet wird von den Geologen im Sinne des Konzepts der Plattentektonik erklärt – dabei näherten sich die Kontinentalschollen, angetrieben durch die ungeheuren Energien des Erdinneren, von Afrika und Europa millimeterweise aneinander an. Im Laufe von unvorstellbar großen Zeiträumen wurden Gesteinsabfolgen – die sogenannten Decken – in mehreren Schüben von Ost nach West und schließlich nach Norden geschoben. Mächtige Faltungen und Stauchungen, wie etwa senkrecht stehende Gesteinsschichten im Norden des Sengsengebirges, waren die Folge.

Vor rund 250 Millionen Jahren begann, zeitlich grob eingegrenzt, die Entwicklung unserer Kalkalpen. Damals existierte der gewaltige Superkontinent Pangäa, der im Laufe des Erdaltertums durch mehrere Gebirgsbildungsphasen aus einigen kleineren Kontinenten entstanden war. Im ausklingenden Erdaltertum (Perm) breitete sich das Meer der Tethys aus östlicher Richtung auf die trockene Wüstenlandschaft, die nahe des Äquators lag, aus (= „Transgression"). Infolge der klimatisch bedingten hohen Verdunstungsrate kam es in den seichten Meeresbuchten zur Bildung gewaltiger Mengen an Salz und Gips. Mit fortschreitender Überflutung wurden auch Sand- und Tonsteine abgelagert. Auf diese Weise entstand das sogenannte „Haselgebirge", das heute die berühmten Gips- und Salzlagerstätten um Hallein, Hallstatt, Bad Ischl, Altaussee, Bad Aussee und einige kleinere Vorkommen am Pyhrnpaß beherbergt. Für die Entstehung der Alpen ist dieses „Haselgebirge" sehr wichtig, diente es doch sozusagen als „Gleitmittel", auf dem kilometerdicke Gesteinspakete während der Gebirgsbildung dahingleiten können.

Über diesem „Haselgebirge" – die weiträumig verbreiteten, heute als Werfener Schichten (rötlich bis grünliche Sandsteine, Tonsteine und Quarzite) bezeichneten Ablagerungen der Unteren Trias – zeugen die weiten, flachen Wiesenhänge am Fuße der Kalkriesen davon. Die Werfener Schichten sind aber auch aus hydrogeologischer Sicht bemerkenswert, bilden sie doch meist wichtige Grundwasserstauhorizonte, wo das Karstwasser zutage tritt. Dann folgt ein Rauhwackenhorizont darüber.

In der Mittleren Trias bilden sich große flache Meeresbereiche mit Kalkablagerungen. Unzählige, winzige Organismen, wie Kalkalgen, Kalkschwämme, Einzeller, in geringerem Maße auch Korallen, bauen mit ihren kalkigen Skeletten den Wettersteinkalk auf. Korallen benötigen zu ihrem Wachstum seichtes, ganzjährig warmes Wasser, Algen – allen voran die Grünalgen – benötigen

Das Warscheneckmassiv besteht aus ca. 250 Mio. Jahre alten Lagunenablagerungen der Triaszeit.

Gegenüber: Der Warscheneckstock wird von unzähligen „Bänken" des Dachsteinkalks aufgebaut.

Die faszinierende Karstwüste mit den Gipfeln des Widerlechnersteins und des Warschenecks

Licht zur Photosynthese. Dieses artenreiche Auftreten der beiden Gruppen läßt also für die damalige Zeit auf ein tropisches Klima schließen, wie die ausgedehnten Riffe beweisen, die man am Südrand der Kalkalpen – am Hochkönig, am Hohen Göll oder am Gosaukamm – bewundern kann. Zwischen den Riffsäumen und dem vorgelagerten Festland erstreckten sich große Lagunengebiete. Hier kam es bei erhöhtem Salzgehalt des Wassers vorwiegend zur Bildung von Dolomiten, wie dem Wettersteindolomit.

Nach dieser ersten Blütezeit der marinen Organismen kommt es aber in der Obertrias zum Rückzug des Meeres (= „Regression"). Die Geologen sprechen hier von einer „Krise" oder „Wende", da an vielen Orten Ablagerungen des Festlands oder zumindest festlandsnahe Bildungen zu finden sind. Am bekanntesten sind hier die fossilen Blattabdrücke (Farne etc.) der Lunzer Flora. Stellenweise kam es sogar zu Kohlebildung, wie die alten Bergbaue im Sulzbach- und Schneegraben bei Reichraming oder der Lindaugraben und die Bergwerkleiten bei Weyer eindrucksvoll belegen. Doch dieses Zwischenspiel dauerte – geologisch betrachtet – nicht lange. Bald kamen die marinen Ablagerungsbedingungen wieder, die schließlich zur Bildung der kilometerdicken Kalkmassive führten. Dem in der Mitteltrias abgelagerten Wettersteinkalk/dolomit entsprechen in der Obertrias kilometerdicke Hauptdolomit- und Dachsteinkalkschichten. Leitfossil des Dachsteinkalks etwa, der nicht nur den Dachstein, sondern auch teilweise das Tote Gebirge und den Warscheneckstock aufbaut, sind die „Kuhtrittmuscheln" – Megalodonten genannt –, die hier im Kalkschlamm der seichten Lagunen zu Abertausenden lebten. Dieser extreme Lebensraum unterlag ständigen Meeresspiegelschwankungen. Mit dem Meeresrückzug entstanden auch Trockenrisse. Bei neuerlichen Überflutungsphasen bildeten sich hier im Übergangsbereich zwischen Land und Meer zunächst Algenmatten, ehe sich im etwas tieferen Wasser wiederum Megalodonten ansiedeln konnten. So entstanden die charakteristischen „Bänke" (= Schichten) im Dachsteinkalk – wie am Warscheneck eindrucksvoll zu sehen – als Folge eines ununterbrochenen Wechselspiels zwischen Meer und Land!

Dieser Kalkschlamm setzt sich aus kleinen und kleinsten Partikeln kalkskelettbildender Organismen zusammen und ist in unvorstellbaren Zeiträumen zu Kalkstein verfestigt worden. Diese aus Abermilliarden Tonnen von Kalkskeletten aufgebauten, Tausende Meter dicken Kalke und Dolomite können sich nur dann im seichten Meerwasser absetzen, wenn auch gleichzeitig der Meeresboden um denselben Höhenunterschied absinkt (= „Subsidenz"). Auch heute noch entstehen wie vor ca. 220 Millionen Jahren an den vom Meer überspülten, seichten Uferzonen der tropischen Kontinente vergleichbare Kalkablagerungen im nur knietiefen Wasser – wie auf der Bahamabank vor der Küste Floridas oder am berühmten Great Barrier Reef vor Australien.

Die überaus reiche und vielgestaltige Tierwelt dieser Zeit ist nur durch Fossilfunde lückenhaft be-

Das vielfältige Gewirr der Karren entsteht durch die Lösung des Kalks infolge von Niederschlägen, bevorzugt entlang von feinen Rissen und Klüften.

kannt. So lebten in diesen warmen Flachmeeren pflasterzähnige Fischsaurier, deren Versteinerungen nahe Hallein gefunden wurden. Forscher entdeckten zudem mehrere Schädel fossiler Krokodile im Toten Gebirge, und im Wiestal in der Nähe von Hallein fand man versteinerte Fische im Hauptdolomit.

In der Mittel- und Obertriaszeit wurden nicht nur helle Kalke abgelagert. An manchen Orten sind dunkle, rote, teilweise sehr dekorative Kalke zu finden. Den Schlüssel zu ihrer Entstehung liefern wiederum die Fossilien. Die weltberühmten Ammoniten der Hallstätter Kalke zeigen, daß zur damaligen Zeit auch tiefe, dunkle Meeresbereiche in dieser Gegend existierten – denn die Schalen dieser Weichtiere sammelten sich zu Abertausenden am Meeresgrund in Spalten und Schichten und wurden, vom Kalkschlamm gleichsam „konserviert", in versteinerter Form erhalten.

Vor rund 205 Millionen Jahren, zu Beginn der Jurazeit, begann ein gewaltiger Riß, der mit der Entstehung des südlichen Nordatlantik einhergeht, den Kontinent endgültig zu teilen. Ein schmaler, tiefer Ozean – der Penninische Ozean – öffnete sich zwischen dem Alten Europa und dem Meer der Tethys, dem immer noch überfluteten „Absatzgebiet" der Kalkalpen. So änderten sich auch hier die Ablagerungsbedingungen. Die entstehenden tiefen Meeresbecken und Tiefseeschwellen füllten sich mit dünnbankigen Allgäuschichten, kieselhaltigen Radiolariten, Hornsteinkalken und auch roten Knollenkalken. Dabei gab es auch tro-

Vom Hohen Nock blickt man in westliche Richtung auf die karge, vollständig verkarstete und wasserlose Dolinenlandschaft des Sengsengebirges.

pische Flachwassergebiete, in denen Kalke entstanden, die zum Beispiel den Plassen bei Hallstatt oder die Trisselwand und den Loser bei Bad Aussee aufbauen.
Schon damals aber, im Oberen Jura vor rund 140 Millionen Jahren, waren erste Anzeichen der alpinen Gebirgsbildung zu bemerken. Im südlichen Bereich der nördlichen Kalkalpen kam es auf dem Untergrund des „Haselgebirges" bereits zu ersten Gleitungen (= „Gleittektonik").
Im Vorland des Alten Europa, geologisch bezeichnet man diese Zone als Helvetikum, kam es im Unteren Jura zu landnahen Ablagerungen. Örtlich wurden sogar Kohlen, wie die geringmächtigen, aber qualitativ hochwertigen Lagerstätten im Pechgraben bei Großraming beweisen, gebildet. Vor etwa 130 Millionen Jahren kehrte sich diese Tendenz des Auseinanderdriftens der Kontinentalschollen um. Der Penninische Ozean begann sich wiederum zu verengen, und die Gesteinsstapel der Nördlichen Kalkalpen wurden samt ihrer Unterlage von den gewaltigen Kräften des Erdinneren („Konvektionsströme") im zähflüssigen Erdmantel zuerst nach Westen und sodann nach Norden gepreßt. Schließlich glitten sie über das ehemalige Becken des Penninischen Ozeans hinweg, das sich mittlerweile mit Sedimenten und Vulkaniten („Bündner Schiefer") gefüllt hatte.
In der Mittleren Kreide kam es im Zuge der mehrphasigen alpinen Gebirgsbildung zu einem ersten Höhepunkt. Durch Überschiebungen von Süden her entsteht im Gebiet der Nördlichen Kalkalpen bereits teilweise eine Insellandschaft, vergleichbar etwa mit den heutigen Sunda-Inseln. Auf diesen neuentstandenen Landgebieten kam es zu intensiver Verwitterung und Bauxitbildung, wie in Unterlaussa. Bald drang abermals ein flaches Meer auf den noch nicht aufgetürmten Gesteinsstapel der Kalkalpen vor. Geologen sprechen hier von der „Gosau" und meinen damit die in diesem Meer entstandenen Ablagerungen (Kalke, Tone, Sandsteine, Bauxit, Kohlen), die im Raum Windischgarsten, Spital am Pyhrn, Weyer oder aus Wörschach und Liezen im Süden der Kalkalpen bekannt sind. Die Gosauentwicklung dauerte bis in die Tertiärzeit, die vor rund 65 Millionen Jahren begann, an.
Im Zuge alttertiärer Gebirgsbildungsphasen folgten

Links: Diese steilen Grate sind aus Oberalmer Schichten der oberen Jurazeit, die im einstigen tiefen Meer entstanden sind, aufgebaut.

Gegenüber: Die gewaltige Front des Toten Gebirges mit dem Großen Priel und dem Schermberg baut sich vom Kasberg aus betrachtet besonders eindrucksvoll auf. Die mächtige Schermberg-Nordwand ist eine der höchsten Wände der Ostalpen und deshalb als Eldorado der Kletterei bekannt.

Schafe auf einer Hochalm im Toten Gebirge

Das Naturdenkmal „Türkenkopf" im Laussatal entstand durch Verwitterung steilgestellter Kalkschichten.

Gegenüber: Durch Gebirgsauffaltung sind diese mächtigen Verwerfungen steilstehender Wettersteinkalkschichten der sogenannten „Reichraminger Decke" an der gewaltigen Nordfront des Sengsengebirges entstanden.

im Bereich der Kalkalpen auch Faltungen dieser „Gosauablagerungen" sowie weitere Überschiebungen der Gesteinsstapel, wobei auch der ganze Körper der Kalkalpen von Süden her auf Teile des Helvetikums überschoben wurde. So bildeten sich die heutigen Kalkalpen aus mehrfach übereinander gestapelten Gesteinsserien, den sogenannten „Decken". Dieser Baustil der Kalkalpen in Decken, wie etwa die Reichraminger Decke, die Totengebirgsdecke oder die Warscheneckdecke, wurde bei Tiefbohrungen der OMV-AG. bei Grünau im Almtal oder bei Molln bestätigt. Unter den Kalkalpen wurden dabei die Sedimente des Helvetikums, der Molassezone und schließlich das Kristallin der Böhmischen Masse festgestellt.

Innerhalb der Tertiärzeit, vor rund 20 Millionen Jahren, begann schließlich die Gebirgsmasse der Alpen – und damit auch der Nördlichen Kalkalpen – endgültig aus dem Meer zu wachsen. Zunächst entstand ein flachwelliges Hügelland, das sich immer mehr zum Bergmassiv aufbäumte – ein Vorgang, der genaugenommen heute noch andauert. Dabei kam es auch zu beträchtlichen Seitenverschiebungen. Die Ursache ist darin zu suchen, daß der zunehmende Druck der von Süden sich stetig annähernden Kontinentalplatten nicht mehr durch Überschiebungen ausgeglichen werden konnte. Das Kristallinmassiv von Mühl- und Waldviertel bildete im Norden eine unüberwindliche Barriere, sodaß es zu einem Ausweichen der Kräfte in Form gewaltiger Seitenverschiebungen nach Osten kam. Experten sprechen hier von der „Pyhrn- oder Ennstalstörung" oder von der „Weyerer Blattverschiebung". Ein typisches Beispiel für eine solche Störungszone bietet die Dr.-Vogelgesang-Klamm bei Spital am Pyhrn, wo sich der Bach entlang einer solchen Störung in das Gestein eingrub.

Anfangs lagen diese Berge noch im subtropischen Bereich – dies zeigen heute noch anschaulich Reste von lehmreichen Altböden –, aber bald setzte hier im Kalkgebirge die Verkarstung ein. Das Wasser versickerte durch unzählige Spalten ins Berginnere, wobei jedoch die Gebirgsoberfläche weitgehend unberührt blieb. So wurde dieses sanftwellige Hügelland des Paläokarsts zum Dach gewaltiger Bergklötze, während das Wasser in den nicht verkarstungsfähigen Gesteinen durch Erosion tiefe Täler und Schluchten grub.

Vor etwa 2 Millionen Jahren setzten schließlich Klimaänderungen ein, die zu einer Abfolge von Eiszeiten (= „Glazialzeit"), unterbrochen von Wärmeperioden (= „Interglazialzeit"), führten. Das Eis der Gletscher modellierte den Fels und schuf zerklüftete Gebirgsformen mit Karen, Steilflanken sowie U-Tälern, wie wir sie heute noch in den Gebirgsketten des Nationalparks Kalkkalpen oder etwa in den Salzkammergutseen, die ja nichts anderes sind als die wassererfüllten Zungenbecken der ehemals gewaltigen Talgletscher, bewundern können. Auch die Gebirgsstöcke und Karstplateaus der Kalkalpen waren ebenso wie die Hohen Tauern zeitweise unter mächtigen Eisschichten begraben. Auf dem Höhepunkt der eiszeitlichen Vergletscherungen ragten nur noch die höchsten Gipfelfluren aus dem Eis hervor. Von diesen eiszeitlichen Eismassen in den Kalkalpen blieben die Gletscher am Dachstein- und Hochkönigmassiv übrig.

In den von Gletschern ausgeschürften Talgründen kam es in den Phasen des Eisabschmelzens zur Ablagerung von bis zu mehr als 100 m dicken Kies- und Seetonschichten, die zum Beispiel von Enns, Steyr und Teichl in den heute verfestigten Schottern – den „Konglomeraten" – im Laufe der letzten 10 000 Jahre in Form von abenteuerlichen Schluchten wieder ausgeräumt werden mußten. Eindrucksvolle Beispiele dieser eiszeitlichen Talfüllungen sind das Windischgarstner Becken, das Ennstal und das Steyrtal.

Diese Abfolge der nacheiszeitlichen Klimaentwicklungen läßt sich in unserer Nationalparkregion auch heute noch in den Mooren und Höhlen, wie den Filzmösern oder der Rameschhöhle im Warscheneckmassiv, nachvollziehen.

Das „Wasserschloß“ im Kalkgebirge

KARSTÖKOLOGIE

WAS IST KARST?

Die fast vegetationslosen, abweisenden und zugleich faszinierenden Steinwüsten der Kalkgebirge nennt man Karstlandschaft. Der Begriff „Karst“ geht sprachlich auf vorrömische Wurzeln zurück. Damit bezeichnete man ursprünglich eine aus Kalken der Kreidezeit bestehende Landschaft im unmittelbar anschließenden Hinterland von Triest, in der weitgehend Gewässer fehlen und auch an vielen Stellen das Auftreten von Höhlensystemen charakteristisch ist. Später wandte man diesen Begriff vor allem für das Hinterland Dalmatiens an. Dort entstand im Mittelalter durch die Tätigkeit des Menschen, vor allem durch starke Überweidung (Ziegen), aber auch durch Schlägern der küstennahen Wälder für den Schiffsbau die so typische karge „Felswüste“. Ist die Pflanzendecke hier am Kalkboden einmal zerstört, so erholt sich die ehemalige Vegetation nur sehr, sehr langsam. Auf reinem Kalk bildet sich in unseren gemäßigten Breiten nur eine dünne Bodenschicht, ein Kalkhumusboden („Kalkrendzina“) – so nennt man den pechschwarzen Latschenboden, der unter Sonnenbestrahlung rasch austrocknet, sich aber bei Regen um so schneller in moorigen Schlamm verwandelt. Fachleute sprechen hier von einem sogenannten „AC Boden“ aus organischen Reststoffen – also eine Art „Rohkompost“ –, der sich direkt auf Fels ohne Verwitterungshorizont bildet. Andere Klimabedingungen wären heute nötig, damit wieder eine solche dünne Bodenschicht entstehen könnte. Nach der letzten Eiszeit brachte eine kurzfristige Warmzeit das Wiederaufkommen eines Nadel- bzw. Laubmischwaldes auf den ausgedehnten Karstplateaus der Nördlichen Kalkalpen, doch menschliche Übernutzung der letzten Jahrhunderte in Form von übermäßiger Forst- und Weidewirtschaft und kälteres Klima drängten diese Wälder um Hunderte Meter tiefer ins Tal zurück.

Verkarstung ist ausschließlich auf wasserlösliche und klüftige Gesteine, wie Karbonate (Kalke, Dolomite, Kalkglimmerschiefer und Marmore) sowie auf Evaporite – wie etwa Gips – beschränkt. Bei diesen Gesteinen entwickelt sich durch das Zusammenwirken oberirdischer und unterirdischer Entwässerung und Lösung Karst. Durch das im Wasser gelöste CO_2 wird der Felsuntergrund angegriffen, d. h. angelöst, wobei Dolomit aufgrund seines höheren Magnesiumgehalts schwerer löslich ist als reiner Kalk – wie die tief eingeschnittenen Schluchten im Hintergebirge beweisen. Aus einem dolomitischen Kalk etwa wird der Kalkanteil herausgelöst, und ein mehliger Rückstand von Dolomitkriställchen bleibt übrig. Im allgemeinen kommt es zu rascher Versickerung der Oberflächenwässer in diesen Gesteinen, die im Laufe der Zeit entlang von Klüften immer wasserwegiger und im Zuge dessen immer poröser und wasserdurchlässiger werden. Hier überwiegt die unterirdische Entwässerung bei weitem die oberirdische. Auf den Hängen ätzt das abrinnende Wasser parallele, von wenigen Zentimetern bis zu mehreren Metern tiefe, durch scharfe Grate getrennte Furchen – die „Karren“ – aus. Manche Flächen sind gelegentlich mit den Lösungstrichtern der Dolinen (ca. 10–200 m Durchmesser und 10–20 m tief) übersät, die sich unter allmählichem (Schwunddoline) oder ruckweisem (Erdfall, Pinge) Nachsinken bilden. Manche dieser Lösungstrichter erreichen sogar einige Kilometer Durchmesser und über 100 m Tiefe. Im Nationalparkgebiet heißen sie „Tal“ (z. B. „Rottal“ im Warscheneckmassiv), „Gruben“ („Weitgruben“ im Sengsengebirge) oder „Lucke“.

Je reiner das Karbonatgestein ist, desto vollständiger wird es weggelöst, nur Anteile von Tonen bleiben als Rückstandslehm übrig. Durch diese Gesteinslösung („Korrosion“) wird die Karstlandschaft im Laufe von Tausenden Jahren einer ständigen, kurzfristig kaum merkbaren Veränderung unterworfen. Der chemische Lösungsprozeß führt im allgemeinen zu einer stetigen Erweiterung des Hohlraumnetzes im Gesteinskörper.

Durch den vorwiegend unterirdischen Abfluß des Niederschlagswassers kommt in Karstgebieten die Talbildung praktisch zum Stillstand – nur am Fuße der Kalkriesen, wo das Wasser wieder zutage tritt, sind diese aus der Bergwelt üblichen Ero-

Senkrechte Karren zerfurchen die einzelnen „Bänke“ des Dachsteinkalks.

Gegenüber: Die schürfende Kraft der Eiszeitgletscher ließ diese faszinierenden, steilen Wandfronten der Haller Mauern zurück, von denen sich auch der Name des Gebirgszuges ableitet.

Abgerundete, sanftere Karrenformen zeugen davon, daß die Verkarstung solcher Flächen einst unter einer grünen Pflanzendecke samt Bodenbildung vor sich ging.

sionserscheinungen und der Transport von Geröllen in den Gewässern wieder erkennbar. So bietet der Karst also die Möglichkeit, daß „alte", aus früheren Phasen der stetig fortschreitenden Verkarstung stammende Geländeformen einer sogenannten „Altlandschaft" mehr oder minder gut konserviert werden können und dem Betrachter eindrucksvoll das Antlitz einer Landschaft zeigen, die seit urdenklichen (menschlichen) Zeiträumen bereits existiert.

Der im Sengsengebirge, den Haller Mauern und im Toten Gebirge dominierende Dachstein- und Wettersteinkalk gehört zu den überwiegend reinen Kalken, die auch viele Übergänge zu Dolomiten aufweisen. Durch die oben schon angesprochenen Rückstandslehme, die manchmal Bodenbildungen ermöglichen, werden Karrenspalten und Dolinen gleichsam verstopft („plombiert"), wodurch das Gelände sanfter und nicht so wild zerfurcht wirkt. Von dieser „Plombierung" rühren auch die zahlreichen kleinen Seen (Brunnsteiner See, Feichtauer Seen) her, die mit ihrer Ufervegetation oft wie grünblaue Oasen inmitten der kargen Steinwüste wirken. Manchmal kann man auf hellem Kalk auch grellroten oder tiefbraunen Boden entdecken. Im Kalkrückstand sind Spuren von Eisen vorhanden, die in warmem und heißem Klima den tiefroten Lehm („Terra rossa"), in feuchtem und kühlem Klima die sattbraunen Böden („Terra fusca") hervorbringen. Die tiefroten Lehmschichten in manchen Dolinen des Toten Gebirges deuten daher auf warme Zeiten in der geologischen Vergangenheit hin.

Karst muß aber nicht immer kahl und abweisend sein. Teile des Sengsengebirges oder des Hintergebirges sind ja bewaldet und weisen auch üppig grüne Almen auf – und doch sind auch diese Teile der Gebirgszüge unterirdisch entwässert und daher verkarstet. Man nennt diese Landschaften „Grünkarst", im Gegensatz zum nackten, ausgeblichenen Fels des „Kahlkarsts".

Da sich Kalk durch höhere CO_2-Konzentrationen um so mehr auflöst, ist infolge der Pflanzenüberdeckung und reichlich vorhandener Bodenorganismen (diese produzieren ja ebenfalls CO_2!) die Verkarstung im „Grünkarst" wesentlich „besser" – man spricht dann von „subkutanem Karst". Anschauliche Beispiele dafür liefern hier Schauhöhlen, deren Höhlenräume durchaus unter wahrhaft blühenden Kulturlandschaften liegen können.

Über Tausende von gewundenen, von wenigen Zentimetern bis zu oft metertiefen Rinnen, Rillen sowie Korrosionsnäpfen – die „Karren" – und weiter über eine Vielzahl von Schluckstellen wird das Oberflächenwasser den Klüften und Spalten zugeführt und verschwindet im Inneren des Gebirges.

Die Lösung des Kalks durch das Wasser läßt öfters bizarre Formen, wie diese vom Almrausch garnierte „Brückenkonstruktion" zurück.

Äußerst vielgestaltig sind diese „Karren" – man unterscheidet dabei „Rillen-" oder „Firstkarren", „Rundkarren", „Trittkarren", „Rinnenkarren", „Mäanderkarren" und „Kluftkarren". Oft bilden die „Karren" regelrecht unübersehbare „Felder", deren bisweilen messerscharfe „Karrengrate" eine Überquerung selbst für geübte Wanderer schwierig werden läßt.

Eine Besonderheit dieser Oberflächenabtragung des Kalkgebirges sind die „Karsttische". Diese werden von teilweise großen Felsblöcken gebildet, die eiszeitliche Gletscher auf den Karsthochflächen zurückließen. Sie fungierten über Jahrtausende gleichsam als schützendes Dach über dem Kalk der Auflagefläche. Das Regenwasser konnte hingegen die umgebenden Bereiche der Felsoberfläche durch „Korrosion" (Auflösung) weiterhin flächenhaft „abtragen". Aus der Situation und dem möglichen Zeitpunkt der Ablagerung der Felsblöcke durch die Gletscher kann man also auf eine durchschnittliche Lösung von ca. 15 mm Kalk in 1000 Jahren schließen!

Dem faszinierenden Gegensatz der scheinbar wasserlosen Steinwüste des Karsts und den teilweise breit gestreuten Quellaustritten kann man im Nationalpark Kalkalpen fast überall nachgehen.

Vor allem im wilden Schluchtenlabyrinth des Hintergebirges ist das Wasser das prägende Element – in einer Vielzahl unterschiedlichster kleiner und kleinster Rinnen, feinst zerstäubter Schleierfälle oder aus geheimnisvollen Quellen werden mächtige Schluchten und dunkle Klammen mit dem köstlichen Naß genährt. So hat hier das Wasser eine abenteuerliche, tief eingeschnittene „Erosionslandschaft" geschaffen.

„Karsttische" werden von gewaltigen eiszeitlichen Blöcken gebildet, die die Gletscher zurückließen.

Ganz anders das Bild im Sengsengebirge oder im Toten Gebirge. Hier tritt das Wasser erst am Fuße der Bergriesen in Form vielgestaltiger Quellen – wie auch spektakulärer Riesenquellen ans Tageslicht.

Selbst auf den Hochflächen im „Vollkarst" ist das Wasser einer der „Bildhauer" der Landschaft – durch seine Lösungsfähigkeit entsteht hier eine „Korrosionslandschaft".

Natürlich ist die Gesteinszusammensetzung sowohl für einen eher oberflächlichen Abfluß wie auch für das Fehlen von Wasser in einer Landschaft verantwortlich: Stauen etwa im Hintergebirge Dolomit oder gar Sandstein und Mergel das Wasser eher an der Oberfläche, so wird es im Sengsengebirge von den zahllosen Klüften des Wettersteinkalks, in den Haller Mauern und dem Toten Gebirge über die geheimnisvollen Wege im Dachsteinkalk gleichsam in den Berg „gesogen".

Am kühlen Grund der Dolinen halten sich die Schneereste bis in den Sommer hinein.

Entlang einer großen Störungszone grub das Wasser die Katarakte der idyllischen Dr. Vogelgesang-Klamm in den Fels.

GEHEIME WEGE DES WASSERS

Der mystische Fluß Styx, dessen Wasser über ein riesiges Höhlensystem in die Unterwelt der griechischen Mythologie führt, und der sagenhafte Fährmann Charon haben sowohl im alpinen Karst Oberösterreichs und der Steiermark als auch in den Karstgebieten Griechenlands durchaus Realitätsbezug. Manche solcher faszinierender Flüsse ins Nichts und ihre Höhlensysteme sind auch der Öffentlichkeit zugänglich, und man kann diese zauberhaften Unterwelten tatsächlich unter sachkundiger Führung besuchen. Wie findet aber nun das Wasser seinen geheimnisvollen Weg durch das Innere der Kalkberge?

Das einsickernde Wasser öffnet im Gesteinsgrund schmale Fugen zu klaffenden Spalten und Röhren, die in ihrer Form oft noch die Abhängigkeit von der Klüftung oder Schichtung des Gesteins verraten. Mit dem Tiefergreifen der Verkarstung leeren sich die höheren „Stockwerke" der Lösungshohlräume. So bleiben Höhlen zurück, in denen sich eine vielgestaltige Wunderwelt verbirgt.

ZAUBERREICH DER DUNKELHEIT

Über eine Unzahl von Klüften und Spalten plätschert, tropft und rieselt das Wasser in eine dunkle, verzauberte Welt aus gigantischen Felsdomen, wahren Labyrinthen von Schächten und kolossalen Hallen, auf deren Grund schwarze, unergründliche Seen warten – die vielfältige Welt der Höhlen! Und dieses Zauberreich wird von phantastischen Tropfsteingebilden, hauchzarten, durchsichtigen Sintervorhängen und vielgestaltigen Sinterüberzügen sowie zu mächtigen Eissäulen erstarrten Wasserfällen und Rinnsalen ausgeschmückt.

Die Höhlenbildung beginnt meist an Klüften, Verwerfungen oder auch an sogenannten Schichtfugen, die durch die Kraft des Wassers allmählich erweitert werden. Die Lösungskraft des Wassers („Korrosion") ätzt meist linsenförmige Gangprofile in das Gestein, die je nach Lage der Klüfte horizontal, vertikal oder schräg verlaufen können. Fließt das Wasser unter Druck durch die Gänge, so bilden sich meist runde oder ellipsenförmige Hohlraumprofile aus. Ein weiterer wichtiger Faktor für das Entstehen der dunklen Reiche ist die abtragende Kraft des Wassers („Erosion"). Die „Erosion" wirkt um so stärker, je mehr Geröll vom Wasser mitgeschleppt werden kann – so entstehen etwa die kolossalen, tief eingeschnittenen Canyons. Aber auch die mechanische Verwitterung trägt durch Zerkleinerung und Abbrechen des Gesteins zur Höhlenbildung bei. Als Ursachen sind hier Temperaturschwankungen im Höhlenraum – vor allem um den Gefrierpunkt – oder auch der Gebirgsdruck zu nennen. Durch Gebirgsdruck werden oft große Gesteinsblöcke in den Höhlen zum Absturz gebracht. Damit kann der Gebirgsdruck auch zur Zerstörung von Höhlensystemen beitragen.

Die zauberhaften Tropfsteingebilde zählen etwa zu den Sinterbildungen, bestehend aus Stalaktiten

Das Naturwunder der „Rinnenden Mauer“ kann man in der Steyrschlucht nahe Molln bestaunen.

(von der Decke nach unten wachsender Tropfstein) und Stalagmiten (vom Boden nach oben wachsender Tropfstein), die durch Abscheidung von Kalzit oder dem weniger beständigen Aragonit aus den übersättigten Sicker- oder Tropfwässern im Inneren der Höhlen entstehen. Wachsen schließlich Stalaktiten und Stalagmiten zusammen, so spricht man von Tropfsteinsäulen.
Sinterfahnen und Sintervorhänge entstehen aus einem an einer überhängenden Grenzfläche abrinnenden Wasserfaden. Die Breite einer solchen oft hauchzarten Sinterfahne beträgt meist zwischen 5–20 cm. Sind solche durchscheinenden Sinterbildungen hingegen breiter als ihre Längserstreckung, so spricht man von Sintervorhängen. Sinterüberzüge bilden flächenhaft Krusten an den Höhlenwänden oder auch um Gegenstände, die im Höhlenraum abgelagert sind. Bilden sich diese Sinterüberzüge schichtenweise über den im Höhlenraum abgelagerten Sedimenten, so bezeichnet man diese Bildungen als Sinterdecken. Die Mächtigkeit solcher Sinterüberzüge schwankt in den Kalkalpen zwischen wenigen Millimetern und einigen Dezimetern.
Sinterbecken und Sinterschalen findet man in zumindest zeitweise wasserführenden Höhlen. Unter einem Sinterbecken versteht man eine ständig oder periodisch mit Wasser gefüllte Hohlform an der Höhlensohle. Während im Inneren dieses Beckens Sinter wie in jedem anderen stehenden Gewässer unter der Wasseroberfläche abgeschieden werden kann, baut das über die Randschwelle abfließende Wasser am oberen Rand einen Sinterwall auf, durch den schließlich die Tiefe des Beckens allmählich vergrößert wird. Liegen solche wassergefüllten Hohlformen treppenförmig übereinander, so bezeichnet man sie als Sinterschalen. Diese Sinterschalen erreichen aber meist nur wenige Zentimeter Größe.
Klein- und Kleinstformen des Sinters mit mehr oder minder stark verästelten, zart-stäbchenförmigen bis plump-kugeligen Gebilden, die den Höhlenraum ausschmücken, bezeichnet man als Knöpfchensinter.
An der Oberfläche von stehenden Gewässern können sich manchmal hauchzarte Kalkhäutchen bilden, die aus einem verzahnten Geflecht kleiner und kleinster Kalkkristalle bestehen. Die an der Wasseroberfläche schwimmenden Plättchen können auch zu einer großflächigen Haut verwachsen. Erst weiteres fortschreitendes Dickenwachstum macht die Kalkhaut fest und starr und läßt sie dann infolge der eigenen Schwere zu einzelnen Kalkplättchen zerbrechen und auf den Boden des Gewässers sinken.
Besondere Bildungen sind die Höhlenperlen, kugelige Sinterformen, die meistens in Sinterbecken, von einem Wasserstrom – etwa einem Wasserfall – dauernd in Bewegung gehalten, zur Ausbil-

Als schäumender und tosender Bach tritt die Riesenquelle des Pießling-Ursprungs bei Roßleithen zutage.

In der Gassel-Tropfsteinhöhle kann der Besucher die phantastischen Sinterbildungen beobachten.

dung gelangen. Selten erreichen sie mehr als 1 cm Durchmesser.

Die Juwelen unter den Sinterbildungen sind Excentriques, eigenartige, nach verschiedenen Richtungen verästelte und gekrümmte Sinterbildungen, die einzig und allein dem Einfluß der Kristallkräfte – unabhängig von der Schwerkraft – folgen. Excentriques sind aus Kalzit aufgebaut und wachsen entweder aus Wänden von porösen Kalksandsteinen oder dolomitischen Kalken heraus, oder sie wurzeln in Sinterdecken, Wandversinterungen oder sitzen auch seitlich an Tropfsteinen. Ihre Formen gleichen jenen der „Eisenblüte", die aus Aragonit besteht.

Diese wunderbaren, so vielgestaltigen Sinterbildungen treten in den verschiedensten Farben auf. Glasklare und durchsichtige Tropfröhrchen oder rein weiße Tropfstein- und Sintergebilde bestehen aus reinem oder fast reinem Kalzit. Milchweiße Ausscheidungen können aber auch aus Aragonit bestehen. Satte gelbe, gelbbraune und braune Farbtöne des Sinters werden durch Beimengungen von Eisenoxid (bis zu 5 %) hervorgerufen. Leuchtende blutrote oder gar karminrote Farben stammen von geringen Manganoxidanteilen (0,3 bis 0,4%). Geheimnisvoll bläuliche und grüne Farbtöne entstehen, wenn das Sickerwasser vor dem Eintritt in den Höhlenraum erzhältige Karstgesteine durchfließt. Schwarzfärbungen hingegen stammen von Überzügen aus Eisen- oder Manganoxiden.

Die besten Wachstumsbedingungen finden Tropfsteingebilde dabei im sogenannten „Grünkarst" mit üppiger Pflanzendecke an der Oberfläche und warmfeuchtem, in der gemäßigten Zone vornehmlich mediterranem Klima. Unter dem Kahlkarst hingegen ist Tropfsteinwachstum praktisch ausgeschlossen. So findet man auch im Planungsgebiet des Nationalparks Kalkalpen wunderbare Tropfsteinhöhlen, deren Tropfsteinschmuck teilweise nicht mehr in Weiterbildung begriffen ist. Diese Tatsache läßt jedoch darauf schließen, daß die Entstehung der grandiosen, oft mächtig ausgebildeten Tropfsteine in einer Zeit stattfand, in der selbst im hochalpinen Höhlengebiet ein wesentlich wärmeres Klima vorherrschte. Auch Kondenswässer tragen in Form einzelner Tröpfchen („Höhlentau") zur Ausschmückung der Höhlen bei.

Genaue Aussagen über die Wachstumsgeschwindigkeit von Tropfsteinen zu machen, ist sehr schwierig. Man kann zwar ihr Wachstum messen, und Daten von Deckenzapfen in verschiedenen Gebieten der Erde ergaben ein mögliches Längenwachstum zwischen 0,1 und 2 mm pro Jahr. Einzelne Tropfsteine in der berühmten Höhle von Postojna in Slowenien etwa wachsen jährlich ca. 0,55 mm. Ergebnisse solcher Messungen darf man aber nicht verallgemeinern, da die Faktoren, die das Tropfsteinwachstum beeinflussen, von Höhle zu Höhle verschieden sind.

Höhlen weisen natürlich auch besondere klimatische Verhältnisse auf. Der „Höhlenwind" etwa entsteht durch Luftaustausch zwischen benachbarten Hohlräumen einerseits und zwischen Höhle und Außenwelt andererseits. In weitverzweigten

Zart-stäbchenförmige bis plumpkugelige Gebilde bezeichnet man als Knöpfchensinter.

Höhlensystemen durchströmt der „Höhlenwind" nicht alle Gänge gleichmäßig. So werden manche Hohlräume vom „Hauptwetterweg" erfaßt, andere wiederum bleiben von Luftströmungen nahezu unberührt. Man spricht dann von „Nebenwetterwegen".

Höhlen mit nur einer Tagöffnung weisen die sogenannte statische Wetterführung auf. Typisch für die statische Wetterführung sind die Gegenläufigkeit des Höhlenwindes, die Möglichkeit beträchtlicher Temperaturunterschiede im gleichen Höhlenraum, oft an Stellen, die nur wenige Meter, ja sogar Dezimeter voneinander entfernt sind, und jahreszeitlich bedingte Wechsel zwischen Perioden der Zirkulation (Wetterwechsel) und Stockungsperioden.

Höhlen mit nur einer Tagöffnung und aufsteigendem Verlauf zeichnen sich im Winter durch überdurchschnittlich hohe Temperaturen (Warmluftsäcke) aus. Diese Höhlen des „Backofentypus" sind vor allem für die Tierwelt interessant. Höhlen mit einer Tagöffnung und absteigendem Verlauf weisen hingegen in der sommerlichen Stockungsperiode Kaltluftseen auf und gehören zum „Eiskellertypus".

Höhlen mit mindestens zwei Tagöffnungen besitzen dynamische Wetterführung. Bei diesen Höhlen entsteht der „Höhlenwind" durch die Temperaturunterschiede zwischen Höhlenluft und Außenluft einerseits und dem Einfluß der Luftdruckverhältnisse in Abhängigkeit von den lokalklimatischen Bedingungen der jeweiligen Großwetterlage im Bereich der Tagöffnungen andererseits.

Ebenso phantastisch erscheinen die mitunter zu gigantischer Größe heranwachsenden, durchscheinenden, ja oft durchsichtigen Stalaktiten und Stalagmiten aus Eis, die sich in so manchem Höhlenraum verbergen und sich im Nationalparkplanungsraum nur dem Höhlenforscher präsentieren. Die Bildung von Höhleneis ist abhängig vom jeweiligen Höhlenklima, das selbst wiederum vom Außenklima des Gebietes bestimmt wird. Am intensivsten ist die Höhleneisbildung, wenn die Temperatur einer Höhle einen Teil des Jahres

Oft Hunderte Meter tief im Berginneren spüren wagemutige Höhlenforscher dem dunklen Zauberreich nach, wie hier einem mächtigen, von kreisrundem Bodeneis umgebenen Eiskegel im Höhlenlabyrinth des Toten Gebirges.

Glasklares Quellwasser aus dem Berginneren

etwas unter dem Gefrierpunkt liegt und eine reichliche Zufuhr von Sickerwasser stattfindet. Im Nationalparkgebiet Kalkalpen trifft man häufig meist temporäre Eishöhlen an, da der Winter durch eine längere Frostperiode mit reichlichem Schneefall gekennzeichnet ist. Bei solchen temporären Eishöhlen verschwindet das Höhleneis über den Sommer meist völlig. Im Frühjahr setzt schließlich obertags bereits die Schneeschmelze ein, wobei die Schmelzwässer nun in Höhlenräume einsickern, in denen die noch vorhandene Kaltluft schließlich zum Gefrieren des Sickerwassers führt und eine Wunderwelt an Höhleneisbildungen zurückläßt, die in der Vielfältigkeit der Formensprache den Sinterbildungen in nichts nachsteht.

Besondere Kostbarkeiten stellen hier die sogenannten „Eiskeulen" dar, die aus Tropfwasser entstehen. Bei genügender Tropfwasserzufuhr wachsen sie rasch bis zu jener Höhe im Höhlenraum empor, in der die 0-Grad-Linie verläuft. Ein schon geringfügiges Absinken dieser Linie führt zum Abschmelzen an der Spitze, wobei das an der „Eiskeule" selbst abfließende Wasser an einer entsprechend tieferen Stelle wiederum festfriert und eine Verdickung der so charakteristischen Keulenform herbeiführt.

Die „Bergmilch" ist ein wasserreiches, weißliches, pastöses Mineral, das aus feinsten Kalzitkristallen aufgebaut ist. „Bergmilch" bildet gelegentlich dicke, feingeschichtete Absätze, die einer Sinterdecke täuschend ähneln. Es gibt aber auch Bergmilchüberzüge, Bergmilchstalaktiten und sogar Formen wie Knöpfchensinter.

Die geheimnisvolle „Bergmilch" hat den Menschen immer schon in seinen Bann gezogen. Im Volksmund nennt man sie etwa „Montmilch" (von lat. Mons = Berg), Galmei oder „Nix" (= Nichts). Der Name „Nix" geht darauf zurück, daß die „Bergmilch", aus der feuchten Höhle ans Tageslicht gebracht, rasch austrocknet und „zu Staub zerfällt". Bis ins 18. Jahrhundert hinein galt die „Bergmilch" als Universalheilmittel gegen viele Krankheiten. Sogar in Apotheken konnte man sie als „Nihilum album" kaufen. Auch als Heilerde verwendete man die „Bergmilch" und machte damit Umschläge. Andererseits hielt man das „Nix" für das begehrte und teure Zinkoxid und verwendete es als Augenheilmittel. Einst war auch das Sprichwort sehr gebräuchlich „Nix is guat für die Augen" – eine scherzhafte Antwort, wenn man eine Frage nicht zweifelsfrei beantworten konnte.

Im hochalpinen Karst trifft man, in Spalten eingespült, noch die Gerölle jungtertiärer Flüsse an, die einst von ihren weit entfernten Gesteinsvorkommen über dem Kalk abgelagert wurden. Erst als diese Flüsse längst verschwunden waren, wurden mit dem Beginn der Verkarstung die Gerölle aus kristallinen Schiefern und gerundeten Quarzschottern, vermischt mit Kalkschottern, in die Höhlen eingespült. Dort verkitteten sie durch ein kalkiges Bindemittel zu Konglomeratgestein. Man bezeichnete diese „Fremdgerölle" im Karst auch anschaulich als „Augensteine".

In den geheimnisvollen unterirdischen Welten finden sich ferner auch annähernd kugelige Verfestigungen, die aufgrund ihrer gelben bis gelbbraunen Farbe auch als „Höhlenkrapfen" bezeichnet werden. Sie entstehen durch Verkittung und Verfestigung von Sedimenten und entsprechen in ihrer Struktur einem grobkörnigen Sandstein.

Weitere Ablagerungen in Höhlen stellen der „Höhlenlehm", Sande und Schotter, aber auch Schutt und Blockwerk dar.

Höhlen sind dabei Lebensraum für eine den extremen Lebensbedingungen in der Dunkelheit gut angepaßte Tierwelt – dabei unterscheidet man zwischen echten Höhlentieren und Höhlengästen. So konnten in der totalen Finsternis der Höhlen Insekten wie eine Art des blinden Höhlenlaufkäfers oder das Urinsekt Pseudosinella aueri nur im Nationalparkgebiet nachgewiesen werden. Auch Weberknechte, Milben, Asseln, Flohkrebse, Hundertfüßer, Doppelfüßer, Springschwänze und Schnecken leben im Reich der Dunkelheit. Die Säugetiere bevorzugen als Höhlengäste eher die Eingangsbereiche der Höhlen oder suchen diese als Schlafplatz bzw. als Überwinterungsort auf. Es verwundert also nicht, daß die nachtaktiven Fledermausarten in den Höhlen ihre „Tagesschlafplätze" haben und hier auch überwintern. Die Bechstein-Fledermaus etwa ist eine überaus seltene Vertreterin ihrer Art in den Höhlen des Nationalparks Kalkalpen. Diese so geheimnisvolle dunkle Welt hat den Menschen schon immer fasziniert. Höhlen dienten als Jagdstätte, Rast- und Wohnplatz oder als Kultstätte.

Die Höhlen des Toten Gebirges gehören sogar zu den ältesten Kultstätten des Alpenraums. Grabungen in der Ramesch-Knochenhöhle oder Gamssulzenhöhle im Warscheneckmassiv brachten Überreste längst ausgestorbener Tiere – des Höhlenbären und des äußerst seltenen Höhlenlöwen – und Werkzeuge des Neandertalers zum Vorschein!

Das Alter der Höhlen ist nur schwer zu bestimmen. Die gigantischen und weitverzweigten Höhlensysteme des Toten Gebirges etwa gehen in ihren verschiedenen Entstehungsphasen sicherlich bereits auf den Beginn der Verkarstung („Paläokarst“) vor Jahrmillionen zurück. Am Beispiel der Raucherkarhöhle im steirischen Teil des Toten Gebirges kann man sich die unermeßlichen Zeiträume der Entstehung vorstellen, ist das aktuell (!) erforschte Höhlensystem doch rund 65 km lang! Die Erforschung dieser Welten im Inneren des Berges ist nichts für Halbschuhtouristen. Höhlenforscher benötigen nicht nur eine gehörige Portion Mut, um sich durch nasse, schlammige, enge Siphone oder durch oft lange Tauchstrecken zu ihren verheißungsvollen Zielen hindurchzukämpfen, sondern auch genügend Kondition, bergsteigerisches Können und vor allem jahrelange Erfahrung mit den geheimnisvollen Räumen der Dunkelheit.
Und trotzdem kann auch der unerfahrene Tourist diese Wunderwelt der Höhlen in Augenschein nehmen. In Schauhöhlen – wie der Gassel-Tropfsteinhöhle bei Ebensee oder der wunderbaren Rieseneishöhle des dem Nationalparkgebiet benachbarten Dachsteinmassivs – bekommt man einen repräsentativen Überblick über das „Zauberreich der Dunkelheit“.

DEM WASSER AUF DER SPUR

Auf dem Weg des Wassers in die Tiefe vereinigen sich kleinste Rinnsale zu tosenden Höhlenbächen, die infolge der sogenannten „Mischungskorrosion“ durch jede Vereinigung gleichsam neue Lösungskraft schöpfen und nach kilometerlangen Wegen in Schächten und Canyons als kalkaggressive Quellen aus dem Fuße des Kalkstocks strömen. Aber wohin genau verschwindet denn das Wasser, und wie findet es wiederum den Weg über die Karstquellen am Fuße des Kalkgebirges ans Tageslicht? Schon im Altertum versuchte man, den unergründlichen Wegen des Wassers im Karst mit einfachen „Triftmitteln“ wie Sägespänen, Salz oder gar lebenden Tieren auf die Spur zu kommen. Seit mehr als einem Jahrhundert werden Markierungsversuche zum Nachweis des Zusammenhangs unterirdischer Wässer mit verschiedenen Methoden durchgeführt. Heute verfolgt man das unglaublich vielgestaltige Netzwerk der unterirdischen Wasserwege mit gesundheitlich und ökologisch völlig gefahrlosen fluoreszierenden Substanzen wie Uranin, Eosin oder Rhodamin, die sich selbst bei milliarden-, ja billionenfacher Verdünnung noch nachweisen lassen. Bei diesen Färbeversuchen kommen die Wissenschaftler oft zu völlig überraschenden Ergebnissen. Jagt das Wasser manchmal in wenigen Stunden über Hunderte Höhenmeter und kilometerlange Wege durch einen ganzen Gebirgsstock, so verschwindet es bisweilen fast unauffindbar und taucht erst nach 200 Tagen völlig überraschend wieder auf. Im Tiroler Karwendelgebirge fand sich der eingesetzte Farbstoff gar erst nach 2 Jahren wieder und im Nationalpark Kalkalpen in der Mollner Breitenau konnte das gefärbte Wasser des Hilgerbaches bis zum heutigen Tag überhaupt nicht mehr beobachtet werden!
Die Wege des Wassers orientieren sich im Karst auch nicht nach Wasserscheiden oder nahegelegenen Quellaustritten. So erbrachten Einspeiseversuche im Speringgebiet (Sengsengebirge) merkwürdige Ergebnisse. Der Rossaubach etwa rinnt zum Beispiel zuerst nach Norden ab, verschwindet dann kurz vor der Karschwelle der „Rossau“ – eines wunderschönen Kares unterhalb des Speringgipfels – in sogenannten „Ponoren“ (Schlucklöchern), dreht dann um 180 Grad nach Süden und gluckert schließlich unter dem 300 m aufragenden Speringkamm hindurch!

WEGE DES WASSERS AUS DEM BERG

Das „Teufelsloch“ – auch Rettenbachhöhle genannt – nahe Windischgarsten ist eine phantastische Höhlenquelle, deren vielfältige wassergefüllten Röhren- und Gangsysteme – man nennt sie auch „Siphone“ – und aufeinanderfolgende unterirdische Seenketten bis zu 15 000 l Wasser pro Sekunde fördern können. Solche Riesenquellen können auch als sogenannte „Speier“ auftreten – hier wird das Wasser, wie etwa beim Pießling-Ursprung unterhalb des Warschenecks, gleichsam aus der Tiefe emporgedrückt. So schüttet der Pießling-Ursprung durchschnittlich 2120 l pro Sekunde aus dem 50 m tiefen Quelltopf. Bei extremen Hochwasserereignissen jedoch quillt die unglaubliche Menge von 33 800 l pro Sekunde aus dem Siphonsee!
Natürlich gibt es noch viele Quellen in allen Erscheinungsformen und Größenordnungen, sei es, daß sie aus dem Gestein sickern oder aus einem Hang oder aus dem Schutt oder aus eine Höhlenportal über eine Felsstufe als malerischer Wasser-

Nach der Schneeschmelze oder nach starken Regenfällen sprudelt die Steyernquelle aus einem gewaltigen Halbhöhlenportal.

fall („Goldloch" im Hintergebirge) ans Tageslicht treten, oder sei es, daß sie aus Klüften und Schichtfugen strömen oder als Spalt- und Röhrenquellen in Form von feinsten Wasservorhängen („Rinnende Mauer" in der Steyr-Schlucht) sanft über eine üppige Moosvegetation als kleine und kleinste Quellaustritte aus dem Kalkgebirge rieseln oder als Wiederaustritte am Bergfuß (Teichl-Ursprung) auftauchen oder als Wallerquellen direkt aus dem ebenen Boden sprudeln.

Eine besondere Kostbarkeit des Nationalparks Kalkalpen sind die sogenannten „Heberquellen" – wie die Karstquelle bei der „Teufelskirche" oder die Höhlenquelle des „Teufelslochs". Aus ganz Europa sind bloß 15 sowie aus den USA nur acht solcher Quellen bekannt. Das Besondere an diesen Quellen ist die in rhythmischen Abständen stark schwankende („oszillierende") Schüttung. Über die Ursache dieser ungewöhnlichen „Atemzüge" ist karsthydrologisch noch wenig bekannt.

Im Karst kann jedoch auch das Gegenteil einer Quelle vorkommen – ein Quellbach oder ein Oberflächengerinne, das stetig oder in bestimmten Situationen Wasser verliert: entweder in Form von Versickerung (Paltenbach in der Hopfing) oder als Versinkung bzw. als Schluckloch („Rollende Lueg" auf der Wurzeralm).

Quellaustritte sind schließlich wie Bäche in ihrem Schüttungsverhalten und in der Wasserführung jahreszeitlichen Schwankungen unterworfen: So spricht man von ganzjährigen („perennierenden"), wenig schwankenden Quellen („Rinnende Mauer"), ganzjährig stark schwankenden Quellen (Pießling-Ursprung, Rettenbach-Quellen), zeitweise trockenfallenden („episodischen") Quellen (Palten-Karstquelle) und sogenannten „Übersprüngen" – diese weisen erst bei Hochwässern Schüttungen auf („Teufelskirche").

Oben links: Karstbäche treten oft auch, langsam fließend, zwischen den Blöcken des Bachbetts ans Tageslicht.

Oben rechts: Gischtend und tosend verändern die Bäche auch heute das Antlitz der Landschaft.

Unten: Der Ursprung des Hinteren Rettenbachs gehört zu den ganzjährig stark schwankenden Quellen – in der meisten Zeit des Jahres sind die üppig bemoosten großen Felsen trocken, nur zur Zeit der Schneeschmelze und nach starken Regenfällen bricht das Wasser mit aller Gewalt zwischen den Blöcken hervor.

Das frühlingshafte Hochplateau des Toten Gebirges von der Hetzau im Almtal aus

Quellen und Quellbäche – unbekannte Lebensbereiche

Nicht überall begegnen uns im Nationalpark Kalkalpen Quellen mit Trinkwasserqualität – für die Umwelt ist das feuchte Naß jedoch immer noch im Gegensatz zu menschlich bedingten Verunreinigungen hochrein.

Diese Quellen und ihr Wasser sind Lebensraum für zahlreiche Tier- und Pflanzenarten. So zeigten erste Untersuchungen der Moosflora eine Wunderwelt an 77 (!) verschiedenen Arten. An der Steyern-Quelle im Sengsengebirge wurden allein 28 verschiedene Moosarten festgestellt, und die Ciclidotus-aquaticus-Moose des Pießling-Ursprungs suchen als wärmeliebende Moosart des Südens in den Nördlichen Kalkalpen ihresgleichen!

Auch die Tierwelt ist repräsentativ vertreten. So konnten bei Stichprobenerhebungen Erstnachweise in Österreich getätigt werden oder in der Rotatorienfauna (Rädertierchen, ca. 1 mm große, im Wasser schwebende Planktonarten) von stehenden Gewässern auf der Feichtau bis dahin weltweit (!) unbekannte Arten entdeckt werden – ein gewichtiger Beweis für die Einzigartigkeit und immense Vielfalt der Tiere und Pflanzen im Nationalpark Kalkalpen!

Schroffe Kalkstöcke, umgeben vom grünen Waldmeer

Tier- und Pflanzenwelt

DAS KLIMA

Klimatisch gesehen, liegt das Gebiet des Nationalparks Kalkalpen in der feuchten, subozeanischen Niederschlagsstaulage des Alpennordrandes. Typisch sind hiefür Witterungslagen mit hohen Niederschlagsmengen. Die Niederschlagsmengen auf der Nordseite sind aufgrund der aus Norden, Nordwesten und Westen heranziehenden Schlechtwetterfronten naturgemäß wesentlich höher als auf der Südseite der Gebirgsstöcke, wo deutlicher Föhneinfluß für mehr Sonne und weniger Niederschlag sorgt. Die nordalpinen Niederschläge bewirken im Winter durch die erhöhte Strömungsintensität und die tiefer liegende Kondensationshöhe die meisten und häufigsten Niederschläge. Dazu gesellen sich im Sommer die gesamtalpinen Niederschlagslagen, die wiederum während der wärmsten Jahreszeit ihr Maximum erreichen. Der Herbst hingegen ist infolge des deutlichen Rückgangs der berüchtigten Nordstaulagen die niederschlagsärmste und vielfach bewölkungsärmste Jahreszeit.

Die klimatischen Verhältnisse und die starke Zerklüftung und Schroffheit der Kalkgebirgsstöcke, die hoch über dem umgebenden Alpenvorland aufragen, sind einerseits verantwortlich für den erstaunlichen Pflanzenreichtum des Nationalparkgebietes der Kalkalpen. Andererseits bildete sich hier am äußersten Ende des Vereisungsbereiches der letzten Eiszeit vor allem am Warscheneckstock ein letztes Refugium für nordostalpine Pflanzen sowie nord- und südalpine Pflanzenfamilien, wobei eine scharfe Trennung zwischen der warmen, sonnigen Südseite und der kalten, feuchten Nordseite der Kalkgebirgsstöcke sowohl bei den Pflanzengesellschaften als auch bei den Höhengrenzen zu beobachten ist.

DIE PFLANZENGESELLSCHAFTEN DER WALDLAGEN

Das Nationalparkgebiet reicht von den tief eingeschnittenen Bachläufen des Reichraminger Hintergebirges von ca. 400 m Seehöhe bis zu den gewaltigen, wild zerklüfteten Kalkgipfeln des Toten Gebirges auf über 2500 m Höhe hinauf. Natürlich sind bei solchen Höhendifferenzen große klimatische Unterschiede vorhanden, auf welche die Pflanzenwelt in sogenannten Vegetationsstufen mit ganz bestimmten Pflanzengesellschaften reagiert. Denn mit dem Ansteigen der Höhe sinkt auch allgemein die Lufttemperatur, die absolute Luftfeuchtigkeit und die Zeitspanne der Vegetationsperiode. Statt dessen nehmen die Niederschlagsmenge, die Verweildauer der Schneedecke, die Windhäufigkeit und Windstärke, aber auch die Sonneneinstrahlung (vor allem die Ultraviolettstrahlung) stark zu.

So erstreckt sich der bewaldete Bereich des Nationalparks Kalkalpen von der „Submontanen Stufe“ auf etwa 400–500 m (700 m) über die „Montane Stufe“ bis (1200 m) 1400 m, die „Tiefsubalpine Hohenstufe“ von (1200 m) 1400–1600 m bis zur „Subalpinen Stufe“ von ca. 1600–1800 m (2000 m). Über dieser oberen Baumgrenze befinden sich die Pflanzengesellschaften der „Alpinstufe“ von 1800/2000 m–2200/2400 m. Nur ganz vereinzelt finden sich auch auf den höchsten Felsspitzen des Nationalparkgebietes Pflanzen der „Subnivalen Stufe“, die von 2000–2100 m reicht.

In einem fein aufeinander abgestimmten Vegetationsmosaik haben ganz bestimmte Pflanzenarten ihren gemeinsamen Lebensraum gefunden. Diese Lebensräume (Standorte) sind vor allem von klimatischen Voraussetzungen wie Hanglage (Himmelsrichtung) und Hangneigung abhängig. Aber auch das Licht spielt hier eine entscheidende Rolle: So gibt es lichtliebende und schattenliebende Pflanzen, wie auch schneeliebende und schneemeidende Gesellschaften. Selbstverständlich spielt der Boden eine entscheidende Rolle für das Vorkommen der Pflanzengemeinschaften – durch die Einwirkung des Klimas und die Tätigkeit der Bodenorganismen (Bakterien, Pilze, Bodenalgen, Bodentiere, Pflanzenwurzeln) bzw. durch deren abgestorbene Reste (Laub) auf dem Gesteinsuntergrund entsteht dieser erst. Wichtig ist vor allem die Mächtigkeit („Gründigkeit“) des Bodens. Im Kalkgestein des Nationalparkgebietes finden sich

Unzugängliche Felswände mit störungsfreien Jagdrevieren schätzt der Uhu im Nationalpark.

Unberührte urige Kalk-Buchenmischwälder findet man noch im Waldmeer des Nationalparks Kalkalpen.

Rechts: Besonders im Herbst fallen die Kalk-Buchenmischwälder durch ihre kräftige goldbraune Färbung auf.
Unten: Der Fluß- oder Edelkrebs findet in den unberührten Bächen des Nationalparks noch letzte Refugien.

meist „flachgründige“, also nährstoffarme und trockene Böden (die schon angesprochenen Kalkhumus- und Braunerdeböden).
Gerade deshalb ist es wohl kaum verwunderlich, daß besonders die Pflanzenwelt äußerst artenreich ist. So kommen im Nationalpark Kalkalpen rund 30 verschiedene Waldgesellschaften vor.

Auwälder

In den Tallagen der steil aufragenden Kalkmassive beschränkt sich die heute noch natürliche Waldvegetation auf schmale Auwaldstreifen entlang der Fluß- und Bachläufe. Diese Auwaldstreifen bestehen meist aus Weiden-Grauerlenauen, die auf feuchten Schotter- und Schwemmböden aufgebaut sind.
In den aufgelichteten Auwaldbereichen der ehemaligen Klausseen des Hintergebirges und des Sengsengebirges haben sich üppige Hochstaudenfluren aus Großer Brennessel, Roß-Minze und Sumpf-Kratzdistel ausgebildet. An den schotterdurchsetzten Uferbereichen kommen auch artenarme Bach-Pestwurzfluren auf. Die riesigen Blätter der Pestwurz werden im Sommer von den Kindern gerne als „Kopfbedeckung“ verwendet.
Eine Besonderheit der weiten Schotterflächen an der Großen Klause im Hintergebirge stellt die Lavendelweiden-Au dar.
Das unwegsame Labyrinth der Bachläufe im Reichraminger Hintergebirge wird teilweise von kleinflächigen Grau-Erlenauen, zu denen sich auch Schwarz-Erlen und Eschen gesellen, mit einer artenreichen Krautschicht gebildet, die aus der Echten Nelkenwurz, die in ihrem purpurnen Zentrum nach Gewürznelken riecht, besteht. In der Volksmedizin verwendet man den Tee der Nelkenwurz gegen Appetitlosigkeit und Durchfall. Ferner findet man in der Krautschicht die Rote Lichtnelke – auch „Herrgottsbluat“ genannt – und die Knoten-Braunwurz.
An Standorten mit kürzerer Überschwemmungsdauer kommt die Erlen-Eschenau mit der Gewöhnlichen Rasen-Schmiele, der Kohldistel, der Haselwurz und den intensiv gelb leuchtenden Farbtupfern der Hohen Schlüsselblume in der Krautschicht vor. Auch die Hohe Schlüsselblume dient als Volksarznei. Der Blütentee treibt den Schweiß, regt die Verdauung an, beruhigt Herz und Nerven. Der Wurzeltee wirkt überdies schleimlösend bei Bronchialkatarrh.

Kalk-Buchenmischwälder

Die Kalk-Buchenmischwälder bescheren gerade im Herbst dem Nationalparkwanderer durch ihre tief rotbraune bis gelbbraune Verfärbung im Gegensatz zum blendenden Weiß-Grau der schroffen Kalkstöcke ein unvergeßliches Farbenerlebnis. Leider sind diese reinen Laubmischwälder durch die forstlichen Eingriffe des Menschen nur noch kleinflächig naturnah vorhanden. Im nördlichen Teil des Nationalparkgebietes sind sie aber noch besonders ausgeprägt.
An den Uferbereichen größerer Bäche am Fuße der mächtigen Gebirgsstöcke, aber auch in den steilen Schluchten und Gräben des Reichraminger Hintergebirges gedeihen auf lokalklimatisch und standortbedingten Extrembereichen zwischen 400–800 m Seehöhe an nährstoffreichen Unterhängen Bergahorn-Eschenwälder, die vereinzelt auch von Berg-Ulme, Rotbuche, Linde, Fichte, Tanne und Hasel durchmischt werden, wobei meist die artenreiche Krautschicht durch üppige Farnvegetation auffällt. An den Bächen des Reichraminger Hintergebirges findet man in der Krautschicht auch ein botanisches Juwel wie die Hirschzunge, dann auch den Geißbart sowie den Kriech-Hahnenfuß und die Sumpfdotterblume.
Auf den steilen, sonnigen felsdurchsetzten Schluchthängen des Reichraminger Hintergebirges zwischen 500–700 m Höhe stocken artenreiche, trockenwarme Seggen-Buchenwälder mit Rotbuche, Bergahorn und Gewöhnlicher Esche. In der Strauchschicht trifft man die Großblatt-Weide und die Eberesche – im Volksmund auch Vogelbeere genannt. Der Vogelbeertee aus den getrockneten Blättern der Eberesche wird gerne als mildes Abführmittel verwendet und regt auch die Nierentätigkeit an. Der Dicksaft aus zerquetschten Beeren wirkt bei Husten und fiebrigen Lungenleiden. Selbstverständlich wird aus den Beeren auch der köstliche Vogelbeerschnaps hergestellt. Der in der Strauchschicht vorkommende Echte Seidelbast weist wiederum eine Besonderheit auf, indem zunächst die duftenden Blüten am Stamm erscheinen und dann erst die Blätter zu sprießen beginnen.
Die äußerst üppige, buntblühende Krautschicht zeigt bereits mit dem vorkommenden Pfeifengras, dem Kalk-Blaugras und dem Bunt-Reitgras den Übergang zu den benachbarten Kalkmagerrasen auf den felsigen Steilhängen. Wärmeliebende Arten, wie Schwalbenwurz, Breitblatt-Laserkraut und Weiß-Segge, dominieren hier mit dem Schwal-

Der Schwarzspecht brütet in alten Buchenwäldern, schätzt aber totholzreiche Nadelwälder als Nahrungsrevier

Der Frauenschuh blüht vor allem in schattigen Buchenwäldern.

Der Sperlingskauz lebt in gut gegliederten, totholzreichen Nadelwäldern.

benwurz-Enzian sowie vereinzelt eingestreuten, wunderbaren Orchideen, wie dem seltenen Roten Waldvögelein, der Weißen Waldhyazinthe und der Braunroten Stendelwurz. Der nur an einem Standort hier vorkommende Zungen-Mäusedorn, dessen Hauptverbreitung in Südost-Europa liegt, stellt ein in Österreich besonders seltenes botanisches Juwel dar.

An Nord- und Osthängen gedeiht im Hintergebirge zwischen 1100–1500 m Seehöhe auf schwach geneigten Hängen ein sehr feuchter Bergahorn-Buchenwald auf Braunerde oder Braunlehm – eine lokalklimatisch und vom Boden her bedingte Spezialgesellschaft. Neben überwiegend Rotbuche und Bergahorn stockt auch vereinzelt die Fichte. Die artenreiche Krautschicht weist eine Reihe von feuchtigkeitsliebenden Hochstaudenpflanzen, wie Fuchs-Greiskraut und Rundblatt-Steinbrech, auf. Auf weniger steilen Südosthängen tritt im Hintergebirge zwischen 1000–1400 m ein Kleeblatt-Schaumkraut-Buchenwald über Kalkhumusboden oder Braunlehm mit teils dicker Moderschichte auf. Hier wachsen vor allem Rotbuche, Bergahorn und Berg-Ulme. Die spärliche Krautschicht wird von Kleeblatt-Schaumkraut (deutet auf Lehmboden hin), Echtem Wurmfarn und Wald-Bingelkraut gebildet. Auch der Wurmfarn ist ein überliefertes Heilmittel. Das Pulver der Wurzeln wur-

de, wie der Name schon sagt, gegen Band- und Hakenwürmer im Magen-Darm-Trakt eingesetzt. Bäder und Umschläge helfen gegen Krampfadern und Venenentzündung. Die lichte Laubmischwälder bevorzugende Akelei mit ihren auffälligen, blauvioletten Blüten ist hier im Frühling genauso zu finden wie das Rote Waldvögelein.
Zwischen 800 und 1400 m Seehöhe wird der an den hochaufragenden, felsdurchsetzten und sonnigen Hängen kleinflächig folgende Blaugras-Buchenwald durch eine Reihe von lichtliebenden Arten, wie etwa dem Österreichischen Bärenklau und der Steinbeere, bereichert. Schattige Buchenwälder, aber auch aufgelockerte, gras- und kiefernreiche Wälder bevorzugt der strenggeschützte Frauenschuh, eine mit großen, gelbbauchigen Blütenteilen (als Fliegenkesselfalle) ausgestattete Orchideenart. Auch die schönen karminroten Blüten des Alpenveilchens – als Zyklame bekannt – können im Halbdunkel des Laubmischwaldes entdeckt werden.

Schneeheide-Kiefernwald

Auf sonnigwarmen, felsigen, steilen und flachgründigen Dolomit- und Wettersteinkalk-Schluchtwänden der Gebirgsstöcke und des Reichraminger Hintergebirges gedeihen auf diesen Extremstandorten wunderschöne Schneeheide-Kiefernwälder, die mit ihren grasreichen, aufgelockerten Beständen den Betrachter bisweilen an mediterrane Breiten erinnern. Neben der bestandsbildenden, gedrungen wachsenden Rotföhre (Waldkiefer) kommen vereinzelt Buche, Fichte, Lärche und häufiger Mehlbeere vor. Auch die Mehlbeere wird in der Volksmedizin geschätzt. Tees, hergestellt aus Blüten und Blättern oder zerstoßenen Früchten, helfen gegen Herz- und Kreislaufbeschwerden. Auf den Dolomitsteilhängen fühlt sich auch die Latsche (Leg-Föhre) wohl.
In der Strauchschicht finden sich vor allem wärmeliebende Arten, wie Steinmispel, Gewöhnliche Felsenbirne, Zwerg-Wacholder und Faulbaum. Die aufgelichteten Kiefernbestände beherbergen eine Krautschicht, bestehend aus Schneeheide, Pfeifengras und Bunt-Reitgras, Buchs-Kreuzblume – auch als „Waldmyrte“ oder „Immergrün“ bezeichnet – und Schneerose.

Fichten-Tannen-Buchenwald

Als meistverbreitete Waldformation im gesamten Nationalparkgebiet – von den Steilhängen des Trauntales zwischen Ebensee, Bad Ischl und Altaussee, den weitläufigen Talbecken um Offensee, Almsee und Grundlsee, den südseitigen Hängen des Toten Gebirges und der Haller Mauern bis ins Ennstal, dem Laussabachtal bis ins Reichraminger Hintergebirge und großen Teilen des Sengsengebirges – gilt der Fichten-Tannen-Buchenwald besonders zwischen 1000–1400 m Seehöhe als artenreiche Schlußwaldgesellschaft des Randalpenbereiches zwischen den reinen Buchenwäldern und dem Nadelwald. Durch die jahrhundertelang betriebene Forstwirtschaft wurden in diesen einst natürlichen Mischwäldern nach und nach Nadelbäume, wie Fichte und Tanne, gefördert, wobei auch gesagt werden muß, daß die besonders in der Jugend schutzbedürftige Tanne durch die Kahlschlagwirtschaft stark zurückgedrängt wurde. In diesen traditionell am intensivsten durch Forstwirtschaft, Weide, Jagd und Tourismus genutzten Höhenlagen haben sich trotz allem in schwer erreichbaren Seitentälern und steilen Gräben und Schluchten überaus artenreiche und vielfältige naturnahe Waldgesellschaften erhalten, die besonders im Herbst ein wunderbares Farbenspiel zwischen Rotbraun und Goldgelb der Laubbäume und dem satten Dunkelgrün der darin vermengten Nadelhölzer bilden.
Der Schneerosen-Fichten-Tannen-Buchenwald stellt im Nationalparkgebiet die nordostalpine Form mit kraut- und grasreicher, mäßig moosreicher Bodenvegetation und typisch charakteristischen Kalkschuttzeigern, wie Grün-Alpendost und Dreischnittigem Baldrian, dar. Der Echte Baldrian – im Volksmund auch „Hexenkraut“ genannt – ist ein altbekanntes Heilmittel. Eine Tink-

Der Fichten-Tannen-Buchenwald ist die häufigste Waldgesellschaft des Nationalparks und zeigt vor allem im Herbst sein kontrastreiches Farbenspiel.

Der Türkenbund ist eine seltene Lilienart und bevorzugt vor allem lichte Laubwälder als Lebensraum.

Zahlreiche Baumpilze setzen den mächtigen alten Fichten bereits zu.

tur aus frischen Wurzeln und der Tee helfen gegen Nervenschwäche, Angstgefühle und Schlafstörungen. Der Schneerosen-Fichten-Tannen-Buchenwald kommt auf stärker geneigten Hängen auf frischen bis feuchten, zum Teil auch lehmreichen Mullböden vor. Die Buche repräsentiert hier die bestandsbildende Baumart, zu der sich Berg-Ulme, Esche und Bergahorn sowie Fichte und Tanne gesellen. Typische Laubwaldbegleiter in der Krautschicht sind der Waldmeister – der nicht nur als Tee beruhigend gegen Nervosität und Schlaflosigkeit getrunken wird, sondern auch als Gewürz oder gar als Mottenmittel Verwendung findet –, Wald-Segge, Sanikel und Wald-Frauenfarn.

Auf Oberhängen und Rücken mit trockenen bis mäßig hangfrischen, schwach verbraunten Kalkhumusstandorten findet man den Weiß-Seggen-Fichten-Tannen-Buchenwald. Die Buchen sind hier mittelwüchsig und grobastig, auch Tanne und Fichte setzen sich in der Baumschicht nicht wie gewohnt durch, wohingegen die Lärche hier mit mächtigen Exemplaren vorherrschend ist. Auch die seltene Eibe und die Mehlbeere sind in diesem Bereich vereinzelt vertreten. Die Krautschicht besteht aus einem Vegetationsmosaik aus Weiß-Segge, Blau-Segge, Bunt-Reitgras, Leberblümchen und Zyklame.

Auf schwach geneigten bis ebenen Standorten, aber auch steilen, sonnigen Oberhängen stockt ein grasreicher Reitgras-Fichten-Tannen-Buchenwald, wobei in der Baumschicht die Fichte dominiert und Rotbuche, Bergahorn, Eberesche und Mehlbeere beigemischt sind. In der Krautschicht finden sich Trockenheitszeiger, wie das Nickende Perlgras. An stark weidebeeinflußten Standorten tritt neben der Heidelbeere die Groß-Hainsimse und der Alpenlattich in der Krautschicht auf.

An den schneereichen, windgeschützten Seiten meist schattiger Steilhänge kommt auf verbraunten Rendzinastandorten ein Rost-Seggen-Fichten-Tannen-Buchenwald auf, wobei vor allem die Rotbuche aufgrund des hier vorhandenen Schneeschubs häufig säbelwüchsig ist. Neben dem Bergahorn sind auch Tanne und Fichte eingesprengt. Die Bäume haben sich an diesen unwirtlichen Standorten zu Trupps dicht zusammengedrängt. In der Krautschicht gedeiht hier neben der Rost-Segge auch die Heidelbeere in Trupps. Hochstauden, wie der Grau-Alpendost und der Rundblatt-Steinbrech sowie eine reichliche Farnvegetation mit Wald-Frauenfarn und Echtem Wurmfarn und schließlich typische Licht- und Kalkzeiger, wie der Österreichische Bärenklau und die Alpen-Soldanelle.

Feuchte Standorte in Mulden, an schattseitigen, windgeschützten flachen Hängen bevorzugt der Grau-Alpendost-Fichten-Tannen-Buchenwald auf meist schweren Braunerden oder schon lehmigen, tiefgründigen Rendzinen. In der Krautschicht kommen Hochstauden, wie der Grau-Alpendost, der Wald-Storchschnabel mit seinen rotvioletten Blüten, das Zweiblüten-Veilchen, üppige Farnvegetation und großblättrige Kräuter vor.

Besonders hervorzuheben sind hier die mächtigen alten Fichten, durchmischt mit vereinzelten uralten, knorrigen Rotbuchen und Tannen des „Feichtauer Urwaldes" im Sengsengebirge sowie unberührte Fichten-Tannen-Buchenwälder im Farntal und im Bereich der Brunnalm in der Hochmölbling-Gruppe. Große Bedeutung haben diese naturnahen Wälder vor allem wegen der reichlich vorhandenen vermodernden Baumriesen, die für die sogenannte „Kadaververjüngung" – also das Keimen junger Bäumchen aus den vermodernden Stämmen – unerläßlich sind. Leider sind diese wunderbaren Wälder noch durch Waldweide zu stark aufgelichtet.

Der Wald-Hainsimsen-Fichten-Tannen-Buchenwald ist eine stark weidebeeinflußte, artenarme Waldgesellschaft mit der Wald-Hainsimse und der Gewöhnlichen Rasenschmiele in der Krautschicht.

Kalk-Fichtenwald

In der tiefsubalpinen Höhenstufe zwischen 1400–1600 m, deren obere Grenze sich gegen die Fichten-Lärchen-Zirbenwälder gut abhebt, stocken die natürlichen Fichtenwälder, die jedoch

Auf riesigen, umgestürzten vermodernden Stämmen gedeiht neues Leben.

Die riesigen Fichten des Feichtauer Urwalds bilden die malerische Kulisse zu den hellen steilen Wettersteinkalkwänden des Sengsengebirges.

nach unten fließend und, eng ineinander verzahnt, in die hochmontanen Fichten-Tannen-Buchenwälder übergehen. Aus diesem Grund ist es auch nicht verwunderlich, daß sich hier, pflanzensoziologisch betrachtet, auch Übergangsgesellschaften besonders an Sonderstandorten ausgebildet haben. Vor allem im Herbst beeindrucken diese Fichtenwälder durch den Gegensatz ihres tiefen Grüntons und den eingesprengten goldgelben Farben der Lärchen und wenigen Laubbäume. Auch die üppige Bodenvegetation mit Alpenrose, Heidel- und Preiselbeere verleiht dem Betrachter mit ihren satten rotbraunen Tönen zwischen den aufgelockert in Gruppen stehenden Bäumen ein unvergeßliches Farberlebnis.

An den Plateauabbrüchen des Toten Gebirges und des Warschenecks stockt am schneereichen Nordalpenrand ein natürlich aufkommender, zwergstrauchreicher Fichtenwald in aufgelockerter Rottenstruktur, da sich Buchen und Tannen hier gegen die Konkurrenz der Fichte nicht mehr durchsetzen können. Aufgrund der hohen und langandauernden Schneelagen und der starken Winde haben die Fichten mit einer besonderen spitzkronigen und schmalwüchsigen Wuchsform auf diese unwirtlichen Lebensbedingungen reagiert. Diese dominierenden Spitzfichten wachsen auf Humuskarbonatböden mit teils mächtiger Rohhumusausbildung auf Kuppenstandorten und Kleinstandorten auf grobblockig-klüftigem Dachsteinkalk. Lärchen und vereinzelt Zirben, Ebereschen und Bergahorn mischen sich in geringer Anzahl unter die knorrigen, wetterharten Fichten, die besonders durch eine Vielzahl toter, wettergebleichter Stäm-

Der Perlmutterfalter schätzt die lichten Bergmischwälder des Nationalparks als Lebensraum.

me und reichlich liegendes Totholz (große Bedeutung für „Kadaververjüngung") auffallen.

Das eng ineinander verzahnte Mosaik der Bodenvegetation spiegelt die kleinflächigen Standortunterschiede wider. So finden sich hier Heidelbeere und Preiselbeere, der im Volksmund so bekannte „Almrausch" mit der Wimper-Alpenrose, der Schlangen-Bärlapp und die Besenheide, der Gewöhnliche Wacholder und der Gewöhnliche Seidelbast. Der Wacholder ist nicht nur ein beliebtes Gewürz, sondern auch Volksheilmittel. Der Tee aus zerdrückten Beeren wirkt harntreibend und appetitanregend, Bäder und Umschläge werden bei schlecht heilenden Wunden eingesetzt, und das Wacholderöl inhaliert man bei Erkrankungen der oberen Luftwege. Auch die Besenheide – besser

Die Feuer-Lilie blüht gerne auf trockenen Wiesen und Waldrändern.

bekannt als Heidekraut – wird als Tee in der Volksheilkunde als harn- und schweißtreibendes Mittel, bei Nieren- und Blasenleiden oder als Beruhigungsmittel angewendet. Als vereinzelte Weidezeiger fühlen sich auch der Bürstling, der Weiß-Germer und der seltene Pannonische Enzian wohl. Auf hauptsächlich schattseitigen, nur gering geneigten Hängen mit langer Schneebedeckung findet man auf Kalkstein-Braunlehm einen krautreichen, meist forstwirtschaftlich intensiver genutzten Hochstauden-Fichtenwald mit Grau- und Grün-Alpendost und Weiß-Pestwurz.

Auf felsdurchsetzten, flachgründigen Graten und Abhängen um 1000 m Höhe gedeiht im Hintergebirge ein lockerer montaner Fichten-Lärchenwald, mit Rasen- und Latschengesellschaften durchwachsen. Die Strauchschicht wird von Steinbeere und Gewöhnlicher Felsenbirne dominiert, wobei sich in höheren Lagen immer mehr die Latsche (Leg-Föhre) ausbreitet. Die üppige Krautschicht wird von Kalk-Blaugras, Pfeifengras und Blutwurz gebildet. Auch Buchenwaldarten, wie Hasenlattich und Leberblümchen, mischen sich mit Säurezeigern, wie Heidelbeere und Preiselbeere. In grobblockigem, weniger steilem flachgründigem Gelände kommt über Wettersteinkalk in etwa 1000 m Seehöhe im Hintergebirge ein reiner Streifenfarn-Fichtenwald mit reicher Kalkschutt- und Felsspaltengesellschaft, wie Mauer-Streifenfarn und Schwarzstieliger Streifenfarn, mit üppig wuchernder Moosschichte auf.

An sehr steilen Felsabstürzen mit Nord- und Ostlage der wilden Schluchten des Hintergebirges bildet sich in etwa 1400 m Höhe ein reiner Alpenrosen-Lärchenwald mit Felspalten- und Rasenbewohnern wie Grünem Streifenfarn und Rost-Segge aus.

Besonders eindrucksvoll ist an den Steilhängen der Schluchten die unterschiedliche Waldvegetation zu beobachten. Während auf den kalten, unwirtlichen Nordseiten Lärchenwälder dominieren, gedeihen auf den sonnigen Südseiten auf gleicher Seehöhe trockene Kalk-Buchenmischwälder.

In den südlichen, höheren Bereichen des Hintergebirges stockt über 1400 m Seehöhe in flacher geneigten Lagen ein üppiger, krautreicher Fichten-Lärchenwald, der besonders im Herbst durch seine prächtig aufgelockerte goldgelbe bis tiefgrüne Verfärbung auffällt. In der schütteren Strauchschicht findet man Latschen, Seidelbast und Eberesche. Die Krautschicht ist mosaikartig aufgebaut und beherbergt den Schlangen-Bärlapp, an Laub-

Der Feichtauer Urwald am Fuße des Sengsengebirges ist eines der „Waldjuwele“ des Nationalparks Kalkalpen.

waldarten die in kräftigem Gelb blühenden Blütentrauben der Hohen Schlüsselblume und der Goldnessel. Der Bärlapp (Keulen-Bärlapp) – im Volksmund auch „Schlangenmoos“ genannt – ist ein altbekanntes Heilmittel. Die Bärlappsporen, das „Hexenmehl“, werden aus den gereiften Bärlappähren geklopft und wirken als Puder gegen Hautentzündungen. Der Tee-Aufguß hilft gegen Erkrankungen der Harnwege und bei Nierenleiden. Das Kraut hingegen wird bei Rheuma und Gicht auf die schmerzenden Stellen gelegt. An Rasenarten wachsen Kalk-Blaugras und Bunt-Reitgras. Kalkschuttzeiger sind der Grün-Alpendost und der Dreischnittige Baldrian.

Steile und flachgründige, felsdurchsetzte Hänge, Felsabsätze und bewachsene Hangrippen des Reichraminger Hintergebirges, des Sengsengebirges oder der Laussabachschlucht werden im Bereich von Schluchthängen oft von einem grasreichen Blaugras-Fichtenwald eingenommen. Die sich durch Inversionswetterlagen in den wilden Schluchten oft bildenden Kaltluftseen fördern das dominierende Wachstum der Fichte und drängen die Waldkiefer oder Laubbaumarten aus diesen extremen Lebensräumen hinaus. In den sehr lockeren, grasdurchsetzten Fichtenbeständen sind vereinzelt Lärche oder Mehlbeere und Bergahorn zu bemerken. In der Strauchschicht findet sich der Felsen-Kreuzdorn, wobei die Krautschicht vor allem durch das Kalk-Blaugras und die Rost-Segge auffällt.

Die Akelei blüht vor allem in lichten Laub-Mischwäldern.

Auf dem flachwelligen Hochplateau des Warschenecks erstreckt sich der größte geschlossene Lärchen-Zirbenurwald der Ostalpen.

Kalk-Lärchen-Zirbenwald

Auf Teilen der gewaltigen Plateauhochflächen des Toten Gebirges und des Warscheneckstocks gedeihen hier auf der hochsubalpinen Stufe unter extremsten Witterungsbedingungen die wetterharten und faszinierenden Baumgestalten der Lärche und Zirbe. Nur diese Bäume wagen sich noch an die obere Grenze der Waldzone heran, die nicht umsonst auch als „Kampfwaldzone" bezeichnet wird. Charakteristisch für diese wetterharten Baumgestalten, die sich in 1700–1900 m Höhe durchsetzen, ist ihr Vorkommen auf kalkreichem Grundgestein und nicht zuletzt auch das ausgeprägte Standort- und Vegetationsmosaik mit aufgelockerten, oft nur gruppenweisen Beständen und der höhere Lärchenanteil.

Von Wind und Wetter zerzauste Zirben führen im Urwald ihren Überlebenskampf auf dem nackten Kalkboden.

Die typische Ausbildung dieser Waldgesellschaft ist der Kalk-Alpenrosen-Lärchen-Zirbenwald mit den Hauptbaumarten Lärche und Zirbe, wobei auch noch Spitzfichten und vereinzelt Eberesche und Latsche eingesprengt sein können. Auf dem Boden treten häufig Zwergsträucher, wie die Wimper-Alpenrose, eingestreut mit wenigen Rost-Alpenrosen oder mit Heidelbeere – auch Schwarzbeere genannt –, sowie Preiselbeere, Zwerg-Mehlbeere und Blau-Heckenkirsche mit dazwischenwachsendem Woll-Reitgras, auf. Farblich lockern als Begleitpflanzen der Ostalpen-(Pannonische) Enzian mit seinen braunvioletten Blüten, die Berg-Nelkenwurz, der Gebirgs-Frauenfarn, Berg-Sauerampfer und der Echte Eisenhut mit seinen intensivblauen Blüten den bleichen Fels auf dem Boden auf.

Auf schneereichen und schattigen Hanglagen kommt ein Hochstauden-Grünerlen-Lärchen-Zirbenwald auf.

An sonnseitigen und flachgründigen Extremstandorten gedeiht nur sehr kleinflächig ein Latschen-Lärchen-Zirbenwald.

Der Lärchen-Fichten-Zirbenwald bildet schließlich den Übergang zum tiefsubalpinen Fichtenwald.

All diese Ausprägungen beherbergt der am Südostabfall des Warscheneckstocks gelegene, ausgedehnte Lärchen-Zirbenurwald, ein Juwel der gesamten Ostalpen, der durch knorrige, wetterharte Lärchen- und Zirbenbaumgestalten mit der angesprochenen Zwergstrauchschicht über dem teilweise nackten, karrendurchzogenen Fels gekennzeichnet ist. Vor allem im Herbst bildet die Lärchenverfärbung mit ihrem kräftigen Goldgelb, durchmischt vom tiefen Dunkelgrün der Zirben im Kontrast mit dem bleichen, kargen Fels einen unvergleichlichen Anblick.

Grünerlengebüsch

Eine kleinflächige Dauergesellschaft, bestehend aus reinen Grünerlengebüschen, besiedelt zwischen 1500–1800 m Seehöhe steilere, meistens schattseitige und schneereiche Hänge (Schneewächtenstandorte und Lawinenstriche), Mulden und Runsen, aber auch erosionsanfälliges Rutschgelände. Die Erlen sind dabei oft talwärts gerichtet und sehr elastisch ausgebildet, um die hohen Schneedrücke aushalten zu können. Vereinzelt befinden sich in dieser Gesellschaft auch schwach entwickelte säbelwüchsige Lärchen. Der Boden dieser Hänge besteht meist aus feinerdereichen, immer feuchten, oft auch wasserzügigen Mullhumus-Kalksteinbraunerden (allgemein findet man die Grünerle ja eher auf feuchteren silikatischen Böden oder auf mergeligen Einschlüssen im Kalk). Ganz vereinzelt verirren sich in die Grünerlengebüsche auch die Eberesche, der Bergahorn und verschiedene Weidenarten. Nadelbäume, wie etwa auch Latschen, gedeihen im allgemeinen aufgrund des Schneepilzbefalles hier kaum. Die Bodenvegetation besteht aus Hochstaudenfluren mit Grau-Alpendost, Echtem Wurmfarn und Rundblatt-Steinbrech.

Zwergstrauch-Krummholzgürtel

Die Latschengebüsche bilden als Pioniere auf Extremstandorten und in Kaltluftmulden, aber auch als natürliche Ersatzgesellschaften des Lärchen-Zirbenwaldes den eigentlichen Bereich der Waldgrenze. Diese liegt je nach menschlichen Eingriffen (Rodung, Weide, Schwendung) zwischen 1500–2200 m Höhe. Weit verbreitet sind Latschengebüsche im Nationalparkgebiet vor allem im Sengsengebirge, am Warscheneck, an Bosruck und Pyhrgas sowie im steirischen Teil des Toten Gebirges. Das Alpenrosen-Latschengebüsch bildet zusammenhängende, größere Flächen, ja oft Reinbestände zwischen 1600–2200 m Höhe aus. Als hochsubalpine Schlußwaldgesellschaft kommt das Alpenrosen-Latschengebüsch in Nordlagen und windabgewandten Rücken auf mäßig steilen Hängen auf reifen Kalkhumusrohböden mit Moosen und Zwergsträuchern oder Kalkschuttzeigern vor. Jene Bereiche, die im Winter durch eine nicht allzulange ins Frühjahr reichende Schneedecke vor Frosttrocknis geschützt sind, beherbergen große, geschlossene Latschenfelder, die aufgrund der biegsamen Triebe der Latschen für den Wanderer sehr schwer zu überwinden sind. Neben den Zwergsträuchern finden sich auch ganz vereinzelt Lärchen, Fichten und Ebereschen. Bei größeren Feinerdeanteilen des Bodens gedeihen auch Heidel- und Preiselbeere und Schlangen-Bärlapp. In begünstigten Südlagen gesellen sich schattenertragende Kräuter der Waldstufe, wie Wald-Sauerklee und Wald-Storchschnabel hinzu.

Oft werden vom Alpenrosen-Latschengebüsch auch Almen, die nicht mehr geschwendet werden, als typische Gesellschaft des Latschen-Schlußwaldes wiederbesiedelt.

Auf Extremstandorten mit erosionsanfälligen, wenig ausgeprägten Kalkhumusrohböden kommt als hochsubalpine Dauergesellschaft das Schneeheide-Latschengebüsch in aufgelockerten und niedrigwüchsigen Beständen vor. Auch in Lawinengassen und Lawinenschuttkegeln kommt auf wuchsgünstigeren, reiferen, verbraunten Kalkhumusböden und bereits eindringenden ersten Baumpionieren, wie Lärche, Eberesche oder Fichte, als wesentlich tiefer liegende Dauergesellschaft das Schneeheide-Latschengebüsch vor.

Kalk-Magerrasen

An steilen Südhängen der Kalkgebirgsstöcke können sich aufgrund fehlender Beweidung bunte, überaus artenreiche Kalk-Magerrasen bis in die subalpine Stufe durchsetzen. Hier gedeihen Raritäten, wie der Kugelstendel, die Mücken-Händelwurz, der Pyramidenstendel und das Rote Kohlröschen.

Besonders schön anzusehen ist der hochstaudenförmige Pannonische Enzian mit seinen braunvioletten, punktierten Blüten. Pflanzen mit nordostalpinem Verbreitungsraum, wie die Ostalpen-Schafgarbe, der Alpen-Mohn, aber auch das Alpen-Fettkraut, bereichern hier das Landschaftsbild.

Kalk-Felsspaltengesellschaften

An sehr steilen, sonnigen und trockenen Felsformationen der wilden Schluchten des Hintergebirges fühlt sich die Kalkfelsen-Fingerkraut-Gesellschaft, bestehend aus dem namengebenden Kalkfelsen-Fingerkraut, der Herzblatt-Kugelblume und der Stachelspitzigen Segge wohl, wobei jedoch die feuchtigkeitsliebenden Felsfluren weit häufiger in den kühlen, schattigen Schluchten vorkommen. Die hier üppig wuchernde Blasenfarn-Gesellschaft beherbergt feuchtigkeitsliebende Arten, wie Moos-Nabelmiere, Rundblatt-Steinbrech und Alpen-Hahnenfuß.

Kalk-Magerrasen der wilden Schluchten

Feuchte, senkrechte, ja teils überhängende, durch enge Schluchtwände beschattete Dolomitfelsen bergen auffällige Blütenpolster mit dem zarten

Der Ostalpen-Enzian ist vor allem an steilen Südhängen der Kalkgebirge zu finden.

Das Rote Kohlröschen blüht gerne an steilen Südhängen in den Kalkmagerrasen der Gebirgsstöcke.

Das Manns-Knabenkraut blüht auf Magerrasen und lichten Wäldern.

Das Großblüten-Sonnenröschen findet man auf sonnigen Magerrasen.

Die zierliche Glockenblume wächst scheinbar direkt aus dem nackten Fels.

Felsen-Baldrian, der leuchtend rosarot bis lila blühenden Clusius-Primel – im Volksmund als „Jagabluat" bekannt –, dem Kalk-Glocken-Enzian und dem Alpen-Fettkraut.

Die kärgliche Strauchschichte wird von der Kahl-Weide und der Großblatt-Weide eingenommen. Die extremen Standortverhältnisse feuchter, steiler, windausgesetzter und schattiger Schluchten haben zum Herabsteigen dieser alpinen Gesellschaft in solch tiefe Lagen bis 500 m geführt! Schluchtenreiche und steilere Hangpartien mit verschiedenen tiefgründigen steinigen Kalkböden werden von einer hochwüchsigen, sehr artenreichen Rasengesellschaft, der subalpinen Rost-Seggenhalde, bewachsen. Neben Pfeifengras und Bunt-Reitgras gedeihen hier bunte Blumen, wie die Große Sterndolde, das Mittlere Hexenkraut und das Zweiblüten-Veilchen mit seinen gelben Blüten.

Alpine Kalk-Quellfluren

An Quellnischen oder den Austritten kleiner Gebirgsbäche in der Montanstufe kommen üppige, moosreiche Feuchtgesellschaften mit Kleinem Strahlensame, Stern-Steinbrech und dem selten in Quellmooren anzutreffenden, mit stahlblauen bis violett gepunkteten Blüten versehenen Tarant vor.

Kalk-Flachmoore und Kalk-Sümpfe

An feuchten sumpfigen Senken im Umkreis von Quellfluren tritt die Davall-Segge bestandsbildend auf, zu der sich die gelblichen Blüten der Gewöhnlichen Simsenlilie und die typischen weißen Köpfchen des Breitblatt-Wollgrases gesellen.

Der Ostalpen-Enzian ist vor allem an steilen Südhängen der Kalkgebirgsstöcke zu finden.

Links: Die eher sanft abfallende, von Latschen und alpinen Rasen bewachsene Südseite des Sengsengebirges bricht zur Nordseite in bis zu 600 m hohen senkrechten Wänden ab.

Die Schneerose ist ein zeitiger Frühlingsbote in den Fichten-Tannen-Buchenwäldern.

Die goldgelben Blätter der Rot-Buche im milden Herbstlicht

Die naturnahen Bergmischwälder sind das Domizil zahlreicher störungsempfindlicher Tierarten.

In den Laubmischwäldern findet man den flinken, nachtaktiven Siebenschläfer.

TIERE DER URIGEN MISCHWÄLDER

Ökologie

Die grüne Wildnis der Bergwälder im Nationalpark Kalkalpen birgt einen letzten Rest an Urnatur, eine letzte Erinnerung an eine Welt von Tieren und Pflanzen, die ohne menschliches Zutun ihre ureigenen Lebensgemeinschaften gebildet haben. Den größten Anteil an der Aufnahme der pflanzlichen Jahresproduktion als Nahrung haben hier vor allem die Kleinstlebewesen in der Oberschicht des Waldbodens. Sie sind es, die als unermüdliche Zerleger und Zersetzer von Baumriesen, Nadeln und Blüten, Laub und Leichen Humus erschaffen.

In einem uralten, tief beschatteten Wald finden die Pflanzenfresser auf dem Waldboden, wie etwa Hirsch, Reh, Hase und Waldmaus, kaum genügend Nahrung, da unter dem dichten Kronendach zu wenig Nahrhaftes wächst. Deshalb sind auch diese Tiere an der Ernte der nachwachsenden Pflanzenstoffe eher gering beteiligt, und sie sind zahlenmäßig im geschlossenen Wald auch relativ selten vertreten. Noch viel seltener sind die Jäger, wie etwa Luchs, Dachs und Habicht.

In der schwindelerregenden, lichtdurchfluteten Region der Baumkronen, wo es genügend Nahrung gibt, finden sich wiederum nur wenige Kletterkünstler, wie das Eichhörnchen, die Vögel und Insekten, zurecht, wobei aber von diesen Tieren stets nur ein überraschend geringer Anteil an Pflanzenstoffen verwertet werden kann.

Und trotzdem sind die Tiere bei Beobachtung der Langzeitentwicklung von Wäldern wichtige Gestalter und Entwickler des „Grünen Universums": Denn ohne Bestäubung durch Hummeln gäbe es keine Heidelbeeren, ohne Regenwürmer keinen Feinhumus, ohne gängegrabende Mäuse könnten Pilzsporen kaum in den Boden eindringen, ohne die dauernd wühlenden Wildschweine wären die Keimbedingungen für Buchen und Eichen erschwert, ohne die Drosseln könnten die feinen Samen der Beerensträucher kaum auf Waldlichtungen aufgehen, ohne Eichhörnchen oder Eichelhäher könnten Haselnüsse nicht so rasch keimen, und ohne Spechte könnten Borkenkäfer Nadelbäume durch Massenbefall wohl noch rascher absterben lassen!

So hat sich zwischen Pflanzen und Pflanzenfressern eine seit undenklichen Zeiträumen abgestimmte Wechselbeziehung ergeben. Auch zwischen Pflanzenfressern und ihren Freßfeinden bzw. unter den Beutegreifern hat sich ein ähnliches Gleichgewicht eingependelt.

Darüber hinaus wirken viele Wildtiere durch zahlreiche Tätigkeiten mit, ihre Lebensräume vielfältiger zu gestalten: Ein nach Pilzen und Wurzeln wühlender Wildschweinrüssel lockert die Bodenstreu und verhilft so der Tannensaat zu besserem Aufkeimen, der Ameisenlöwe findet willkommenen Lebensraum im Erdaushub des Dachsbaues, und die Hirschsuhle wird vom Bergmolch gerne als Balztümpel angenommen.

Grundsätzlich unterscheidet man bei den Waldtieren zwischen den Arten des Wald-Innenklimas und den sogenannten Wald-Lücken-Arten. So benötigen die Arten des Wald-Innenklimas über Jahrhunderte gleichartige Bedingungen, wo sie im reichlich vorhandenen Moderholz, auf flechtenüberzogener Borke, im Kronendach der Urwaldriesen oder in der pilzdurchsetzten Laubstreu leben, wie etwa die Spinnen, Käfer, Schnecken, der Feuersalamander, der Siebenschläfer und von den Singvögeln der Waldbaumläufer, manche Fliegenschnäpper sowie Mittel- und Weißrückenspecht.

Die Wald-Lücken-Arten hingegen kommen im geschlossenen Wald nicht mehr so gut zurecht und benötigen statt dessen besonnte Waldränder, üppig bewachsene Lichtungen oder aufgelichtete Bergwälder mit reichlicher Vegetation bzw. Waldwiesen. Das Blütenangebot und die Beerensträucher ziehen natürlich Abertausende Schmetterlinge, Hummeln, Ameisen, Laufkäfer und Spinnen an, an Tümpeln und feuchten Stellen gefolgt von Fröschen und Molchen sowie von Wühlmäusen, die vergraste Stellen absuchen können, und von Vögeln, die Sämereien und Beeren naschen. Bei so viel „Nahrungsangebot" sind Beutegreifer, wie

Der Tannenhäher liebt vor allem urwaldartige Lärchen-Zirbenwälder als Lebensraum.

Dachs und Waldschnepfe, die nach Regenwürmern graben und stochern, der Grünspecht auf der Jagd nach Ameisen oder Kreuzottern, Eulen und Greife auf der Jagd nach Mäusen sofort zur Stelle.

Diese an sich „konservativen" Tierarten benötigen jedoch langlebige Lichtungen bzw. ein Mosaik an „Wald-Lücken", die in der Natur nur in geringem Ausmaß in Form von eingesprengten Felspartien, Mooren und anderen Vernässungen mit Gräsern oder eben bei besonders flachgründigen, nährstoffarmen Böden mit aufgelockerter Vegetationsstruktur zu finden sind. Der natürliche, dichte Wald hingegen birgt solche „Inseln des Lichts" nur für kurze Zeit auf kleinsträumigen Flächen mit Windwurf oder alten, umgestürzten Baumriesen.

Und doch gab und gibt es Tiere, die unsere Urwälder und naturnahen Wälder mehr oder minder aktiv aufgelockert und mitgestaltet haben. Waren es vor längst vergangenen Zeiten Herdentiere, wie Wisent, Auerochs und Wildpferd oder Elch und Biber, die sozusagen als „Waldzerstörer" aktiv waren, so traten mit dem Menschen im Zuge der Waldweide das Weidevieh und das von der Zivilisation in die Wälder verdrängte Rot- und Rehwild unfreiwillig als „Waldgestalter" auf. Die negativen Folgen von überhöhten Schalenwildbeständen und Waldweide, mit denen wir es heute zu tun haben, stehen auf einem anderen Blatt.

Oben: Der Habicht errichtet in dichten Fichten-Tannen-Buchenwäldern seinen Horst. Unten: Jungfüchse in ihrem Bau

Oben: Der Schwarzstorch ist ein vogelkundliches „Juwel" der ausgedehnten urtümlichen Bergmischwälder mit ihren fisch- und amphibienreichen Bächen und Tümpeln.

Unten: Das Auerhuhn ist die Charaktertierart ungestörter, aufgelichteter, deckungsreicher, naturnaher Wälder.

TIERE DES WALDES, DER WILDEN SCHLUCHTEN UND SÜMPFE

Tiere der Bodenvegetation

Viele Säugetierarten beleben die Bodenregion der aufgelockerten, abwechslungsreichen Wälder. Vor allem die Mäuse, wie etwa Waldspitzmaus, Alpenspitzmaus und Zwergspitzmaus – das kleinste heimische Säugetier – suchen im deckungsreichen, grasbewachsenen, manchmal feuchten Gelände nach Regenwürmern, Käfern, Spinnen und Schnecken. Täglich fressen diese so flinken, geschäftigen Tierchen rund drei Viertel ihres eigenen Körpergewichts! Feldmaus und Erdmaus, Waldmaus und Gelbhalsmaus legen weitverzweigte Gangsysteme an, in denen sie ihre Nahrungsvorräte, wie Pflanzentriebe und Wurzeln, Samen oder Knollen von Kulturpflanzen, speichern.

Der Dachs bewohnt mit Vorliebe abwechslungsreiche, mit Wiesen und Weiden durchsetzte Laub- und Bergmischwälder, wo sie ihre Erdbaue anlegen können. Das kräftige Raubtier weist eine charakteristische schwarzweiße Streifenzeichnung des Kopfes auf. Mit seinen kurzen, kräftigen Füßen und den starken Grabkrallen an den Vorderbeinen gräbt er mit der Zeit wahre unterirdische Labyrinthe mit verschiedenen Eingängen, die oft von Fuchs und Marder bewohnt werden. Der Dachs ist vor allem nachtaktiv und daher kaum zu beobachten. Er ist ein typischer Allesfresser und verschmäht weder pflanzliche Nahrung, wie Früchte, Beeren, Wurzelknollen, Nüsse, Samen und Bucheckern, noch Insekten, Schnecken, Jungvögel in Bodennestern und Kleinsauger. Sein Hauptspeisezettel besteht jedoch aus Regenwürmern, die auf feuchten Wiesen und Waldböden aufgestöbert werden.

Der Rotfuchs bevorzugt im Nationalparkgebiet ebenfalls die reich strukturierten Bergmischwälder mit Lichtungen und Wiesen. Er ist ein ausgesprochen intelligenter, anpassungsfähiger Jäger, der auch weit über die Baumgrenze ins Gebirge hochsteigen kann. Der Rotfuchs ist vorwiegend dämmerungs- und nachtaktiv und lebt gerne einzelgängerisch. Kann er keine alten Dachsbaue „übernehmen“, so gräbt er sich seine Burg mit einer Hauptröhre und mehreren Fluchtröhren an sonnseitigen Lagen selbst. Der Speisezettel ist äußerst vielfältig, doch besteht die Hauptnahrung aus Mäusen, die in elegantem Sprung blitzschnell erbeutet werden. Ansonsten erlegt er alle Kleinsäuger und Vögel mit passender Größe. Sogar Regenwürmer, Engerlinge, Heuschrecken und Maikäfer verzehrt der genügsame „Meister Reinecke“ neben allerlei Beeren. Im Hochwinter erschallt in klaren mondhellen Nächten das Gebell und Geheul der paarungswilligen Füchse. Trotz ihrer Wendigkeit und Schläue sind die Rotfüchse – vor

Glasklares, smaragdgrünes Wasser fließt durch die Kalkschluchten.

Gegenüber: Einsame Schluchten im Hintergebirge zeugen von der Kraft des Wassers.

Der Alpensalamander lebt gerne in feuchten Bergwäldern, auf Almböden sowie in wilden Schluchten.

allem Jungfüchse – auch vor Feinden, wie Luchs und Adler oder Uhu, nicht sicher.
Feuchte Laub- und Laubmischwälder mit entsprechend üppiger, deckungsreicher Bodenvegetation samt eingestreuten Lichtungen und Wiesen stellen im Nationalpark Kalkalpen den Lebensraum des Wildschweins dar. Hier finden die Tiere, die gerne mit ihrem spezialisierten Rüssel nach allerlei Bodenkleingetier, aber auch nach Würmern und Mäusen sowie nach Bucheckern und Eicheln graben, ihre herbstliche Mast. Wildschweine leben sehr gesellig in Familienverbänden, denen sich die Eber (Keiler) nur zur Fortpflanzungszeit anschließen.
Rothirsch und Reh besiedeln die Laub- und Bergmischwälder mit eingestreuten Wiesen und Weiden, die sie meistens erst am Abend zur Äsung aufsuchen. Die eher versteckte und ruhige Daseinsform der rudelweise lebenden Rothirsche wird in der Brunftzeit jäh unterbrochen, wenn vor allem im September das gewaltige Röhren und das Krachen der Stangen von aufeinanderprallenden Rivalen über die Lichtungen hallt. Die Rehbrunft hingegen läuft im Juli und August wesentlich stiller ab.
Auch Schlangen, Kröten und Molche, Frösche und Eidechsen bevölkern gerne unterwuchsreiche, lichte, von wasserzügigen Lichtungen und sonnigen Steilhängen aufgelockerte Laub- und Bergmischwälder.
Die Äskulapnatter bevorzugt ebenso wie die Schlingnatter sonnige, teils unterwuchsreiche Hänge der steilen Dolomitschluchten mit aufgelichteten Nadelmischwäldern. Auch in hellen, sonnigen, teils feuchten Laubmischwäldern fühlen sich die geschickten Gebüschkletterer auf der Jagd nach Kleinsäugern, Eidechsen sowie Vögeln und deren Brut wohl. Die Äskulapnatter entpuppt sich darüber hinaus als gewandte Baumkletterin.
Auf sonnigen, vegetationsreichen Geröllhängen, an buschreichen Waldesrändern und baumstumpfdurchsetzten, dicht verwachsenen Lichtungen findet man die Kreuzotter auf der Jagd nach

Die Gelbbauchunke in ihrer charakteristischen Kahnstellung, die der Abschreckung von Freßfeinden dient.

Mäusen, Grasfröschen und Eidechsen, die sie mit ihrem Gift durch Biß tötet.
Der Grasfrosch hat sich die feuchten, lichten Laub- und Bergmischwälder mit vegetations- und versteckreichem Boden als Lebensraum auserkoren. Er steigt aber auch weit über die Waldgrenze in die alpinen Rasen auf, wo Tümpel und kleine Seen vorhanden sind. Besonders eindrucksvoll läuft die Laichzeit im Frühjahr ab, wenn sich an den meist noch teilweise vereisten Laichtümpeln Abertausende Tiere tummeln und ihre Laichballen im klaren Wasser treiben.
Die Erdkröte ist ebenso in den naturnahen Laub- und Bergmischwäldern beheimatet. Sie ernährt sich von Würmern, Schnecken, Asseln, Spinnen und Insekten, die vor allem während der Dämmerung und nachts gefangen werden. Im zeitigen Frühjahr ziehen Tausende von Kröten zu ihren angestammten Laichgewässern, um hier ein unendliches Gewirr an Laichschnüren zurückzulassen.
Im düsteren Dunkel der tiefen, dichten Laubmischwälder, am feuchten moosigen Boden oder in der nassen Laubstreu in der Nähe klarwasserführender Bäche und Rinnsale fühlt sich der Feuer-

Der Berg- oder Alpenmolch fühlt sich in feuchten Bergmischwäldern ebenso wohl wie in vegetationsreichen Bachtälern.

salamander wohl. Besonders an regnerischen Tagen kann man das behäbig dahinwandernde Tierchen mit seinem intensiv gelben Flecken- oder Streifenmuster auf schwarzer Grundfarbe beobachten. Ansonsten versteckt sich der dämmerungs- und nachtaktive Feuersalamander tagsüber in natürlichen Bodenhöhlen, Kleinsäugerbauten, Felsspalten oder Fallholz. Seine Nahrung besteht aus vielerlei Insekten, Nacktschnecken, Spinnen, Asseln und vor allem Würmern. Feuersalamander sind bei uns lebendgebärend, d. h. das Weibchen setzt voll entwickelte, bewegliche Larven in langsam fließenden Bächen oder Rinnsalen von nur wenigen Millimetern Tiefe ab.

Der Alpensalamander, im Volksmund auch „Bergmandl“ oder „Regenmandl“ genannt, fühlt sich vor allem in den feuchten Bergwäldern, wilden Schluchten und Almböden mit genügend Versteckmöglichkeiten wohl. Bis auf die hochgelegenen Karstplateaus steigt er, falls ausreichend Wasser vorhanden ist, hinauf. Der gänzlich schwarze, glänzende Geselle ernährt sich von Tausendfüßern, Spinnen und Käfern und wird erst bei hoher Luftfeuchtigkeit aktiv.

Der Alpensalamander bringt als einziger Lurch lebende, voll entwickelte Jungtiere zur Welt und ist damit in der „Familienplanung“ vom Wasser unabhängig. In Hochlagen etwa reifen die Larven der Jungen im Mutterleib innerhalb von 3 bis 4 Jahren heran, worauf dann zwei ca. 4 cm lange Junge geboren werden. Auf diese Weise kann der Alpensalamander auch extreme Höhenlagen besiedeln.

Der Berg- oder Alpenmolch fühlt sich in vegetationsreichen Bachtälern ebenso wohl wie in lichten Laub- und Bergmischwäldern, wo stehende oder langsam fließende Gewässer als Laichplatz zur Verfügung stehen. Besonders eindrucksvoll ist das Hochzeitskleid des Männchens: So ist die Oberseite blaugrau bis prachtvoll hellblau verfärbt. In Rückenmitte etwa verläuft von den Augen an eine gelbschwarz getupfte Leiste, die sich auf dem Schwanz als dunkle Fleckenreihe fortsetzt. Ebenso gefärbt ist auch der Rückenkamm. Unter dieser Leiste befindet sich noch eine himmelblaue Zone, die schließlich durch eine gelborange bis feuerrote Bauchseite abgeschlossen wird.

Die Bergeidechse findet man in besonnten, lichten Laub- und Bergmischwäldern, wo man sie auf Felsen oder Lichtungen beim Sonnenbad beobachten kann. Sie lebt vorwiegend von Spinnen, Fliegen, Käfern und Insektenlarven.

Der gewaltige Canyon des Hetzgrabens im Hintergebirge

Tiere des „Waldgeschoßes“

Im „Waldgeschoß“ der Laubmischwälder findet man die sehr flinken Siebenschläfer, die „Nachtausgabe“ der Eichhörnchen. Diese klettergewandten Nager leben vor allem nachtaktiv, was ihre dunklen, großen Knopfaugen und ihre langen Schnurrhaare (Tastorgane) gut zeigen. Tagsüber ziehen sie sich in eine Baumhöhle oder ein Nest zurück. Im Sommer werden vor allem Knospen und Rinde aufgenommen, während besonders im Herbst eine genügend große Fettschicht mit Bucheckern, Eicheln, Haselnüssen und öl- sowie fettreichen Pflanzensamen angefressen wird. Gegen Ende Oktober suchen die Siebenschläfer Baumhöhlen für den Winterschlaf auf und rollen sich dort zu einer Schlafkugel zusammen.

Die kleinere, äußerst geschickt durch das Unterholz turnende Haselmaus bevorzugt ebenfalls unterwuchsreiche Laub- und Bergmischwälder als Lebensraum. Sie ernährt sich vorwiegend nachtaktiv aus Bucheckern, Eicheln, Früchten, Beeren und Knospen, im Sommer werden auch Insekten und deren Larven nicht verschmäht. Die sehr standorttreue Haselmaus errichtet im Astgewirr der Büsche Kugelnester aus Pflanzenmaterial. Im Oktober ziehen sich die zierlichen Tierchen nach und nach in kunstvoll gewobene Kugelnester aus Grashalmen auf dem Boden zum Winterschlaf zurück.

Die Marder sind geschickte Jäger des „Waldgeschoßes", wo sie im Astgewirr flink herumturnen. Der Baummarder ist ein äußerst wendiger Kletterer und vermag sogar in weiten Sätzen von Baumkrone zu Baumkrone zu springen. Diese gewandten Jäger sind sowohl tag- als auch nachtaktiv und jagen vor allem in abwechslungsreich gegliederten Wäldern bis zur Baumgrenze nach Eichhörnchen, Mäusen und anderen kleineren Nagetieren. Auch Vogelbrut, Beeren, Bucheckern und größere Insekten ergänzen den Speisezettel. Zur Ruhe ziehen sie sich in geräumige Baumhöhlen zurück.

Der verwandte Steinmarder geht dem Baummarder in seinen Lebensraumansprüchen aus dem Weg. Er bevorzugt eher abwechslungsreiche Wälder mit eingestreuten Weiden und Wiesen. Steinmarder sind nicht so gewandte Jäger wie die Baummarder, da sie etwas schwerer und auch kürzer gebaut sind. Bei der Nahrungssuche sind sie wenig wählerisch und ernähren sich meist von Kleintieren. Bekannt ist er als geschickter Eierdieb, dem es gelingt, die Eier, ohne sie an Ort und Stelle zu zerbeißen, aus dem Nest zu holen.

Als typische Charaktertierart eines aufgelichteten, naturnahen Waldes gilt das Auerhuhn. Die felsdurchsetzten, lichten, urtümlichen und unzugänglichen Bergmischwälder zwischen 700 bis ca. 1500 m Höhe sind der Lebensraum dieser größten Rauhfußhuhnart. Der Ausdruck Rauhfußhuhn stammt von den überwiegend befiederten Läufen und Füßen dieser Vogelfamilie.

Die aufgelichteten Wälder mit ihrer üppigen Bodenvegetation bieten vor allem zur schneefreien Zeit ausreichend Nahrung und Deckung. Wird die Bodenvegetation jedoch höher als 40 cm, wie etwa bei Hochstaudengesellschaften oder dichter Naturverjüngung (junge Bäumchen durch Samenanflug), so verliert das besonders vorsichtige Auerhuhn den Überblick und wird solche Standorte meiden.

Da sich das Auerhuhn vor allem während des Winters von Koniferennadeln ernährt, bevorzugt es nadelbaumreiche Waldgesellschaften mit rund zwei Drittel Fichte, Tanne und Rotföhre. Laubbäume hingegen sind für den Nahrungserwerb meist nur von geringer Bedeutung, obwohl im Frühjahr gerne die jungen Knospen der Buche gefressen werden. Besonders bedeutsam sind für das Auerhuhn aber viele Heidelbeersträucher. Diese sind vom Frühjahr bis in den Herbst bevorzugte Nahrungsquelle. Neben dieser so wichtigen Waldstruktur und ausreichenden Nahrungsquellen braucht das Auerhuhn auch offenen Boden für die lebensnotwendige Aufnahme von Magensteinchen, die im kräftigen Muskelmagen zum Zermahlen von Kräutern, Ameisenpuppen, Beeren und Eicheln verwendet werden. Staubbadeplätze, Wasserstellen, Ameisenhügel und geeignete Schlafbäume wie auch von menschlichen Störungen verschonte Balzplätze benötigt das Auerhuhn zum Wohlfühlen.

Denn gerade im Frühjahr läuft die eindrucksvolle Auerhahnbalz an geeigneten Lichtungen ab. Im derzeitigen 1. Verordnungsabschnitt des Nationalparks Kalkalpen befindet sich mit rund 40 Balzplätzen eine der letzten Bastionen für eine überlebensfähige Auerhuhnpopulation in Oberösterreich. Am Abend erscheint der balzende Hahn am Balzplatz, fliegt sodann auf einen Baum und balzt leise vor sich hin. Erst im Morgengrauen beginnt er erneut, die eintreffenden Hennen am ca. 50 mal 100 m umfassenden Balzplatz auf dem Boden zu beeindrucken, in dem er stolz auf Felsblöcken oder Baumstrünken posiert, singt und Flattersprünge zeigt. Der Hahn ist nicht nur durch seine Größe, sondern vor allem durch seinen Kinnbart, das grünschillernde schwarze Brustkleid und die roten Augenschwielen leicht von der kleineren, erdfarbenen Auerhenne mit ihrem unverwechselbaren, rostfarbenen Brustschild zu erkennen.

Das Birkhuhn als kleinere und seltenere Rauhfußhuhnart besiedelt im Nationalpark die höheren Bergwaldregionen bis in die Krummholzzone, also über dem Lebensraum des Auerhuhns. Der Birkhahn fällt vor allem durch sein schwarzes Federkleid und seine leuchtendroten „Balzrosen" – das sind Hautgebilde über den Augen, die während der Balz stark anschwellen – auf. Die erdfarbene Henne hingegen ist bestens an ihre Umgebung angepaßt. Als Nahrung dienen Knospen, Samen, Triebe, Beeren, Insekten und Würmer, die im steinebewehrten Magen wie beim Auerhuhn in einer Art „Kugelmühle" zermahlen werden.

Die Balz spielt sich im Frühjahr ab der ersten Morgendämmerung an bestimmten „ererbten" – also altbekannten – Balzplätzen ab. Zunächst führen die Hahnen eine erste „Schaubalz" vor, indem sie sich aufplustern, ihre weißen Unterschwanzfedern zeigen und Schaukämpfe austragen, bei denen immerhin schon die Federn fliegen können. Begleitet wird dieses Schauspiel von aus eigentümlichem „Zischen", „Fauchen" und „Kullern" bestehenden Balzstrophen. Erst gegen Ende der Balz schleichen die Hennen auf den Balzplatz und lassen sich vom Haupthahn „treten". Gelegentlich kommen auch unfruchtbare Mischlinge zwischen Auer- und Birkhuhn vor, die im Aussehen zwischen beiden Eltern liegen und als „Rakelhuhn" bezeichnet werden.

Das Haselhuhn ist das kleinste, zierlichste und zugleich am verborgensten lebende Waldhuhn. Es fühlt sich vor allem in unterholzreichen, durch Lichtungen aufgelockerten Bergmischwäldern mit viel Beerensträuchern und auch Nadelholzdickungen wohl. Der Hahn duldet in seinem Territorium keinen Konkurrenten, weshalb auch der Balz zwei Aufgaben zukommen – den Revieranspruch zu demonstrieren und die Hennen anzulocken. Darum balzen die Hahnen auch im Herbst und im Frühling. Zur Hauptbalzzeit im April steht der Hahn auf einem erhöhten Punkt oder Ast und läßt mit hängenden Flügeln und gespreizten Schwanzfedern ein meisenartiges Zirpen hören, in der Jägersprache als „Spießen" bezeichnet. Dazu kommt noch Flügelwummern, teils im Stand, teils in meterhohem Luftsprung vorgetragen. Das Nest liegt unter dichtem Gebüsch, ausgezeichnet getarnt, in einer Bodenmulde nahe am Fuße eines Baumstamms. Das Haselhuhn ernährt sich von Kräuter- und Strauchcrblättern sowie Insekten aller Art auf dem Boden. Im Herbst werden auch Beeren – sogar die giftige Tollkirsche – geschätzt. Im Winter stehen vor allem Knospen am kärglichen Speisezettel.

Naturnahe Wälder mit reichlich Totholz benötigen die Höhlenbrüter unter den Vögeln. In einem „Wald-Nationalpark" (1. Verordnungsabschnitt), wie es die oberösterreichischen Kalkalpen sind, mit seinen naturnahen Wäldern haben vor allem die Spechte als „Baumeister" dieser Behausungen noch genügend Gelegenheit, ihren Wohnraum zu schaffen. Von ihren Spechthöhlen profitieren viele andere Höhlenbrüter. Baumhöhlen können auch auf natürliche Weise durch Witterungseinflüsse entstehen. Reißen Äste vom Stamm aus, so bilden sich an der Bruchstelle durch eindringendes Regenwasser sogenannte Fäulnishöhlen, die allerdings bei gesunden Bäumen rasch wieder zuwachsen. Es verwundert also nicht, daß bei einem so begrenzten Bruthöhlenangebot ein wilder Konkurrenzkampf der Vogelarten um die beste „Behausung" entbrennt. Oft führt dies auch zu Brutverlusten, wenn ein überlegener Konkurrent die Eier oder die Jungen des ersten „Wohnungsbesitzers" hinauswirft oder sie gar auffrißt!

Die wohl bekannteste Art ist der Buntspecht, der seine Bruthöhle nicht nur im Totholz, sondern auch in gesunden Laub- und Nadelbäumen anlegt. Durch seine weite Verbreitung bzw. durch den Umstand, daß er jedes Jahr eine neue Bruthöhle anlegt, zählt er zu den wichtigsten Höhlenlieferanten. Durch Details am Kopf- bzw. Rückengefieder unterscheidet er sich von den anderen, kleineren Buntspechtarten. Der Buntspecht ist ein typischer Kletter- und Meißelspecht. Er spürt Borkenkäfer unter der Rinde auf und holt Insektenlarven mit seiner wurmförmigen, an der Spitze hornigen und mit Widerhaken besetzten Zunge aus ihren Bohrgängen. Im Winter ernährt er sich vorwiegend von Fichten- und Kiefernsamen, indem er die Zapfen vom Zweig bricht und diese zu einer Öffnung in einem Holzstamm bringt, wo er den Zapfen einklemmt, die Schuppen abschlägt und die Samen herausklaubt.

Der Weißrückenspecht bevorzugt dichte, alte Laubmischwälder mit hohem Totholzanteil. Er ist ein ausgesprochener „Hackspecht", der sich mit Vorliebe von größeren Insektenlarven – vor allem Bockkäferlarven – ernährt. Seine Bruthöhlen legt er ebenfalls in morschem Laubholz an. Gerade für diese Spechtart ist der Nationalpark Kalkalpen im laubwaldreichen Reichraminger Hintergebirge eine echte Überlebensfrage geworden.

Lichte Mischwalder und auch felsdurchsetzte Hangwälder sind der Lebensraum des Grauspechts. Hier ist er bei der Nahrungssuche nach Ameisen und Larven sowohl auf dem Boden als auch auf Bäumen anzutreffen.

Der ähnlich gefärbte, aber größere Grünspecht bewohnt im Nationalparkgebiet vor allem südexponierte, lichte Föhrenwälder, die früh ausapern. Als ausgesprochener „Bodenspezialist" ist ihm hier das häufige Vorkommen von Ameisen von großem Nutzen.

Der etwa krähengroße Schwarzspecht benötigt als Lebensraum ca. 80- bis 100jährige Buchenwälder zum Anlegen seiner Bruthöhlen. Im Wald erkennt man seine Anwesenheit an den auffällig glucksenden „Krü-krü-krü"-Rufen. Auf Nahrungssuche geht der rabenschwarze Geselle mit seinem feuerroten Scheitel aber in den umliegenden Nadelwäldern, wo er Totholz und Baumstrünke auf der

Der Grünfrosch bevorzugt feuchte lichte Bergmischwälder als Lebensraum.

Suche nach Käferlarven zerhackt. Weiters meißelt er Ameisennester der Roßameise aus äußerlich gesunden, aber rotfaulen (von einem Pilz befallenen) Nadelbäumen heraus, durchwühlt Ameisenhaufen auf der Suche nach schmackhaften Larven und entrindet abgestorbene Stämme oft von „Kopf bis Fuß".

Der stille und unauffällige Dreizehenspecht bewohnt vor allem die urigen Bergnadelwälder der höheren Lagen bis zur Waldgrenze, hier sehr gerne natürliche, totholzreiche, gut strukturierte Fichtenwälder. Seine Bruthöhlen legt der Dreizehenspecht sowohl in gesunden wie auch in abgestorbenen Nadelbäumen an.

Unter den Eulen bezieht vor allem der Sperlingskauz, die kleinste heimische Eulenart, mit Vorliebe Höhlen von Bunt- und Dreizehenspecht. Als Lebensraum bevorzugt dieses „Eiszeitüberbleibsel" in den Alpen gut gegliederte, altholzreiche Nadelwaldbestände mit einer ausgewogenen Mischung aus Dickungen und eingestreuten Freiflächen. Gejagt werden von dem nacht- und dämmerungsaktiven Winzling vor allem Mäuse, aber auch Kleinvögel bis Amselgröße bleiben bisweilen nicht verschmäht.

Auf Schwarzspechthöhlen angewiesen ist der Rauhfußkauz, ein seltener Bewohner der lichten Bergnadelwälder. Hauptfeind der Rauhfußkauzgelege ist der Steinmarder, der oft in die Höhle eindringt und Weibchen samt Gelege tötet – deshalb herrscht auch oft Männchenüberschuß. Die Jungvögel klettern bereits aus der Bruthöhle, ehe sie richtig fliegen können. Sie sitzen dann gerne auf Ästen und machen mit heiser klingenden Bettelrufen die Eltern auf sich aufmerksam. Wegen seiner versteckten, nachtaktiven Lebensweise ist der Rauhfußkauz kaum zu beobachten.

Tagsüber verbergen sich die Käuze vor allem im dichten Astgewirr der Bäume, um dann in der späten Dämmerung auf Waldlichtungen nach Mäusen und Insekten auf Jagd zu gehen. Im Spätherbst, besonders aber im Winter, fallen die Männchen durch ihre Balzrufe auf und liefern damit dem Ornithologen einen ersten Hinweis auf ihr Vorkommen.

Die häufigste in Baumhöhlen brütende Eulenart im Nationalpark Kalkalpen ist der Waldkauz. Außer in Fäulnishöhlen brütet er auch zur Not in Gebäuden oder gar unter Wurzeln auf dem Boden. Besonders bekannt ist der Waldkauz durch seine vor allem in mondhellen Nächten erklingenden, schaurig-schönen „Kiuwitt-Rufe". Deshalb wurde diese Eule auch im Volksmund als „Totenvogel" bezeichnet, weil man seine Rufe als „Kumm mit!" deutete.

Der Uhu als größte heimische Eulenart hingegen brütet in unzugänglichen Felswänden und bevorzugt vom Menschen möglichst störungsfreie Jagdreviere. Als dämmerungsaktiver Jäger erbeutet dieser große Greifvogel vor allem Ratten, Igel und Mäuse, holt aber auch Krähen aus ihren Schlafbäumen und schlägt sogar Habicht und Auerhuhn. Selbst einen ausgewachsenen Hasen kann er durch die Lüfte tragen.

Die Meisenarten zählen ebenfalls zu den Baumhöhlenbrütern und beleben mit ihrem geschäftigen Treiben die naturnahen Bergmischwälder. Kohl-, Blau- und Sumpfmeise kann man besonders im Vorfrühling auf der Suche nach einer geeigneten Bruthöhle – häufig werden Fäulnishöhlen bezogen – beobachten. Nur die Weidenmeise schafft es, selbst eine Bruthöhle im morschen Holz zu zimmern. Als Lebensraum werden nadelholz- und totholzreiche naturnahe Mischwälder bevorzugt, wobei die Weidenmeise aber auch bis in die Latschenregion zu finden ist. Während die anderen Meisenarten ihr Domizil mit Moos gut auspolstern, verwendet die Weidenmeise nur wenig Nistmaterial.

Reine Nadelwälder mit Bruthöhlenangebot bevorzugt hingegen die Tannenmeise, die bei nicht vorhandenen Baumhöhlen ebenso auf dem Boden unter Wurzeln oder gar in einem Mäuseloch brütet.

Auch die Haubenmeise zeigt eine Vorliebe für Bergnadelwälder und ist wie die Weidenmeise in der Lage, selbst eine Bruthöhle in morschem Totholz anzulegen.

Der Waldbaumläufer fühlt sich in den dichten, unterwuchsreichen Laub- und Bergnadelmischwäldern mit altem Baumbestand wohl. Mit seinem spitzen Schnabel spürt der Vogel, in Spiralen stammaufwärts kletternd, mit Vorliebe Insekten und Spinnen in Rindenritzen der Bäume auf. Sein Nest legt er sehr versteckt in Baumspalten oder unter den lockeren Rindenstücken der Urwaldriesen an.

Auch viele Vogelarten der Fliegenschnäpperfamilie suchen gerne die dichten dunklen Wälder auf. Der Zwergschnäpper etwa bevorzugt „hallenartige" Buchenwälder mit dicht geschlossenem Kronendach. Dieser kleinste heimische Fliegenschnäpper fällt im Frühjahr durch seinen glockenhellen Gesang auf. Die Bruthöhle liegt oft in einem ausgefaulten Astloch niedrig über dem Boden. Im düsteren Halbdunkel des Buchenwaldes ist das Vögelchen auf der gewandten Flugjagd nach Insekten kaum zu beobachten.

Die Ringdrossel besiedelt vor allem lichte Bergmischwälder zwischen 1400 und 1700 m Seehöhe, ist aber auch noch in der Krummholzzone zu finden. Durch helle Federsäume wirken die grauen Drosseln schuppig gezeichnet. Die Weibchen sind mit dem namengebenden grauweißen Brustring ausgestattet. Als Nahrung dienen Würmer, Schnecken und Insekten. Im Herbst sorgen die Vögel durch das Naschen von Beeren – insbesondere Wacholderbeeren – für die Verbreitung der Beerensträucher.

Der Tannenhäher fühlt sich im Nationalparkgebiet vor allem in den urwaldartigen Lärchen-Zirbenwäldern nahe der Baumgrenze wohl. Die dunkelbraunen und weiß-getropft gefärbten Vögel leben im Sommer überwiegend von Insekten, verschmähen daneben aber auch Eidechsen, Frösche, Vogeleier und Nestlinge nicht. Die Tannenhäher sorgen vor allem durch ihre Hauptnahrung – Zirbennüsse – für die Verbreitung dieser wetterharten Baumpioniere, da sie wahre Depots von Nüssen anlegen. Dazu hackt der Häher ein Loch in den Boden, erweitert es durch Schnabelaufsperren – das sogenannte „Zirkeln“ – und entlädt einen ganzen Kehlsack voller Nüsse in das Loch. Anschließend deckt er das Loch wieder zu – es liegt auf der Hand, daß die Vögel einige dieser Vorratsräume wieder vergessen. Im Herbst können die Tannenhäher auf der Suche nach Haselnüssen auch in die Tallagen kommen.

Der Eichelhäher ist ebenfalls ein typischer Bewohner von abwechslungsreichen Bergmischwäldern. Die bräunlich-graue Brustfärbung wird von wunderbar blau-weiß leuchtenden „Spiegeln“ auf den Flügeln belebt. Im Frühjahr kreiert das Männchen einen leisen, bauchrednerischen Gesang, in den es auch allerlei Vogelstimmen einzubauen vermag. Der meisterhafte „Stimmenimitator“ soll Schafeblöken oder Ziegengemecker täuschend echt nachahmen können. In Gefangenschaft gelingt es ihm sogar, Lieder nachzupfeifen oder einzelne Wörter zu sprechen. Eichelhäher sind Allesfresser mit jahreszeitlich wechselndem Speiseplan. Im Sommer ernähren sie sich vor allem von Insekten, lassen sich aber auch Vogeleier und Jungvögel im Nest nicht entgehen. Im Herbst folgt schließlich mehr und mehr pflanzliche Nahrung, die überwiegend aus Bucheckern und Eicheln besteht. Die Häher legen auch Vorräte an, indem sie mit dem Schnabel ein Loch in den Boden hacken und jeweils eine Eichel hineinstecken. Das Loch wird anschließend wieder abgedeckt. In Felsritzen, Baumhöhlen und ähnlichen Hohlräumen legen sie oft Sammellager an, die mehrere Kilogramm Eicheln enthalten können. Von den Eicheln, die die Vögel nicht wiederfinden, keimen im Frühjahr viele Jungbäume.

Ein besonderes Juwel der naturnahen Bergmischwälder des Nationalparkgebietes ist der scheue Schwarzstorch, auch Waldstorch genannt. Der elegante Vogel ist bis auf die Unterseite schwarz, im Alterskleid mit goldgrünem, purpur- und kupferrotem Metallglanz, Schnabel und Beine sind ab der Geschlechtsreife leuchtendrot. Er bevorzugt vor allem ausgedehnte, urtümliche Laub- und Mischwälder mit fischreichen Bächen, Flüssen und Tümpeln sowie sumpfige Wiesen. Schwarzstörche sind Einzelbrüter, die ihren versteckt liegenden Horst hoch in Baumkronen errichten. Manchmal stocken sie auch Greifvogelhorste auf. Mit der Zeit wachsen die Horste zu eindrucksvollen „Knüppelburgen“. Die Jungen werden nach etwa zwei Monaten flügge und sitzen dann in den umliegenden Bäumen. Der Schwarzstorch ist überwiegend Fischfresser, erbeutet aber auch Wasserinsekten, Frösche und Molche im klaren Wasser der Bache.

Der Habicht ist ein typischer Greifvogel des mit Wiesen und Lichtungen aufgelockerten Waldes. Der Horst wird gerne in Bergmischwäldern errichtet und jedes Jahr nach Ausbesserungen wiederum bezogen. Bereits im Vorfrühling kann man das Habichtpaar beim Balzflug hoch über dem Horst beobachten. Dabei fliegt das Männchen in Wellen dahin (Girlandenflug), wobei beide Vögel gerne ihre Laute und Rufe hören lassen. Der Habicht ist ein gewandter Jäger, der seinem Opfer von einer Warte aus auflauert. Er schlägt im Wald Ringeltauben oder Eichelhäher in der Luft oder auf dem Boden, ergänzt seinen Speisezettel aber auch gerne durch Fasane und allerlei bodenlebendes Kleingetier.

Sein kleinerer, ähnlich gefärbter Verwandter, der Sperber, liebt ebenfalls Wälder, mit Gebüsch und Lichtungen durchsetzt. Das Balzverhalten gleicht dem des Habichts, wobei die Balz und der Horstbau erst im April einsetzen. Der Horst wird jedes Jahr neu gebaut, mit Vorliebe in lichten Fichtenwäldern errichtet. Das Männchen läßt sich zunächst aus großer Höhe wie ein Stein fallen, um dann erst in den Wellenflug über dem Kronendach dahinzugleiten – dann beginnt es, dem Weibchen

Die Bockkäfer sind die tierischen „Holzknechte" des Waldes.

immer wieder Nahrung zuzutragen. Dieses sogenannte „Balzfüttern" setzt sich während der Brutzeit und in den ersten Wochen der Nestlingszeit fort. Während dieses Zeitraums ernährt ausschließlich das Männchen die ganze Familie. Der Sperber ist ein tollkühner und spezialisierter Vogeljäger, der seine Beute meist aus dem Hinterhalt angreifend schlägt.

Die „Holzknechte" des Waldes

Die Bäume des Waldes sind natürlich auch Lebens- und Nahrungsraum von ungezählten Insekten, unter denen vor allem die Käferarten hervorstechen. Weltweit gibt es an die 350 000 Arten dieser wohl vielfältigsten Insektengruppe. Im Nationalpark Kalkalpen sind die Käferarten, die in irgendeiner Form auf das Holz der Bäume angewiesen sind, einer genaueren Betrachtung wert. Im Laufe ihres Insektenlebens machen die Käfer eine vollständige Verwandlung von der Larve bis zum ausgebildeten Tier durch. Grundsätzlich ähneln Käferlarven jenen von Schmetterlingen, besitzen aber keine Beinorgane am Hinterende, wie etwa die Larve des Maikäfers – ein dicker, weißer Engerling. Nach mehreren Häutungen verpuppt sich schließlich die Larve, und nach einer angemessenen Ruhezeit schlüpft schließlich das fertige Insekt.

Alle Teile des Baumes sind dabei Heimat für diverse Spezialisten. Meistens fressen nur die Larven das Holz. Der fertige Käfer benötigt den Baum nur mehr zur Eiablage. Einige Rüsselkäferarten schädigen die Bäume durch direkten Rinden- und Nadelfraß. Deren Larven freilich fressen Saugwurzeln und den Bast von Hauptwurzeln. So legen manche Bockkäferarten (Saperda) bogenförmige Schlitze in die Rinde dünner Äste, um ihrer Nachkommenschaft im Lebensraum Baum gewissermaßen „auf die Sprünge" zu helfen.

Käfer nutzen das Holz sowohl lebender als auch toter Bäume, wobei meist erst ein geschwächter Baum von Käfern befallen wird. Käfer finden in jedem Verfallstadium eines Baumes Nahrung und Lebensraum – vom langsamen Absterben größerer Äste und Stammteile über das Lösen der schützenden Rinde bis zum Fallen eines Baumriesen durch Sturm oder „Altersschwäche".

So verschieden wie die Käferarten ist auch die Entwicklungszeit dieser Tiere. Die im Inneren der Bäume lebenden, großen Bockkäferarten brauchen oft mehrere Jahre zum fertigen Insekt – Holz und Mulm an sich sind keine nahrhafte Ernährungsgrundlage! Andere wiederum haben ihre Reifezeit auf kurze Zeitspanne beschränkt. Gesunde Bäume schaffen es aber jederzeit, mit diesen ungebetenen Gästen auszukommen. Mit Harzpfropfen können sie Gänge und Fraßspuren versiegeln und trotzdem weiterwachsen.

Als „Schädlinge" werden Käfer naturgemäß vom Menschen gesehen, der das Holz des Waldes nutzen möchte. Vor allem naturferne Monokulturen und deren Windwürfe sind vom Käferbefall besonders bedroht. In Forstkreisen bestens bekannt, ist der sogenannte Buchdrucker, dessen Arbeit ein erfahrener Förster leicht am bodennahen Stamm anhand des Bohrmehls erkennen kann. Der Kupferstecher liebt vorwiegend den Wipfelbereich des Nadelbaums, weshalb dessen Spuren kaum bemerkbar sind.

Der rund 3 cm große Zangenbock bevorzugt die Einzeleiablage unter der Rinde gerade absterbender Bäume. Innerhalb eines Jahres baut die Larve schließlich eine vogelnestartige Puppenwiege aus abgenagten und fest verflochtenen Holzfasern und verpuppt sich anschließend. Die Splintböcke fressen sich, wie der Name andeutet, schon tiefer ins Holz. Die gelbbunten Wespenböcke bevorzugen bereits abgestorbenes, schon saftarmes Holz. Die Larven leben zunächst unter der Rinde und fressen sich zur Verpuppung immer tiefer ins Holz. Durch all diese Gänge kann die nächste Welle der Zersetzer – die Pilze und die Feuchtigkeit – schließlich eindringen. Und die letzten Reste des Baumes werden vom Mulmbock und Schröter aufgearbeitet, die in stehengebliebenen Baumstrünken die „Wiederaufbereitung" des Holzes beenden. Ihre Puppenwiegen bestehen oft aus in Mulm oder Erde gedrückten Höhlen.

Besonders auffällig sind die buntschillernden Prachtkäfer, der hellblau-schwarz gefleckte, sehr seltene Alpenbock oder etwa der stark nach Leder riechende, erzbraune Eremit.

Käfer nutzen nicht nur jeden Zustand des Holzes – von der Rinde bis ins Kernholz –, sondern sie bewohnen auch alle Schichten und Stadien des Baumes. Manche findet man nur in der Wipfel-, Stamm- oder Wurzelregion.

In einem gesunden Wald stellen Käfer keineswegs eine Bedrohung dar, vielmehr führen sie die sterbenden Baumriesen mit Myriaden anderer Insekten, Pilze, Bakterien und Algen nach und nach dem immerwährenden Kreislauf des Lebens zu.

PILZE – LEBEN IM VERBORGENEN

Gerade die naturnahen, totholzreichen Wälder des Nationalparks Kalkalpen beherbergen eine unglaubliche Zahl an Pilzen. Es verwundert dabei nicht, daß die seltensten Pilzarten in solchen „Urwäldern" vorkommen.

Der Großteil der holzabbauenden Pilzarten Mitteleuropas ist in Österreich zu finden. Im Nationalpark Kalkalpen sind es etwa 100 Arten! So reicht das Spektrum von parasitischem Befall lebenden Holzes bis hin zur Besiedelung von Holzmulm, dem Endstadium der Holzzersetzung. Ebenso vielfältig ist die Zugehörigkeit zu den verschiedenen Pilzgruppen. Pilze sind weder Tier noch Pflanze, so werden sie heute einem eigenständigen Reich, dem Pilzreich, zugeordnet.

Die großen, konsolenförmig aus den uralten Stämmen herauswachsenden Fruchtkörper der Porlinge kann man als „Baumschwämme" schlechthin bezeichnen. In naturnahen Buchenwäldern findet man etwa den Zunderschwamm, einen typischen Vertreter der Porlinge, der in früherer Zeit gerne als Glutspeicher oder als blutstillendes Mittel von den Menschen verwendet wurde. Der Rosa Baumschwamm ist ein weiterer Porling, der als einziger Vertreter ein leuchtend rosarotes Fruchtfleisch und ebenso gefärbte Poren aufweist. Eigenartig ist lediglich die Vorliebe dieses Baumschwammes für verarbeitetes Nadelholz, wie etwa bei alten Klausen oder Almhütten.

Die sogenannten Bauchpilze haben bei der Sporenbildung einen anderen Weg beschritten. So entwickeln sie die Sporen in einem kugeligen, schüsselförmigen oder eiförmig-gallertartigen Fruchtkörper, aus dem sie bei eingetretener Reife herausgehoben (Stinkmorchel), herausgeschwemmt (Teuerling) oder herausgeschleudert (Bovist, Stäubling) werden.

Auf stark zersetztem Nadelholz ist der Klebrige Hörnling mit seiner orangegelben Färbung stark und auffallend vertreten. Merkwürdigerweise wird dieser Pilz gerne von wenig kundigen Pilzsuchern mitgenommen. Gott sei Dank ist er jedoch ungiftig und kann so keinen Schaden anrichten. Aber gerade wegen seiner korallenartigen Form wird er anscheinend mit echten Korallenpilzen, wie dem mehr oder minder bekannten Speisepilz Goldgelbe Koralle (im Buchenwald über Kalk häufig), verwechselt.

Unter den sogenannten Blätterpilzen, die auch dem Wanderer normalerweise als „Pilz" ins Auge stechen, gibt es ebenfalls eine Vielzahl an Holzabbauern. Die meisten von ihnen beschränken sich auf totes Holz, nur wenige sind Parasiten. So gibt es unter ihnen für jeden Zersetzungsgrad des Holzes, je nach Holzart und Umfeld, wahre Spezialisten. Besonders auffallend ist auch, daß die holzabbauenden Blätterpilze in der kalten, also gar nicht pilztypischen Jahreszeit, fruchten. Im eiskalten Winter findet man etwa den büschelig wachsenden Winterrübling auf verschiedenen Laubholzarten, und auch der Harzige Sägeblättling wächst schon so früh im Jahr, daß er oft noch vom Schnee bedeckt ist. Ein typischer Herbstpilz hingegen ist der Rauchblättrige Schwefelkopf, ein schmackhafter Speisepilz, der vom kundigen Kenner geschätzt wird. Genaue Kenntnis ist hier vonnöten, da der nächste Verwandte, der Grünblättrige Schwefelkopf, sehr ähnlich und giftig ist.

So zeigen diese wenigen Beispiele des Pilzlebens doch die ungeheure ökologische Bedeutung für das funktionierende Ökosystem Wald.

Die aus uralten Stämmen wachsenden Fruchtkörper der Porlinge sind die „Baumschwämme" schlechthin

Links: Myriaden von Pilzen zersetzen und verarbeiten das Totholz und führen es dem immerwährenden Kreislauf des Lebens zu.

Der Kugelstendel ist eine wunderbare Orchideenart der Kalkmagerrasen, aber auch der Blaugrasfluren oberhalb der Waldgrenze.

PFLANZENGESELLSCHAFTEN OBER DER WALDGRENZE

Blaugrasfluren

Die weiten, sonnenwarmen steilen Südabfälle der Kalkgebirgsstöcke zwischen 1800 und 2300 m Seehöhe werden vor allem von den typischen kalkalpinen Blaugrasfluren bevölkert, die aufgrund des frühen Ausaperns und der großen Niederschlagsmenge einen überaus artenreichen, treppenförmigen Aufbau zeigen. Die Horst-Segge wirkt durch ihr terrassenförmiges Wachstum in Gruppen (Horste) als Schutt- und Bodenstauer auf diesen steilen Hängen.

Nicht umsonst spricht man bei dieser Pflanzengesellschaft vom „Blumengarten der Alpen", da besonders über Kalkgestein eine unglaubliche Formen- und Farbenfülle der Blütenpflanzen schon im Frühsommer gegeben ist. Zwischen diesen Horsten gedeihen außer dem Blaugras vor allem wärmeliebende Arten, wie die Berg-Ringdistel, die Rundkopf-Teufelskralle mit ihren tiefblauen Blüten, das Zweifarben-Sonnenröschen und der Echte Wundklee mit seinen tiefgelben Blüten sowie die Ostalpen-Nelke mit ihren leuchtend purpurroten Blüten. Der Echte Wundklee etwa wird in der Volksheilkunde als Abkochung im Bad gegen schlecht heilende Wunden verwendet.

Auch schneeschutzbedürftige Arten, wie die Alpen-Soldanelle und der Wiesen-Leuenzahn, sind hier regelmäßig vertreten.

In den subalpinen Lagen unter 1800 m Höhe wird die Horst-Segge vom Staudenhafer abgelöst. Hier findet man auch Arten der montanen bzw. subalpinen Stufe, wie die Schneerose, den Echten Ziest und den Türkenbund. Selbst wunderbare Orchideen, wie der Kugelstendel, die Mücken-Händelwurz, die Duft-Händelwurz sowie das Rote Kohlröschen, finden hier Lebensraum und unterstreichen als „Rote-Liste-Arten" die Schutzwürdigkeit dieser Biotope.

Über 1800 m Seehöhe verringert sich die Vielfältigkeit der Blütenpflanzen. In den feuchten Mulden und Hangverebnungen wird die Horst-Segge zum Teil von der Rost-Segge abgelöst. In den steilen südgelegenen Hängen gesellen sich das Eberrauten-Greiskraut, die Bärwurz und das Herzblatt dazu. Auf den ostexponierten Hängen gedeihen feuchtere Blaugrashalden mit der Nacktstengel-Kugelblume mit ihren lila Blütenköpfchen, das „Jagabluat" (Clusius-Primel) und die Alpen-Mut-

Die Kalk-Polsternelke bevorzugt die windgepeitschten Polster-Seggenrasen oberhalb der Waldgrenze als Lebensraum.

Am Nordabfall des Sengsengebirges wachen durch Verwitterung entstandene bizarre Kalktürme aus der Triaszeit.

Die Alpen-Soldanelle fühlt sich als alpiner Frühlingsbote auf Kalkmagerrasen und Schneeböden wohl.

terwurz. Beweidete Bestände weisen Weidezeiger, wie den Bürstling, das Alpen-Ruchgras und die Berg-Nelkenwurz, auf.

Polster-Seggenrasen

Auf den kargen, windausgesetzten Gipfelregionen und Hochplateaus der Kalkstöcke sowie den nordostexponierten, kühlen Talschlüssen kann nur der kälte- und windharte Polster-Seggenrasen überleben. Aufgebaut werden diese Rasen von der namengebenden Polster-Segge, zu der die Stumpfblatt-Weide und die Silberwurz sowie an Blumen die Kalk-Polsternelke und das „Jagabluat" mit ihren wunderbaren purpurroten Blüten und das Alpen-Sonnenröschen in die von offenen Schuttflächen unterbrochenen Rasen kommen. In den kärglicher werdenden Rasenflecken findet sich

Die Alpen-Aurikel – im Volksmund auch „Petergstamm" genannt – ist eine Charakterpflanze des Nationalparks.

Die Alpen-Nelke blüht vor allem auf den felsigen alpinen Matten.

Die Clusius-Primel – im Volksmund „Jagabluat“ genannt – blüht in den Schluchten wie auch auf alpinen Rasen.

das Clusius-Fingerkraut, das Kärntner Hornkraut, die Zierliche Glockenblume – auch Zwerg-Glockenblume genannt – mit ihren hell- bis blaulila Blüten und der Triglav-Pippau mit seinen goldgelb leuchtenden Blüten. Auf nordostexponierten, lange schneebedeckten Hängen gedeiht auch die Netz-Weide und eine Reihe anderer, lange Schneelagen ertragender Arten. Auf den kaum geneigten nordostausgesetzten Plateaulagen über 1900 m, wie auf der Speikwiese am Warscheneckstock, gedeiht eine aus der Polster-Segge, der Silberwurz und der Gemsheide zusammengesetzte, teppichförmige Rasengesellschaft.

Schuttreiche Gesellschaften der Hochplateaus

Die ausgedehnten, windausgesetzten, flachwelligen, kargen Karstplateaus des Toten Gebirges beherbergen auf Feinschutt wegen der extremen Lebensbedingungen nur lockeren Pflanzenbewuchs. Gerade lichtliebende Arten, wie Clusius-Schafgarbe, Moschus-Steinbrech, Stengelblattloser Steinbrech und Mannsschild-Steinbrech, mit ihren kleinen gelben und weißen Blüten holen sich, tief im Schutt wurzelnd, aus geringsten Humusansammlungen und der darin gespeicherten Feuchtigkeit das überlebensnotwendige Wasser.

Felsspaltengesellschaften der Gipfel

Die glatten, spaltenarmen Felswände der Dachsteinkalke sind hingegen kaum bewachsen. Die wenigen Spalten werden aber durch intensive chemische Verwitterung schnell größer und mit eingewehter und eingespülter Erde verfüllt, wo sich bald verschiedene Arten der Polster-Seggen- bzw. der Blaugrasrasen ansiedeln. Die bezaubernden, intensiv gelben Blüten der Aurikel – im Volksmund „Petergstamm“ genannt – wachsen hier ebenso in wohltuendem Kontrast zum kahlen Grau der Felswände wie die oft intensivblauen Blütenköpfchen der Zierlichen Glockenblume.

Tiere der alpinen Matten und Schuttfluren

Die Grasheiden und Schuttfluren der hochalpinen Karstplateaus werden nur noch von wenigen Tieren in dieser lebensfeindlichen Einöde bevölkert. Die Gemsen sind vor allem während des Sommerhalbjahres in den steilen Felswänden, den Schuttfluren und alpinen Matten der Kalkgebirgsstöcke auf der Suche nach Bergkräutern und -gräsern aller Art unterwegs. Während der kalten Jahreszeit halten sie sich vorwiegend in der Krummholz- und oberen Bergwaldzone auf, steigen aber auch in die wilden Schluchten des Sengsengebirges oder gar des Reichraminger Hintergebirges als „Waldgams“ herab, was vor allem von Förstern nicht gerne gesehen wird.
Die im Körperbau ziegenähnlichen Tiere sind äußerst geschickte und gewandte Kletterer. Eine besondere Anpassung an ihren Lebensraum stellen hier die Beine mit sehr festen, leistungsfähigen Gelenken dar, die zudem eine starke Muskulatur und lange, hinten breite und nach vorne zu verschmälerte Hufe aufweisen, die wie Haftorgane am felsigen, oft glatten Untergrund zu „kleben“ scheinen. Dies wird einerseits durch zwei sehr bewegliche Klauen an der Fußspitze, andererseits durch verhältnismäßig weiche Hornschalen, die sich dem festen Untergrund mit seinen Unebenheiten anschmiegen, erreicht. Auf stark abschüssigem Gelände verkeilen sich noch die harten Spitzen der Afterklauen zusätzlich mit dem Boden. Beim Gehen auf ebener Fläche berühren diese Klauen den Boden hingegen nicht. Einen schier unglaublichen Anblick bieten fliehende Gemsen dann, wenn sie unter scheinbarer Mißachtung der Schwerkraft felsige Steilhänge mit großer Geschwindigkeit hinunterjagen. Kein Bodenfeind kann ihnen hier folgen. Nur der Steinadler kann unerfahrenen Kitzen oder kranken Tieren gefährlich werden.
Mehr noch als die gebogenen Hörner – die „Krickeln“ – sind von den Jägern die feinen Haare auf dem Widerrist und auf der Kruppe – der sogenannte „Gamsbart“ – als Trophäe heiß begehrt.
Die Alpenbraunelle belebt vor allem die alpinen Matten und Strauchfluren zwischen Felsbrocken der Karstplateaus oberhalb der Baumgrenze. Zur Paarungszeit gibt das Männchen einen flötenden Gesang von einer Steinwarte oder im Flug zum Besten. Das Nest wird aus Gras, Moos, Haaren und Würzelchen fest zusammengefügt und liegt,

Die weiten, gut einsehbaren Hochflächen der Gebirgsstöcke sind das bevorzugte Jagdrevier des Steinadlers.

Der Warscheneckstock an einem stürmischen Frühlingstag

gut getarnt, in einer Felsspalte oder unter einem hohlliegenden Stein. Als Nahrung dienen den genügsamen Vögelchen Sämereien und Insekten. Ein typischer Bewohner der alpinen Matten und Schuttfluren oberhalb der Baumgrenze ist das Alpenschneehuhn. Infolge der durch die Sonne hervorgerufenen Lichtsteuerung paßt sich das Alpenschneehuhn bestens an seine Umgebung an – im Winter sind beide Geschlechter schneeweiß gefärbt, im Sommer fleckig braun, ähnlich dem gebrochenen Braungrün der Landschaft. Schneehühner leben während der Brutzeit in großen Brutrevieren zusammen. Kaum apern die alpinen Matten im Frühjahr aus, grenzen die Hahnen mit auffallenden Balzflügen ihre Territorien gegen Konkurrenten ab.

Dabei fliegen sie mit knarrenden Lauten und purrendem Flügelschlag schräg auf und schweben dann, in eleganten Bögen rudernd, wieder zum Ausgangspunkt zurück. Während der Sommerperiode lebt das Schneehuhnpaar zusammen. Ein einfaches Nest wird in einer Bodenmulde, durch einen Felsen oder einen Zwergstrauch geschützt, angelegt. Die bestens getarnte Henne kann selbst auf kurze Distanz kaum ausgemacht werden. Der Schneehahn hält jedenfalls während des Brutvorgangs, auf einem Stein sitzend, „Wache“ und lenkt „Eindringlinge“, die sich der Henne und ihrem Gelege nähern, ab. Nach der Brutzeit schließen sich die Schneehühner mit heranwachsenden Jungen zu „Völkern“ zusammen. Als Nahrung dienen Knospen, Triebe, Samen und Insekten. Schneehühner verbleiben selbst in noch so strengen Wintern in dieser alpinen Region.

Auch der Schneefink hat sich als Singvogel an die extremen Lebensbedingungen des Hochgebirges bestens angepaßt. Das Nest wird vor allem in engen Felsspalten der hohen Kalkgipfel angelegt. Als alpiner Kulturfolger brütet er aber auch regelmäßig an Schutzhütten. Insekten, Sämereien und

Ein Rudel Gemsen im Hochwinter, auf vom Schnee freigeblasenen Kuppen Nahrung suchend

Spinnen werden als Nahrung auf den alpinen Rasen und am Rande von Schneeflecken und -feldern aufgestöbert. Der mit schwarzweißen Flügeln ausgestattete Sperlingsvogel lebt sehr gesellig und schließt sich außerhalb der Brutzeiten zu großen Schwärmen zusammen.

Die Alpendohle ist der Alpenkrähe sehr ähnlich, weist aber einen kürzeren gelben Schnabel und rote Füße auf. Die geselligen Vögel leben in meist über 2000 m Seehöhe gelegenen Brutkolonien. Alpendohlen leben in Dauerehe. Das Männchen ist sehr zärtlich, krault und schnäbelt sein Weibchen und bringt auch einen leise krakeelenden Gesang zustande. Die Nester der Kolonien werden, dem rauhen Hochgebirgsklima entsprechend, dickwandig gebaut und besonders warm ausgepolstert. Die Alpendohlen sind Allesfresser. Sie erbeuten Insekten, sammeln Beeren, verzehren auch Schnecken samt Gehäuse, sind aber vor allem dem Wanderer am Gipfelkreuz sehr vertraut, wo sie ohne jegliche Scheu nach Käse, Wurst und Brot betteln und sogar aus der Hand fressen.

In den steilen, unzugänglichen Felswänden der gewaltigen Gebirgsstöcke brütet noch der Steinadler, das Wappentier des Nationalparks Kalkalpen schlechthin. Der Steinadler hat hier in den unwegsamen alpinen Regionen seine letzten Rückzugsräume gefunden, die ihm der Mensch noch gelassen hat. So wurden durch die unbarmherzige

Rechts: Die gewaltige Hochfläche des Toten Gebirges wirkt wie eine alpine Wüste, und doch ist dieses so karge, scheinbar lebensfeindliche Gebiet von zahlreichen, faszinierenden Lebewesen bevölkert – ein Hort der Unendlichkeit und der weiten Stille, der alles Menschliche unbedeutend wirken läßt!

Greifvogelverfolgung besonders im 19. Jahrhundert Arten wie Fischadler, Seeadler, Mönchsgeier, Schrei- und Kaiseradler in Österreich vollständig ausgerottet. Auch der Bartgeier – fälschlicherweise als raubendes Untier auch noch mit dem Namen „Lämmergeier“ gebrandmarkt – wurde ausgerottet. Hier ist es als späte Wiedergutmachung dem WWF zu verdanken, daß dieser segelgewandte Vogel durch ein Wiederansiedlungsprojekt in den Hohen Tauern wieder heimisch geworden ist. Am Höhepunkt dieses allgemeinen Massakers durch Abschuß, massiven Gifteinsatz, Fallenfang und Aushorstung wurden um 1880 jährlich allein in Österreich ca. 50 000 Greifvögel getötet.

Nur seiner phänomenalen Anpassungsfähigkeit ist es zu verdanken, daß der Steinadler in Restpopulationen im Alpenraum überleben konnte. So beherbergt das gesamte Nationalparkhoffnungsgebiet heute immerhin über 20 Brutpaare. Eine weitere Zunahme des Adlerbestandes erscheint jedoch aufgrund des begrenzten Brutplatzangebotes, der geringen Nahrungsreserven, der schon vorhandenen, strengen Revierbindung und der ganzjährigen Standortstreue eines Adlerpaares als nicht möglich. Durch Konflikte zwischen den Vögeln oder durch Brutverzicht in besonders beutearmen Jahren reguliert sich der Bestand von selbst.

Da Steinadler meist nur in großen Höhen im Segelflug zu beobachten sind, ist eine Unterscheidung von anderen Greifvögeln meist nur an den Körperproportionen und der Haltung im Flug möglich. Steinadler sind ausgesprochene Thermikflieger, die sich kraftsparend im Kreisflug, Auf-

Der winterliche Brunnsteiner See – der Ursprung der Teichl – mit dem steinernen Amphitheater des Warscheneckmassivs

Der Schneefink steigt bis in die höchsten Gipfelfluren auf.

Gegenüber: Der gewaltige Steilabfall des Toten Gebirges mit der Spitzmauer

Das Alpenschneehuhn hat sich vorwiegend die alpinen Grasheiden zum Lebensraum auserkoren.

winde nützend, in die Lüfte schrauben, um sodann im Gleitflug ohne jeglichen Flügelschlag auch große Distanzen zurücklegen zu können. Der Steinadler hält gerade im charakteristischen Kreisflug seine Schwingen v-förmig nach oben, während etwa Kaiser- und Seeadler brettartig gestellte Flügel aufweisen. Im Vergleich zum Mäusebussard streckt der Steinadler Hals und Kopf weiter nach vorne.

Durch seinen unfreiwilligen Rückzug in das alpine Gelände wurde der Steinadler zum Hochgebirgsvogel, der die alpinen Grasmatten oder die aufgelichteten Bergnadelwälder zu seinem Jagdrevier erkoren hat. Hier im Nationalpark Kalkalpen ist aufgrund des fehlenden Murmeltiers die Nahrungspalette wesentlich abwechslungsreicher. Vögel, Schneehase und Jungtiere von Gemse und Reh dürften die Hauptbeute sein. Vor allem im Winter, aber auch noch während der Nestlingszeit bis in den Frühsommer hinein ist der Steinadler auf Fallwild angewiesen. Für ihn ist es also besonders wichtig, daß verendetes Wild nicht vergraben oder der Tierkörperverwertung übergeben wird, sondern an Ort und Stelle verbleibt. So kümmert sich der Steinadler als „Gesundheitspolizist“ auch um eine naturkonforme „Entsorgung“. Trotz seiner Kraft und Schnelligkeit ist der Steinadler, wie andere Greife auch, Überraschungsjäger. Ein jagender Steinadler ist in freier Wildbahn kaum zu beobachten. Er gleitet dabei lautlos und tief über den Boden dahin und trachtet danach, seine Beutetiere hinter Hangkanten, Felsen oder deckungslosen Mulden zu überlisten. Trotzdem sind nur etwa 10% seiner Jagdversuche von Erfolg gekrönt.

Die für diese Jagdmethodik erforderlichen Sinnesleistungen sind nach menschlichem Ermessen allerdings gewaltig. Ein Birkhahn etwa wird auf rund 2 km (!) Entfernung anvisiert und dann auf einem Baum geschlagen. Auch paarweise Jagden konnten am Beispiel eines Gamsrudels schon beobachtet werden: Der erste Adler sprengt das Rudel auseinander, während der zweite Partner ein unbeaufsichtigtes Jungtier schlägt. Steinadler können etwa 4–5 kg Gewicht über weite Strecken transportieren. Noch schwerere Beutestücke werden entweder zerteilt oder, wie etwa bei Fallwild, stückweise an Ort und Stelle gefressen. Alte Erzählungen, wonach Steinadler nicht nur Rehe und Gemsen durch die Lüfte getragen, sondern sogar Kinder geraubt hätten, gehören natürlich in die Welt der Fabel und Märchen. So stimmt etwa auch der Verdacht nicht, daß Steinadler Schafherden auf den Almen dezimieren würden. Steinadlerpaare brauchen riesige Reviere, um ihren Hunger zu stillen. Vergleiche aus den Niederen Tauern zeigen, daß Reviergrößen bei Fehlen des Murmeltiers als Hauptnahrung von 171 bis rund 215 km^2 angenommen werden müssen. Solch große Reviere kann auch der Nationalpark Kalkalpen nicht einmal in der Maximalausdehnung für die vorhandenen Brutpaare abdecken. Also darf der Schutz dieser eleganten Greifvögel nicht an den Nationalparkgrenzen haltmachen. Die Horste werden, schon aus Gründen der Kraftersparnis, meist tiefer als die Jagdreviere in steilen Felswänden und Felsnischen unter Überhängen in Gegenden angelegt, die vom Menschen kaum zu erreichen sind. Im Sengsengebirge etwa liegen die Horste zwischen 900 und 1200 m Seehöhe, wobei auch mehrere Horste nebeneinander als Wechselquartiere errichtet werden. Rücksichtslose Wanderer oder Photographen in Horstnähe können oftmals den Bruterfolg der sehr scheuen Großvögel gefährden. Schon im Februar und März wird der Horstbau in Angriff genommen, wobei ab Mitte März die Eiablage beginnt. Meist schlüpfen zwei Jungvögel aus den Eiern, aber in den überwiegenden Fällen überlebt nur das kräftigere Geschwisterchen. Bis in den Herbst hinein werden die Jungvögel noch von den Eltern durchgefüttert. Die meisten Jungvögel verenden allerdings im Verlauf des ersten strengen Winters. Geschlechtsreife Jungadler sind ausgesprochene Vagabunden und streifen manchmal bis zu 1000 (!) km weit umher, wobei sie sich gerne wieder in der Nähe des Geburtsortes niederlassen.

Selbst wenn der Steinadlerbestand heute in den Alpen generell als leidlich abgesichert angesehen werden kann, erscheint eine Ausbreitung aufgrund des steigenden Landschaftsverbrauchs und der weiter fortschreitenden touristischen Erschließung als sehr unwahrscheinlich. Sollte der Steinadler aber tatsächlich wieder andere europäische Großlandschaften besiedeln, so könnte der uralte Interessenkonflikt zwischen dem Futterneid des Menschen und diesen wunderbaren Großvögeln wiederum aufbrechen. So wie bei anderen großen Beutegreifern wird es an uns Menschen liegen, etwas mehr Toleranz gegenüber der Nachbarschaft dieser faszinierenden Geschöpfe der Natur aufzubringen.

Die über unzählige Blöcke und Schotterflächen rasch gurgelnden natürlichen Bachläufe sind letzte Rückzugsräume für viele bestens angepaßte Tiere und Pflanzen.

Die Erdkrötenhochzeit in den alpinen Seen und Gewässern des Nationalparks findet erst Ende Mai statt.

DER BACH – QUELLE DES LEBENS

Der Nationalpark Kalkalpen beherbergt ein vielverzweigtes, natürliches System von Bachläufen. Der einst intensive Forststraßenbau hat in Verbindung mit Kahlschlag und Fichtenmonokulturen auch im Gebiet der oberösterreichischen Kalkalpen zum Teil empfindliche Veränderungen im Bodenwasserhaushalt und damit einhergehend bei den Abflußverhältnissen der Bäche bewirkt. Gerade durch den in Österreich landesweiten dramatischen Rückgang an unberührten Bächen und Flüssen ist der Schutz dieser fließenden Oasen im Nationalpark Kalkalpen um so wichtiger geworden. Vergleiche von Lebensgemeinschaften in den Bächen des Sengsengebirges haben gezeigt, daß jeder einzelne Bach, ja sogar jeder Gewässerabschnitt, sein ganz besonderes Eigenleben aufweist. Dieses so typische Zusammenspiel von tierischen Organismen und Pflanzenwelt wird von einer Unzahl von Fliegenlarven, Krebstieren, Strudelwürmern, Fischen, Vögeln und vielen anderen aufrechterhalten.

Die Unterseite von hohlliegenden Steinen ist das begehrteste Refugium vieler Tiere. Hier drängen sie sich zu Dutzenden auf engstem Raum zusammen, um langsam den Algenbewuchs von den Steinchen abzugrasen oder vorbeidriftendes organisches Material abzufangen. Viele ernähren sich „räuberisch“ und werden zudem Opfer von größeren „Räubern“, wie etwa von Fischen und Wasservögeln.

Bäche sind die Lebensadern der umgebenden Landschaft. Sie entwässern nicht nur ganz bestimmte

Tosende, glasklare und sauerstoffreiche Bäche sind eine wahre Wohltat, nicht nur für Tiere und Pflanzen sondern auch für Auge und Ohr des Menschen.

Einzugsgebiete, sondern sie verbinden auch unterschiedlichste Lebensräume, von den urigen Bergwäldern bis zu den üppigen Auen der Täler.

Die kleinen und kleinsten Fließgewässer des Nationalparks sind sogenannte „offene" oder „unvollkommene" Ökosysteme. Ihre Lebensgemeinschaften beziehen nahezu 90% ihrer Energie aus organischen Substanzen, die außerhalb des Baches entstanden und in diesen eingespült oder hineingefallen sind, wie etwa das Laub der Bäume, das vor allem im Herbst oder auch noch nach der Schneeschmelze in den Bach eingebracht wird.

Der Uferbewuchs ist nicht nur Lebensraum für viele Organismen, sondern auch Nährstoffilter, Beschatter, Strukturelement, Uferbefestiger und auch „Energiebasis" des Baches. Im durch große Steine und Äste vielfältig gestalteten natürlichen Bachbett werden die Blätter in Stillwasserbereichen zurückgehalten, sodann in die „Sedimente" (Sand und Schotter) eingemengt und dienen schließlich als Nahrungsbasis oder als Baumaterial (Gehäusebau) für eine Unzahl von Organismen. In natürlichen Bächen ist die Energienutzung besonders hoch, deshalb haben sie auch eine große Selbstreinigungsfähigkeit.

Es zeigt sich bei den Bächen des Nationalparkgebietes deutlich, daß gerade periodisch austrocknende Gewässer eine wesentliche Rolle bei der Speicherung von Blattmaterial spielen. Das sich zwischen großen Steinen im trockenen Bachbett sammelnde Laub wird erst beim nächsten Anstieg des Wassers weitertransportiert und kann daher – von Pilzen und Bakterien „aufgearbeitet" – den bachabwärts gelegenen Lebensgemeinschaften auch zeitlich später als Nahrung dienen.

Die Bäche des Nationalparkgebietes sind charakteristische „Karstbäche" mit ausgeprägten Abflußschwankungen. Trocknen sie in heißen Sommern oft monatelang aus, so verwandeln sie sich durch die rasche Wasserzuleitung aus Tausenden Quellen im Karstgebirge nach starken Regenfällen in reißende Wildbäche.

Der Sedimentbereich ist bei „Karstbächen" aufgrund der lockeren Schichtung und ausgezeichneten Durchströmung bevorzugter Aufenthaltsraum und „Kinderstube" der Bachorganismen. So findet man bis 30 cm Tiefe auf 1 m^2 Bachbett an die 100 000 (!) vielzellige Lebewesen, die größer als 1/10 mm sind.

Fließt nach langen Trockenperioden wieder Wasser, gelingt den Bachorganismen rasch die Wiederbesiedlung.

Ebenso rasch erfolgt die Wiederbesiedlung nach längeren Hochwasserperioden, in denen die Bachbewohner vorübergehend durch Abschwemmung stark vermindert werden.

Die Wasserspitzmaus ist als ausgezeichnete Taucherin und Schwimmerin an den Lebensraum Wasser bestens angepaßt. So verwundert es nicht, daß die zahlreichen natürlichen Bäche und Gerinne des Nationalparks Kalkalpen hier als Lebensraum dankbar angenommen werden. Die kleinen, lebhaften Mäuschen können sehr lange unter Wasser bleiben und sind praktisch rund um die Uhr ununterbrochen aktiv.

Sie graben in den Uferbereichen gerne Gänge. Die sehr gesellig lebenden Mäuschen bauen Nester in Form großer, fester Bälle aus Gras, Wurzeln, Bast und Moos in einer Höhlung.
Als Nahrung dienen vor allem Insekten und andere wirbellose Tiere ebenso wie kleine Fische und Frösche.
Die glasklaren Bäche mit ihrem kalten, gurgelnden Wasser und dem kiesigen Untergrund sind der Lebensraum der Wasseramsel, des einzigen Singvogels, den man als echten Wasservogel bezeichnen kann. Das Federkleid dieser gewandten Taucherin ist besonders dicht, die Bürzeldrüse, die das Gefieder wasserdicht einfettet, besonders groß. Ja, selbst Nasenlöcher und Ohröffnungen kann sie während ihrer Tauchgänge verschließen, die Augen sind sehr flach, wie eine Taucherbrille, so daß sie sowohl über Wasser als auch unter Wasser ausgezeichnet sehen kann.
Wasseramseln laufen bei ihren Tauchgängen gerne am Gewässergrund, können aber auch mit kräftigen Flügelschlägen selbst in stärkster Strömung ausgezeichnet schwimmen und drehen kleine und größere Steine auf der Suche nach Wasserinsekten, die ihre Hauptnahrungsquelle darstellen, um. Obwohl die Tauchgänge selten mehr als wenige Sekunden dauern, treibt sich der lebhafte Vogel von früh bis spät unter der Wasseroberfläche herum.
Da das Insektenleben im Bach selbst im strengsten Winter nicht erstirbt, kann die Wasseramsel auch schon früh mit der Brut beginnen. Das große, geräumige, mit Moos für die Außenwand und Blattwerk für den Innenausbau bestens ausgestattete Kugelnest liegt meist dicht über der Wasseroberfläche in einer Halbhöhle oder einem dunklen Winkel, etwa zwischen unterspülten Wurzeln, in Felsspalten oder gar unter einem Wasserfall, und weist einen seitlichen Eingang auf.
Der buntschillernde „Edelstein" unter den Wasservögeln, der Eisvogel, fühlt sich an den schäumenden, sauerstoffreichen Bächen des Nationalparks ebenso wohl wie die Berg- und die Schafstelze sowie die Gartengrasmücke.
Die kalten, klaren Karstbäche weisen aufgrund ihrer Nährstoffarmut eine nur geringe Anzahl von Fischarten auf. So zählen die Bäche des Nationalparks Kalkalpen vor allem zur Forellen- und Äschenregion – eine Bezeichnung, die man nach diesen Leitfischarten eingeführt hat.
Die sauberen, glasklaren und sauerstoffreichen Bäche mit kiesigem Untergrund bevorzugt auch der Fluß- oder Edelkrebs. Diese einst in allen naturnahen Wasserläufen vorkommenden Tiere wurden durch die fast ungebremst fortschreitende Gewässerverschmutzung und die Regulierung und Zerstörung ihrer Lebensräume in die letzten naturnahen Gewässerrefugien zurückgedrängt. Auch die durch eine Pilzinfektion ausgelöste Krebspest trug zum fast totalen Verschwinden dieser Wassertiere bei.
Die bis zu 25 cm langen Krebse fallen vor allem durch ihre mächtigen Scheren (Männchen) und die fast körperlangen Antennen auf. Der Vorderkörper ist mit einer einheitlichen Rückenplatte geschützt, wobei der Hinterkörper durch mehrere Platten beweglich ist.
Der Flußkrebs ernährt sich vorwiegend von Wasserpflanzen, Schnecken und anderen Wassertieren. Die meist versteckt unter Steinen und Wasserpflanzen lebenden Tiere wurden einst von den Einheimischen als Bereicherung des kargen Speisezettels geschätzt – heute findet man sie als besondere Delikatesse am Speisezettel mancher Haubenrestaurants!
Abertausende von Larven der Köcherfliegen, der Steinfliegen und Eintagsfliegen leben im Ökosystem Bach. Die Köcherfliegenlarven etwa beschweren ihre Gehäuse mit kleinen Steinchen, um vom reißenden Wasser nicht abgeschwemmt zu werden. Eintags- und Steinfliegenlarven sitzen mit ihren abgeflachten Körpern deswegen dicht an der Unterseite der Steine, um hier im Strömungsschatten geschützt zu sein. Auch wenn ihre Körper nur bedingt „saugnapfförmig" ausgebildet sind, so drückt sie die Strömung hier wie ganz von selbst gegen den Stein.

Die Wasseramsel ist eine äußerst geschickte Taucherin der schäumenden, sauerstoffreichen Karstbäche.

Stein- und Köcherfliegen und ihre Larven sind typische Bewohner des Lebensraumes Bach.

Der Langblatt-Sonnentau ist eine sehr seltene fleischfressende Pflanze der Hochmoore.

Oben rechts: Die weite Hochfläche des Teichlbodens am Warscheneckstock beherbergt mit den Filzmösern eine der höchstgelegenen und wertvollsten Latschenhochmoore des gesamten Alpenraumes.

Den Feuersalamander findet man vor allem auf feuchten, moosigen Böden der dichten Bergmischwälder.

MOORE – WEGWEISER IN DIE VERGANGENHEIT

Moore – diese uralten Lebensräume – begannen nach der letzten Eiszeit zu wachsen. Aufgrund der sogenannten „Pollenanalyse“ kann heute aus Pollen, die im Moor durch Luftabschluß weitgehend konserviert wurden, die Genesis des nacheiszeitlichen Pflanzenkleides im Nationalpark Kalkalpen erschlossen werden. So bergen etwa die ältesten untersuchten Ablagerungen des schon fast gänzlich zerstörten Feichtauer Moores am Fuße des Sengsengebirges 9500 Jahre alte Kiefernpollen!
Dort, wo sich tote Pflanzen wegen Sauerstoffmangels nicht zersetzen können, entsteht Torf – die Heimat seltener und eigenartiger Gewächse. Hoch- und Niedermoore bilden sich im Laufe der Jahrtausende auf folgende Weise: Hochmoore sind gewaltige „Moospolster“, die oft auf verlandeten Seen entstanden sind. Nur der Regen bringt ihnen Wasser, aber kaum Nährstoffe. So wachsen sie immer höher aus ihrer Umgebung heraus – daher auch der Name „Hochmoore“.
Diesem kargen Lebensraum sind nur Spezialisten angepaßt, wie die blutroten, mit glänzenden Bläschen – gefüllt mit einer klebrigen Flüssigkeit – lockenden Blättchen des Rundblatt- und des Langblatt-Sonnentaus. Diese „fleischfressenden“ Pflanzen benötigen tierisches Eiweiß zur Ergänzung ihres Nährstoffhaushaltes, aus dem sie die sonst äußerst schwer erhältlichen Stickstoff- und Schwefelverbindungen, die etwas anspruchsvollere Blütenpflanzen in größerem Umfang nötig haben als die primitiven Torfmoose, beziehen. Wehe dem unvorsichtigen Insekt, das von den lockenden süßen Bläschen naschen möchte. Es wird sofort festgehalten und mit Hilfe der gestielten Drüsen verdaut.
Die das Hochmoor aufbauenden Torfmoosarten bekommen die notwendigen Nährstoffe von niedrigen Pilzen.
Bei Feuchtigkeitsüberschuß, Nährstoffarmut und relativ feuchtmilden Wintern wachsen die schwammigen Moospolster jedes Jahr um 1(!) Millimeter. Diese Hochmoore beherbergen vielfältige bunte Torfmoose. In kleinen Senken – den „Schlenken“ – gedeihen grüne Torfmoose, auf kleinen Rücken rote und gelbe Moose. Auf diesen niederen Rücken – den „Bulten“ – fühlt sich das Scheiden-Wollgras mit seinen rundlichen, schneeweißen Haarschöpfchen, die an Baumwolle erinnern, ebenso wohl wie die Rosmarinheide, die Gewöhnliche Moos-Preiselbeere – im Volksmund auch Moosbeere genannt – und gelegentlich die Latsche. Leider sind diese wunderbaren Landschaften durch Entwässerungen, Düngung und Beweidung bis auf Reste zerstört worden.
Die Filzmöser auf der Wurzeralm am Warscheneck gehören zu den höchstgelegenen und auch wertvollsten Latschenhochmooren des gesamten Alpenraumes.
Einen gänzlich anderen Charakter haben die Niedermoore. Sie werden vom nährstoffreichen Grundwasser gespeist. Ausgedehntes Schilfröhricht und Seggenried sind typisch für diese Standorte, zu denen sich Pfeifengraswiesen gesellen. Bunte Orchideen, wie die Sumpf-Stendelwurz und das Breitblatt-Fingerknabenkraut, finden genauso wie Tausende weiße Köpfchen des Scheuchzer-Wollgrases oder die Mehlprimel mit ihren rosaroten Blüten hier ihre Heimat. Besonders die Sibirische Schwertlilie verwandelt im Frühling diese Wiesen in ein wunderbares blauviolettes Blütenmeer.
Auch die auf Niedermoorböden liegenden bäuerlichen „Streuwiesen“ – im Herbst für die Stalleinstreu gemähte Wiesen – stellen nicht nur für Wiesenbrüter, sondern auch für zahlreiche bedrohte Feuchtwiesenpflanzen letzte Lebensräume dar.
Die „Radinger Mooswiesen“ bei Windischgarsten/Roßleithen – viele Moore heißen in den Kalkalpen „Moos“ – stellen solche eminent wichtige Niedermoorlebensräume im Umfeld des Nationalparks Kalkalpen dar.

Die Sumpf-Stendelwurz ist eine typische Vertreterin der Feuchtwiesen und Niedermoore.

Junges Bläßhuhn am Schilfrand eines Bergsees

Die azurblauen Augen der Feichtauer Seen am Nordabfall des Sengsengebirges

Das Cremeweiße Waldvögelein ist eine Charakterart der Kalk-Buchenmischwälder.

KLARE BERGSEEN

Seen mit Verlandungsgesellschaften, wie der Gleinkersee, der Almsee oder der Offensee, stellen naturkundliche Juwele ersten Ranges im Nationalparkplanungsgebiet Kalkalpen dar. Besonders solche Gewässer sind durch den erholungssuchenden Menschen – sei es als Badegast oder Wanderer – in ihrer Existenz bedroht. Arten wie Schwimmendes Laichkraut, Grüne Teichbinse oder bemerkenswerte Fieberkleevorkommen könnten durch Trittschäden und Badebetrieb bald endgültig verschwinden.

An den Seen mit Verlandungsvegetation, an Mooren und Almtümpeln findet eine äußerst vielfältige Tierwelt beste Lebensbedingungen.

Auch die hochalpinen, eiskalten und nährstoffarmen Bergseen, wie die Feichtauer Seen im Sengsengebirge, der Brunnsteiner See am Warscheneck, Steirer See und Schwarzensee auf der Tauplitz oder die Lahngangseen im Toten Gebirge, bereichern nicht nur das Landschaftsbild der kargen Felswüste, sondern sind auch Refugium vor allem der Amphibien und Insekten.

Als Laichplätze für Amphibien sind solche Gewässer im Nationalpark von eminenter Bedeutung. Bergmolch und Grasfrosch, Feuer- und Alpensalamander finden hier ebenso „Hochzeitsorte" wie die Erdkröte.

Eine Bewohnerin all dieser Gewässer, besonders der Kleingewässer aller Art bis 2000 m Seehöhe, ist die Gelbbauch-Unke. Dieses kleine, bräunlich bis grau oder olivgrün gefärbte, und damit bestens getarnte Tierchen ist vor allem durch die grellgel-

be bis grellorange gefärbte Unterseite mit eingestreuten schwarzen Punkten bekannt.
Befinden sich Gelbbauch-Unken außerhalb des Wassers in Gefahr, so nehmen sie sogleich die charakteristische „Kahnstellung" ein. Dabei wird mit hochgezogenen Vorder- und Hinterbeinchen und gekrümmtem Rücken die gelb-schwarze Zeichnung der Bauchseite gezeigt, und damit auch ein ätzendes Hautsekret abgesondert. Kleinere Freßfeinde können auf diese Weise wirkungsvoll in die Flucht geschlagen werden.
Der Gesang der Männchen besteht aus einem wohltönenden „Ung..." oder „Uuh...", wobei sich mehrere Herren in gebührendem Abstand zu einem Rufchor treffen.

Links: Der Schwalbenschwanz ist wohl der schönste Tagschmetterling. Rechts: Der seltene Russische Bär schätzt besonders feuchte Kalkschluchten als Lebensraum.

SCHMETTERLINGE – BUNTE GAUKLER DER LÜFTE

In großer Vielfalt sind die Tag- und Nachtschmetterlinge im Nationalpark Kalkalpen vertreten. Rund 770 Großschmetterlingsarten wurden allein im Sengsengebirge und im Reichraminger Hintergebirge bereits nachgewiesen – dabei sind die Kleinschmetterlinge noch nicht einmal erfaßt!
Die große Vielfalt beschränkt sich aber nicht nur auf Farben, Flügelzeichnung und Größe, sondern ist auch im Flugverhalten, den Lebensraumansprüchen und der Nahrung gegeben.
Der fertige Falter ist ja nur ein Abschnitt im Leben eines Schmetterlings. Denn ebenso mannigfaltig sind die Erscheinungsformen und Ansprüche in den übrigen Lebensstadien – also Ei, Raupe und Puppe. Die Raupen vieler Schmetterlinge haben zum Beispiel nur eine Futterpflanze, wie etwa der Kleine Fuchs und das Tagpfauenauge auf die Brennessel angewiesen sind. Als Puppe oder Raupe verbringen sie oft Monate, ja Jahre, und als fertige Gaukler der Lüfte bewohnen sie oft eng umgrenzte Gebiete, die ihren jeweiligen Bedürfnissen genau entsprechen müssen.

Selbst Revierverteidigung und Balz kennen die Schmetterlinge. So besetzen etwa die Segelfalter große Reviere und treffen zu Balzflügen an auffälligen Geländepunkten, wie kahlen Hügeln oder Gebüschgruppen, zusammen.
Andere Schmetterlinge sind wiederum auf ganz bestimmte Pflanzen und Tiere angewiesen. Der Blauschillernde Feuerfalter saugt nur an den Blüten des Weißen Hahnenfußes, während eine Bläulingsart bestimmte Ameisen benötigt, in deren Nestern sich die Raupen entwickeln können.
Die bunten Gaukler sind deshalb auch in fast allen Lebensräumen vertreten – auf mageren Trocken- und Feuchtwiesen, Mooren, lichten Laubmischwäldern, nadelholzreichen Steilhangwäldern, extensiv bewirtschafteten Almen, den alpinen Matten, ja sogar in den Latschenfeldern und alpinen Karstplateaus!
So findet man an sonnigen Hängen mit teilweise aufgelichteten Steilhangwäldern Apollofalter und Schwalbenschwanz, die sich an Bergdisteln delektieren, und auf Skabiosenblüten sitzen Blutströpfchen, Mohrenfalter und Scheckenfalter. In den feuchten Hochstaudenfluren finden sich der Gelbgefleckte Mohrenfalter, Ampferfalter und Alpen-Perlmutterfalter. Ein wahres Schmetterlingseldorado sind die alpinen Matten. Auf den rotblühen-

Malerischer Lärchen-Zirbenurwald am Warscheneck

den Leimkrautpolstern saugt etwa der Hochalpen-Perlmutterfalter. Typische Hochgebirgsspezialisten sind hingegen tagaktive Arten aus der Familie der Spanner: der kohlrabenschwarze Psodos alpinata und der kräftig schwarz-orange gefleckte Psodos quadrifaria, deren Raupen an verschiedenen Kräutern in den Matten leben. Diese Schmetterlinge sind bestens an die rauhen und wechselhaften Wetterverhältnisse angepaßt. So fliegen diese Schmetterlinge nur bei Sonnenschein, schiebt sich etwa einmal eine Wolke drohend vor, verkriechen sie sich augenblicklich in der Vegetation, um alsbald wieder bei den ersten Strahlen hervorzukommen.

Die meisten tagaktiven Schmetterlinge besiedeln jedoch nicht nur Gipfelregionen, sondern auch tiefere Zonen. Von echten Hochgebirgsspezialisten kann man bei rund 20 Arten sprechen, die ausschließlich auf die höchsten Gebirgsstöcke des Toten Gebirges und der Haller Mauern beschränkt sind – ein weiterer Grund, um den Nationalpark Kalkalpen auf alle vier Gebirgsstöcke auszudehnen!

In den höheren Lagen kann man manchmal ganze Scharen von Wanderfaltern auf ihren abenteuerlichen Flügen über die Alpen beobachten. Der bekannte Distelfalter fliegt zum Beispiel aus dem Mittelmeergebiet teilweise bis Skandinavien!

Die naturnahen, unübersehbaren Wälder des Nationalparks Kalkalpen werden von den Waldschmetterlingen bevölkert. Tagfalter leben hier meist an Waldrändern und -lichtungen, ihre Raupen sind zum Teil auf die Gehölze angewiesen. Zitronenfalter-Raupen brauchen etwa den Faulbaum, die des Großen Schillerfalters und der Eisvogel-Falter Weiden und Pappeln, einige Bläulingsraupen leben von den Blättern verschiedener Sträucher und Bäume.

Großer Schillerfalter und Großer Eisvogel gehören wegen ihrer Größe und Färbung zu den schönsten Tagfaltern und zählen zu den Baumkronenbewohnern. Ausgesprochene Waldspezialisten sind das Wald-Brettspiel, der Gelbringfalter und der im Volksmund auch „Waldteufel“ genannte Mohrenfalter Erebia aethiops.

Von den Nachtfaltern brauchen viele Arten den Wald zum Überleben. Die Raupen benötigen etwa Blätter und Nadeln der Bäume bzw. des Waldunterwuchses oder das ausgeglichene Kleinklima für ihre Entwicklung oder bestimmte Lebensraumstrukturen für ihre Überwinterung und Verpuppung.

Die großflächigen naturnahen Waldflächen des Hintergebirges und des Sengsengebirges stellen hier mit ihren lichten Laubmisch- oder Nadelmischwäldern und fichtendominierten lichten Steilhangwäldern besondere Lebensraumjuwele dar. Die Zukunft des Waldes im Nationalpark Kalkalpen ist damit auch die Zukunft der Waldschmetterlinge.

VON LATSCHENFELDERN BIS „SAUPLETSCHN“

Die wenigen noch verbliebenen Almen stellen eine unverzichtbare Bereicherung des Nationalparks Kalkalpen dar. Von den tiefgelegenen Almen des Hintergebirges (Anlaufalm, Ebenforstalm) bis zu den Hochalmen des Sengsengebirges (Feichtaualm) und des Warschenecks (Brunnalm, Steinfeldalm) reicht hier die Palette.

Die Pflanzendecke der Alm hängt nicht nur von Gesteinsuntergrund, Höhenlage und Pflanzenbestand der Umgebung ab, sondern auch von der Form der Bewirtschaftung (Waldweide, Zäunung etc.) und der Art des Viehs, haben doch Pferde und Schafe ganz andere Vorlieben als Rinder.

Deshalb findet man den fahlen Bürstlingsrasen als verbreiteten Weiderasen magerer Böden. Die Monotonie des Bürstlings wird jedoch von Orchideen wie Höswurz oder Enzianarten aufgelockert.

Auf feuchten Magerwiesen blühen die bis zu 50 cm hohe Sumpf-Stendelwurz und der Pyramidenstendel.

Die Fettweiden werden wegen der guten Futtergräser vom Weidevieh gerne aufgesucht. Hier gedeihen Süßgräser, wie Wiesen-Kammgras, Schwingel- und Rispengrasarten, und viele Kräuter, wie Echter Kümmel und Frauenmantel.

Auf steileren Almhängen oder Kuppen von immer seltener werdenden Buckelwiesen kommen Trockenrasen mit Silberdistel und Thymian vor. In der Umgebung der Almhütten wuchert ein oft hüfthohes Staudendickicht von großblättrigen, durch Viehdung reichlich mit Stickstoff versorgten Pflanzen. Vor allem der Alpen-Ampfer – die „Saupletschn“ – wird vom Vieh gemieden.

Zu den schutzwürdigsten Almbiotopen zählen die als natürliche Wasserspeicher unverzichtbaren Flachmoore auf den Almen.

DIE STILLEN HEIMKEHRER

Einst waren auch im Nationalparkgebiet Kalkalpen Wolf und Luchs, Braunbär und Wildkatze, Fischotter und Biber, Elch und Steinbock oder die großen Greifvögel, wie Bartgeier, Gänsegeier und Mönchsgeier, heimisch. Doch um ihre Weidetiere vor Übergriffen zu schützen, haben unsere Vorfahren diese Geschöpfe der Natur unbarmherzig verfolgt und ausgerottet.
Heute übernimmt die Jagd die Funktion des Raubwildes. Doch Menschen jagen eben anders. Je höher der Jagddruck auf Hirsch, Reh und Gams wird, desto mehr steigen die Verbißschäden im Wald.
So wurden die letzten Wölfe etwa im Stodertal 1825/26 erlegt. Auch der Luchs wurde zu Beginn des 19. Jahrhunderts in der Nationalparkregion ausgerottet, was zum Beispiel die Schußlisten des Stiftsarchives von Spital am Pyhrn belegen. Der Braunbär war zumindest bis Beginn des 19. Jahrhunderts noch in den Kalkalpen heimisch. Für die Wildkatze etwa wurden noch im 19. Jahrhundert zahlreiche Abschußprämien bezahlt. Fischotter und Biber waren im vorigen Jahrhundert noch als regelmäßige Bewohner der Bäche, Flüsse und Seen der Nationalparkregion anzutreffen, was durch Schuß- und Fanglisten der Stifts- und Herrschaftsarchive bestätigt wird. Über Steinbock und Elch liegen keine schlüssigen schriftlichen Überlieferungen vor, doch dürfte zumindest der Steinbock bis ins 18. Jahrhundert in den schroffen Felsszenerien der Kalkstöcke anzutreffen gewesen sein, was der letzte geschossene Steinbock von Grünau im Almtal belegt. Selbst Bart- und Gänsegeier sowie Mönchsgeier waren noch bis ins 19. Jahrhundert Brutvögel (!) in der Nationalparkregion. So hatte etwa ein Bartgeierpaar 1835 noch seinen Horst in der Röll am Almsee. Gänsegeier dürften sich ebenfalls noch im 19. Jahrhundert mehr und mehr von Kärnten her in unsere Region als Brutvogel angesiedelt haben. Die zahllosen Abschüsse und ausbezahlten Schußgelder von „Großen Geiern" und „Gemeinen Geiern" dokumentieren zwar eindrucksvoll das Vernichtungswerk des Menschen, lassen aber keine genauen Rückschlüsse auf die jeweilige Art zu.
Heimlich, still und leise wandern aber erste Heimkehrer dieser faszinierenden Geschöpfe wieder in unsere Region ein. Von Kärnten aus gelangen immer wieder Bären aus der 500 Tiere zählenden Population des slowenisch-kroatischen Grenzraumes nach Österreich. 1972 erreichte dann ein besonders wanderfreudiger männlicher Bär das niederösterreichisch-steirische Hochschwab- und Ötschergebiet und erlangte bis zu seinem Tod 1995 als „Ötscherbär" in Österreich Berühmtheit. 1989–1992 begann deshalb auch der WWF mit seinem erfolgreichen Bärenprogramm und setzte dem Einzelgänger zwei Weibchen und ein Männchen hinzu. Nachdem dann 1992 der generelle Bärenabschuß in slowenischen Grenzrevieren eingestellt wurde, verstärkte sich der Zuwanderungstrend.
Schon um 1992 ereichten erstmals einige Mitglieder der 25köpfigen österreichischen „Bärengemeinde" auch die ausgedehnten Buchenmischwälder unserer Kalkalpenregion. Diese Erstankömmlinge fühlten sich sofort in den Seitentälern des Sengsengebirges oder des Toten Gebirges mit ihren naturnahen Mischwäldern und Karstbächen wohl, erinnerte sie doch die Landschaft an ihre ursprüngliche kroatische Bärenheimat „Gorski Kotar". 1995/96 überwinterte etwa ein Braunbär im westlichen Teil des Nationalparks Kalkalpen und hängte schließlich noch ein Jahr als Bewohner an. Auch ist in der Öffentlichkeit nicht bekannt, daß seit 1992 ein Bär im Bereich Offensee-Almsee-Grünau lebt, ohne Aufsehen zu erregen.
Trotzdem dürfen wir nicht übersehen, daß dieselben Bären in folgenden Jahren sehr wohl auch Schäden anrichten können. Man muß ganz einfach die Zahl der Baren und die von ihnen verursachten Schäden klar voneinander trennen. So kann etwa ein „schlimmer" Bär oft mehr Schaden anrichten, als zehn scheue Artgenossen.
Anscheinend haben die Bären in den Ostalpen – zusätzlich geschützt durch den ersten Wald-Nationalpark Österreichs – nunmehr einen für sie optimalen Lebensraum gefunden. Bären sind Wanderer, sie streifen oft tausend Quadratkilometer auf Nahrungs- oder Partnersuche umher. Es reicht also nicht, nur im Nationalpark diese wunderbaren Tiere zu schützen, auch die umgebenden Landschaften müssen in Betracht gezogen werden. Hier kann der Nationalpark Kalkalpen gerade durch offensive Informationsstrategien, wie Führungen, Vorträge und Veranstaltungen, die Bevölkerung der umliegenden Region für den Bärenschutz gewinnen und sensibilisieren. So hätte geeignete Aufklärung 1994 die Aufregung um Bärenschäden in Oberösterreich und den damit einhergehenden Abschuß eines „Nationalparkbären" wohl verhindern können.

Wie sehr Braunbären und der Nationalparkgedanke zusammenspielen, zeigt etwa der Abruzzen-Nationalpark in Süditalien. Dort hat man schon mehr Probleme damit, die Bären vor begeisterten, unbedarften Besuchern zu schützen als vor ängstlichen Einheimischen!

Braunbären sind dämmerungs- und nachtaktive Tiere, die man aufgrund ihrer angeborenen Scheu nur höchst selten zu Gesicht bekommt. Die Tageszeit verbringt er meist an den ungestörtesten Plätzen seines Reviers. Der Bär hat ein ausgezeichnetes Gehör und einen noch besseren Geruchssinn als ein Spürhund. Deshalb ergreift er meist schon die Flucht, bevor der Mensch auch nur etwas von seiner Anwesenheit erahnt. Mit welchen Gefühlen Mensch und Bär einander bei einem höchst zufälligen Rendezvous begegnen, beschreiben slowakische Forstarbeiter sehr eindrucksvoll: „Wenn ein Mensch einen Bären trifft, hat der Mensch die Hose voll – der Bär hat nur keine Hose.“ Das bedeutet, der Bär hat genausoviel Angst wie wir Menschen. Richtet sich etwa ein Bär bei solch einer Begegnung auf, so ist er unsicher oder neugierig, sicher nicht sofort aggressiv. Dennoch sollte jeder Wanderer respektvollen Abstand zu Bären halten.

Braunbären sind jedenfalls ausgeprägte Allesfresser. So bieten die abwechslungsreichen Wälder des Nationalparks Kalkalpen nahezu optimale Ernährungsbedingungen an Beeren, Wurzeln, Knospen, Samen von Bäumen, größeren Insekten, wie Engerlinge und Larven holzbewohnender Käfer, und vor allem Honig von Wildbienen, deren Nester sie mit großem Genuß ausgraben. Aber auch kleinere und größere Wirbeltiere werden geschlagen, wenn die Gelegenheit günstig erscheint. Ja selbst Kadaver, Fallwild und Abfälle des Menschen stehen auf dem Speisezettel. Manchmal wird auch ein Schaf oder ein Rinderkalb in gezäunten Bereichen geschlagen.

Braunbären paaren sich im Sommer. Nach einer Tragzeit von sieben bis acht Monaten kommen zwei bis drei sehr kleine, blinde und hilflose Junge auf die Welt, die bis zu vier Monate lang gesäugt werden. Die Mutter kümmert sich bis zu 2 Jahre lang um die Kleinen und zieht mit ihnen alleine im Revier umher. In dieser Zeit ist es günstig, einer Bärin aus dem Weg zu gehen, nicht nur für den Menschen, auch für Bärenmännchen!

Braunbären ziehen sich im Winter auf längere Zeit in Höhlen zur Ruhe zurück und zehren von ihren Speckvorräten, halten aber keinen echten Winterschlaf. Im Frühjahr kommen sie, recht rasch und entsprechend abgemagert, aus ihren Lagern und fressen dann allerlei Grünzeug, um die Verdauung wieder in Schwung zu bringen. Sie leben meist einzelgängerisch, wobei gerade Jungbären auf der Suche nach einem Revier oft gewaltige Strecken zurücklegen können.

Die Pießling bei Roßleithen im winterlichen Gegenlicht

Gegenüber: Die Große Schlucht am Reichramingbach im Hochwinter

Braunbären sind im Nationalparkgebiet bereits häufige Gäste.

Der Luchs ist im Nationalparkgebiet oft unterwegs, aber kaum zu beobachten.

Auch der Luchs, diese gewandte Raubkatze, ist immer wieder Gast im Nationalpark Kalkalpen. Als typischer Bewohner der dichten Mittelgebirgswälder aller Art findet er gerade hier im waldreichen Nationalpark Kalkalpen nahezu ideale Lebensbedingungen. Der Luchs ist an seine Lebensräume schon vom Körperbau her perfekt angepaßt. Die langen Beine werden von kräftigen Pfoten getragen. Besonders im Winter, wenn die Tiere das stärkste und dichteste Fellkleid aufweisen, verhindern diese stark behaarten Pfoten das Einsinken der an und für sich schweren Katzen im Schnee („Schneeschuhprinzip"), was ihnen wiederum eine leichtere Fortbewegung ohne allzu hohen Energieaufwand ermöglicht. Die großen Augen dieser Raubkatze sind stark nach vorn gerichtet und ermöglichen so einen weiten Umkreis räumlich tiefenscharfen Sehens. Luchse hören außerordentlich gut und nutzen vor allem bei der Jagd dieses Sinnesorgan am meisten.

Als typischer Ansitzjäger fühlt sich der Luchs in reich strukturierten Wäldern, die genügend Deckung für die Lauer bieten, am ehesten wohl. So gelingt es ihm, durch kurze Sprints oder gezielte Sprünge vor allem Mäuse und Hasen, aber auch Rehe und Hirschkälber zu schlagen.

Luchse sind überwiegend nachtaktiv. Nur wenn sie stark unter Hunger leiden, stellen sie auch am Tage ihrer Beute nach. Sonst suchen sie tagsüber besondere Plätze, wie Felsnischen, Halbhöhlen oder Dickichte, zur Ruhe auf.

Die Wildkatze ist auf sporadischen Jagdausflügen noch heute im Nationalparkgebiet zu spüren und dürfte aus ihren letzten Refugien aus den Karpaten und dem kroatisch-slowenischen Raum langsam einwandern. In Mitteleuropa wurde die Wildkatze als vermeintlicher Feind des Niederwildes erbarmungslos gejagt und vor allem durch Fallenfang stellenweise gänzlich ausgerottet.

Die etwas größer als die Hauskatze werdende Wildkatze ist im allgemeinen gedrungener und kräftiger gebaut. In Mitteleuropa kommt der „Waldkatzen-Typ" vor, der sich nach der letzten Eiszeit entwickelt hat. Daher bevorzugt sie hier auch die dichten, natürlichen, von Zivilisation möglichst störungsfreien Waldgebiete – also würde sie im Nationalpark Kalkalpen ebenfalls hervorragende Lebensbedingungen vorfinden.

Wildkatzen jagen meist nachts, sind Einzelgänger oder leben paarweise zusammen. Sie ernähren sich vowiegend von Mäusen, Kaninchen und Kleinvögeln. Die wichtigste Jagdtechnik stellt dabei der Sprung aus der Lauerstellung dar. Bei der Jagd sind vor allem Augen und Ohren die wichtigsten Sinnesorgane, wobei die Augen sich an jegliche Lichtintensität anpassen können. Mit dem feinen

Die mystische Riesenquelle des Pießling Ursprungs

Gehör schaffen sie es, selbst die hohen Frequenzen von Mäusen wahrzunehmen, was vor allem die Jagd auf diese Tierchen wesentlich erleichtert.
Der gewandte Unterwasserjäger Fischotter konnte bislang an den Bächen der Nationalparkregion noch nicht als Dauergast nachgewiesen werden, doch scheint es nicht unmöglich, daß er von den im Böhmerwald und Waldviertel vorhandenen Restpopulationen hier einwandern könnte. Wurden Otter einst wegen ihres wertvollen dichten Pelzes und später als Fischräuber gejagt, so wurden sie durch die Zerstörung und Verschmutzung ihrer Lebensräume letztendlich nahezu ausgerottet.
Die überaus intelligenten, possierlichen und lebhaften Tiere sind auf naturnahe, ungestörte Wasserlebensräume aller Art, wie im Nationalpark Kalkalpen vorhanden, angewiesen. Gerade das Angebot an unregulierten und unverbauten natürlichen Bächen könnte im Nationalpark Kalkalpen hier wiederum angenommen werden.
Otter jagen, vornehmlich nachts, Fische und Krebse, aber auch Frösche, Enten, Bläßhühner sowie Würmer und Insekten werden keineswegs verschmäht.
So wäre es für das Gesamtprojekt Nationalpark Kalkalpen sicherlich eine lohnende und faszinierende Aufgabe, diesen Heimkehrern wiederum Lebensraum, Nahrung – und vor allem Schutz und Betreuung zu bieten. Zum Wohle der Natur, aber auch zum Wohle von uns Menschen!

Geschichte zwischen Salz und Eisen

Historische Entwicklung

URGESCHICHTE

Vor etwa 64 000–40 000 Jahren streiften bereits Jäger in Gruppen – Neandertaler – auf der Suche nach Jagdbeute über die damals noch wald- und wildreichen, klimatisch milden Hochebenen des Karstgebirges. Die sensationellen Funde in der Ramesch-Knochenhöhle und der Gamssulzenhöhle am Warscheneck sowie in der Nixlucke bei Losenstein bestätigen es.

Auf der Suche nach Bärenknochen fand man in der Rameschhöhle ein Feuersteingerät, das zu den schönsten Artefakten des Alpenraumes aus dieser Zeit zu zählen ist. Die Höhlen des Toten Gebirges stellen zudem eine der ältesten Kultstätten des gesamten Alpenraumes dar.

Für eine lange Zeitspanne verschwand der Mensch aus den infolge der letzten Kaltperioden (Würmeiszeit vor ca. 20 000 Jahren) unwirtlich gewordenen Kalkgebirgsketten. Bis in die Seebecken und Täler unseres Nationalparkplanungsraumes reichten die gewaltigen Eisströme. Rundherum breiteten sich Kaltsteppen und Tundren aus. Nur in wärmeren Zeiten wagten sich einige Jäger in die Gebirgsregion vor, was ein Fundplatz aus der Mittleren Steinzeit (10 000–5000 v. Chr.) in Bad Ischl beweist.

Die Waldwildnis, Sumpfe und ungebandigte Flüsse ließen die damaligen Menschen jedoch ansonsten in der Donauniederung, außerhalb der heutigen Nationalparkregion, als urgeschichtliche Ackerbauern und Viehzüchter (Lengyelkultur, „mährisch-ostösterreichische Gruppe der Bemaltkeramik“, Mittlere Jungsteinzeit, 5. Jahrtausend v. Chr.) siedeln.

Erst gegen Ende der Jungsteinzeit, vor etwa 4000 Jahren, gibt es am Rande unserer Region wieder erste Besiedlungsspuren im Windischgarstener Becken und im Ennstal (Mischkulturen, der ostalpinen Pfahlbaukultur gleichgesetzt, im Bereich Laussa-Großraming). Man legte – auch zum Schutz vor Überfällen – kleine Dörfer auf natürlich waldfreien Lichtungen hoch über den versumpften Talniederungen an. Der Teichlboden im Warscheneckmassiv war nachweislich einer der ersten jungsteinzeitlichen Rodungs- und Siedlungsplätze am Rande des Karstgebirges. Waldweidewirtschaft, erster, kleinflächiger Ackerbau und erste Handwerkskultur wurden von diesen Pionieren betrieben. In dieser Zeit stoßen zudem erste Siedler im Salzkammergut auf salzhaltiges Wasser. Durch Verdampfen auf heißen Steinen dürften sie erstmals Salz gewonnen haben.

Die Kenntnis über die Herstellung metallener Geräte aus „schmelzbarem Gestein aus den Bergen“ – vorerst nur aus Kupfer, später aus Bronze – dürfte wie das Salz den Ausschlag zum Vorstoß in die unwirtliche Bergwelt gegeben haben, obwohl in den Gebirgstälern wie auch im Enns- und Steyrtal unserer Nationalparkregion meist nur vereinzelte Abbaustätten urzeitlicher Erzsucher gefunden wurden.

Auch während der Älteren und Mittleren Bronzezeit (ca. 2300–1200 v. Chr.) waren nur die Hochtäler des Salzkammerguts im Westen der Nationalparkregion besiedelt – das Salz hatte die Menschen zum Bleiben bewogen. Damals brachte die Handhabung der metallenen Werkstoffe jedoch nachhaltige Änderungen des menschlichen Lebens – so gab es neben seßhaften Ackerbauern bereits Berg- und Hüttenleute, hochqualifizierte Handwerker und Händler mit regem Wirtschaftsleben. Isolierte Bronzegerätfunde entlang alter Verbindungswege zeigen aber, daß es bereits ab der Mittleren Bronzezeit traditionelle Nord-Süd- und wohl auch West-Ost-Verbindungen gab.

Während der für Brandbestattungen bekannten Urnenfelderkultur (1200–800 v. Chr.) ist eine bergmännische, wohlorganisierte Salzgewinnung im nahen Hallstatt bereits erwiesen, wie bronzezeitliche Werkzeuge zeigen. Auch die alten Siedlungsgebiete im Steyr- und Ennstal dürften durchgehend bewohnt gewesen sein.

Im Zeitalter der Älteren Eisenzeit (800–400 v. Chr.) wurde der Ort Hallstatt mit seinem Salzbergbau im Kalkgebirge zum Taufpaten einer ganzen Geschichtsepoche – der Hallstattkultur. So entstand hier im Herzen des urgeschichtlichen Mitteleuropa eine erste kontinentaleuropäische Kultur – von Frankreich bis nach Slowenien!

Die Felsritzzeichnungen in der sogenannten Höll sind eindrucksvolle Zeugnisse erster Siedler.

Gegenüber: Der romantische Ort Reichraming bildet das Tor zum Nationalpark Kalkalpen.

Das Kraftwerk am Steyrdurchbruch wurde vom Jugendstilarchitekten Mauritz Balzarek behutsam in die Landschaft gebettet.

Das Eisen verdrängte nunmehr die Bronze als Werkstoff. Die Erzeugung von Massenwaren in eigenen Werkstätten gestattete bereits einen schwunghaften Handel. Gegen das Salz tauschte man so manche Kostbarkeit: Bernstein von der Ostsee, Waffen aus Süddeutschland, Bronzegeschirr aus dem Donauraum, Glas aus dem Mittelmeerraum und sogar Elfenbein aus Afrika. Doch eine Erdrutschkatastrophe im Salzberghochtal von Hallstatt verwüstete die Landschaft und beendete nach und nach eine Kulturepoche.

Über die Pässe aus dem Süden kommend, breiteten sich um 700 v. Chr. die Veneter – im Volksmund die „Wenden" oder „Windischen" – nun auch über das Windischgarstner Becken und schließlich, vom steirischen Ennstal über den Pyhrnpaß kommend, in die Täler und Becken der gesamten Nationalparkregion aus.

Trotz deutlicher Klimaverschlechterung, die damals eintrat, betrieben sie neben herkömmlicher Viehwirtschaft und Ackerbau auf den alpinen Rasen bereits regelrechte Almwirtschaft.

In der Hallstattzeit entwickelte sich die Kultur der Kelten, die von der ansässigen Bevölkerung angenommen worden sein dürfte. Die Kelten erweiterten nun entlang der uralten Verkehrsverbindungen

durch die Flußtäler der Enns, Steyr und Traun auch das Siedlungsnetz in unserer Region.
Im trotz der Erdrutschkatastrophe nur kurz unterbrochenen Salzbergbau richteten die Kelten eine große Salzverdampfungsanlage ein. Aus Sicherheitsgründen legten sie auch vor Überfällen und Überschwemmungen geschützte Höhensiedlungen an.

RÖMERHERRSCHAFT

Etwa um 15 v. Chr. wurde aufgrund der römischen Expansionsbestrebungen nach Norden (Sieg gegen die Räter und Vindeliker) das Königreich Norikum friedlich besetzt, aber erst unter Kaiser Claudius auch in die römische Verwaltung einbezogen.
Das Land zwischen Enns und Traun erreichten die Römer über den uralten Handelsweg der „Norischen Hauptstraße", die, von Aqileia kommend das Zollfeld (Virunum) querend, über den Pyhrnpaß nach Ovilava (Wels) und Lauriacum (Enns/Lorch) führte. Neben diesem oberösterreichischen Hauptverkehrsweg bauten die Römer die alte Ausseer Salzstraße ebenfalls als leistungsfähige Verbindung aus.
Die Römer siedelten vor allem auf altem keltischem Siedlungsboden in der Region. Poststationen wie Gabromagus (Windischgarsten) oder Ernolatia (St. Pankraz) hatten nicht nur keltische Sprachwurzeln, sondern dienten der Aufrechterhaltung des Boten- und Warenverkehrs und dem Truppentransport.
Die keltische Bevölkerung nahm zwar lateinische Sprache und Religionsvorstellungen nach und nach an, doch blieb die bäuerliche Alltagskultur fast unverändert. Römische Kaufleute, Beamte und Soldaten brachten damals auch das Christentum.
Römische Verwaltung und Technologie sicherten ein friedliches 1. und 2. nachchristliches Jahrhundert. Erst der furchtbare Markomanneneinfall bewog die Römer, die Donaugrenze militärisch massiv zu verstärken. Im 3. und 4. nachchristlichen Jahrhundert erfolgte nun die stärkste Romanisierung. Planmäßig wurden Siedlungen entlang der Verkehrswege angelegt und große Gutshöfe bewirtschaftet. Sie brachten auch die neue Bauweise des mörtelgebundenen Bruchstein- oder Ziegelmauerwerks mit, die sie für ihre Verwaltungsbauten, Gutshöfe und luxuriösen Landsitze (mit Fußbodenheizung) verwendeten.

Im 5. nachchristlichen Jahrhundert verschlechterte sich durch zunehmende politische und militärische Ohnmacht des Weltreichs die Situation der romanisch-keltischen Bevölkerung. Mit dem Befehl Odoakers (488 n. Chr.), alle Romanen mögen nach Italien zurückkehren, endet die Römerherrschaft im Chaos der Jahrhunderte dauernden Völkerwanderungszeit.
In den Stürmen der Völkerwanderung ging auch die bergmännische Salzförderung im Kalkgebirge zugrunde.

ALPENSLAWEN UND BAYERN

Nach den rasch wechselnden Durchzügen von Ostgoten, Gepiden und Langobarden begannen um 550 n. Chr. die Bayern in unserer heutigen Nationalparkregion eine Grenzmark einzurichten, wobei erste bajuwarische Siedler friedlich neben der romanisch-keltischen Restbevölkerung lebten. Von den Awaren getrieben, begannen zur selben Zeit die Alpenslawen, über die Gebirgspässe von Süden aus dem steirischen Ennstal kommend, über den Pötschenpaß in die Täler des oberösterreichischen Salzkammerguts und über den Pyhrnpaß in das Windischgarstener Becken sowie im Steyr- und Ennstal einzuwandern. Viele Orts- und Flußnamen deuten heute noch auf ihre Kolonisierung hin.
Unter dem Bajuwarenherzog Tassilo III. wird nicht nur die erste bajuwarische Kolonisationswelle vorangetrieben, sondern auch das Kloster Kremsmünster gegründet, in dem sich eines der bedeutendsten Kunstwerke der Welt befindet – der Kelch des Tassilo.

MITTELALTER

Durch die Einrichtung der Karolingischen Mark kehrte für kurze Zeit Frieden in die Region ein, der jedoch ab 900 durch den Ungarneinfall jäh beendet wurde. Der Sieg von Kaiser Otto I. 955 auf dem Lechfeld beseitigte wiederum die Ungarngefahr.
Um diese Zeit dürften ersten Anstrengungen, die Salzförderung wieder anzukurbeln, Erfolg beschieden gewesen sein. Eine Urkunde erwähnte um 903 Salzschiffe auf der Traun, die wahrscheinlich Salz von einer Quellsole transportierten.
Vom Geschlecht der mächtigen Wels-Lambacher im Westteil und den nachfolgenden steirischen

Die Stadeln sind gekonnt nach Wind und Wetter ausgerichtet.

Otakaren (Sitz in Steyr) wurde mit Unterstützung des Bamberger, Passauer und Salzburger Bistums und der Klöster Mondsee, Kremsmünster, Garsten, Lambach und Gleink ab dem 11. Jahrhundert nicht nur die schrittweise Urbarmachung, sondern vor allem die Christianisierung im Oberen Ennstal, im Windischgarstener Becken, dem Steyr- und Almtal sowie dem Trauntal betrieben. Die hochmittelalterliche Rodungs- und Kolonisationswelle wurde zunächst durch ein System von weltlichen und kirchlichen Schwaigen und Meierhöfen eingeleitet, die der jeweiligen Grundherrschaft Produkte der Viehzucht, der Getreide- und Milchwirtschaft ablieferten.

Nach und nach brachte die Kolonisation für die bäuerliche Bevölkerung, die bis dahin ja in vollkommener Abhängigkeit zu den Grundherrschaften stand, eine gewisse Verbesserung der bäuerlichen Rechtsstellung, da die Grundherren verschiedene Rechte und Freiheiten als Anreiz für Neusiedler boten. Neue Leiheformen, wie Erbzinsleihe, Leibgedinge auf Lebenszeit und das nach jeweils einem Jahr widerrufbare Freistift, bedeuteten naturgemäß aber neue soziale Abstufungen. Durch Aufhebung der sogenannten „Villikationsverfassung" der Grundherrschaften konnten schließlich Bauern die bisher von unfreien und damit abhängigen Landarbeitern bewirtschafteten großen Meierhöfe und Schwaigen zu besseren Bedingungen und gegen geregelte Abgaben verliehen bekommen.

Während des Hochmittelalters kam es auch zu wichtigen Verbesserungen in der Agrartechnik, wie zum Beispiel durch Einführung des Räderpfluges mit Streichbrett und durch die Ablösung der Sichel durch die teurere Sense. So entstanden am uralten Verkehrsweg der „Eisenstraße" durch das Kremstal die ersten Sensenwerkstätten, die Jahrhunderte hindurch Wohlstand ins Alm-, Krems-, Steyr- und Ennstal brachten.

Im Jahre 1139 verlieh König Konrad III. dem Markgrafen Leopold IV. (Stiefbruder Konrads III.) von Österreich das Herzogtum Bayern (inkl. der Nationalparkregion). Damit herrschten erstmals im Gebiet Oberösterreichs die Babenberger. 1156 mußte Herzog Heinrich II. Jasomirgott von Bayern-Österreich zwar auf einem Reichstag zu Regensburg auf Bayern verzichten, dafür aber wird die Markgrafschaft Österreich – und damit der größte Teil Oberösterreichs – von Bayern getrennt und zum Herzogtum erhoben („Privilegium minus").

Ab dem 11. Jahrhundert zogen zahlreiche Kreuzritter und Rompilger durch die heutige Nationalparkregion über den Pyhrnpaß. 1147 marschierte ein Kreuzfahrerheer mit König Konrad III., Herzog Heinrich II. Jasomirgott, Markgraf Otakar von Steyr, Bischof Otto von Freising und seinem Bruder, Bischof Reginbert von Passau sowie mit zahlreichen Mitgliedern des Hochadels über den Pyhrn nach Süden. Der rege Durchzugsverkehr veranlaßte schließlich Bischof Otto II. von Bamberg, unter Mithilfe der Bischöfe von Passau und Salzburg am Pyhrn ein Hospital für Pilger, Kaufleute, Kreuzfahrer und Notleidende zu errichten, wo jedermann Rast und Pflege finden sollte.

1192 kamen durch den Tod Otakars IV. neben der Steiermark auch die oberösterreichischen Besitzungen der Otakare durch die Bestimmungen der „Georgenberger Handfeste" (bei Steyr) an die Babenberger.

Im Frieden von Ofen (1254) wurde schließlich der Pyhrn als Grenze zwischen (Ober- und Nieder-) Österreich und der Steiermark festgelegt – die Geburt des „Landes ob der Enns".

Nach dem Tod des letzten Babenbergers und dem Ende der kaiserlosen Zeit („Interregnum") belehnte der Habsburger Rudolf I. 1283 seinen Sohn Albrecht mit den beiden Herzogtümern Österreich und Steiermark. Damit schuf Rudolf die Hausmacht für den unaufhaltsamen Aufstieg des mächtigsten Herrschergeschlechts Europas!

Zu Beginn des 13. Jahrhunderts wurde in Hallstatt wieder der bergmännische Salzabbau aufgenommen. Der Salzabbau entwickelte sich rasch zur Haupteinnahmequelle der Landesherren. Der Habsburger Albrecht I. stritt 1295 erbittert mit dem Salzburger Erzbischof um die Vorherrschaft der Salzgewinnung und deren Absatzmärkte. Der Vergleich der beiden Kontrahenten führte auch zur Aufteilung des heutigen Salzkammerguts auf drei Bundesländer (Salzburg, Oberösterreich, Steiermark).

Elisabeth, die Gemahlin Albrechts I., gilt überdies als die Begründerin des neuen Salzbergbaus im Salzkammergut. Indem sie 1311 zudem je 12 Pfannhaus- und Salzfertigerrechte verlieh, ordnete sie auch Siedebetrieb und Salzhandel neu.

Der jeweilige Landesherr als „Regalherr" nahm sich im Mittelalter das Hoheitsrecht über die wirtschaftliche Nutzung – vor allem des Berg- und Salzregals. Aus diesem Grunde wurde von Gmunden aus durch den „Salzamtmann" als „Pfleger im Ischelland" (Gebiet am Oberlauf der Traun zwi-

schen Hallstätter See und Traunsee) die Verwaltungseinheit des oberösterreichischen Salzkammerguts regiert.
Auch der Abbau des begehrten Eisens sollte nach dem Willen der Grundherren angekurbelt werden. Zahlreiche kleine Eisen-, Kupfer-, Mangan- und Bleilagerstätten wurden im Land zwischen Enns und Traun ausgebeutet.
Der Eisenabbau und seine Verarbeitung am „Innerberg" (steirischer Erzberg) verschlangen selbst im 12. Jahrhundert in der Umgebung schon solche gewaltigen Mengen Holz, daß die verarbeitende Industrie sich bis an die wasserreichen Flußtäler zwischen Enns und Steyr ausbreitete.

Der „Alte Kasten an der Enns" zeigt heute noch im Museum die waghalsige Arbeit der einstigen Flößer.

WIRTSCHAFTLICHE BLÜTE UND ELEND

Das 15. und 16. Jahrhundert brachten eine gewaltige Produktionssteigerung der Salinen und Hammerwerke. Beide waren auch verantwortlich für die ungeheure Ausbeutung der Wälder und das Entstehen eines intensiven Forstwesens.
Vor allem die am Rande der heutigen Nationalparkregion gelegenen Handelszentren, wie Gmunden, Steyr und Weyer, blühten durch Salz und Eisen auf. Steyr etwa entwickelte sich ab 1450 durch die Eisenverarbeitung und den Fernhandel mit Eisen neben Wien zur vornehmsten Stadt Österreichs und zu einer der bedeutendsten Handelsstädte Mitteleuropas.
Damit war aber gleichzeitig eine zunehmende Verarmung der Bauern durch Entzug der Holzrechte seitens der Grundherren verbunden. Auch die Bergleute des Salzwesens und die Zubringergewerbe mußten für einen Hungerlohn vor allem in Naturalien arbeiten.
Die Hussitenkriege in der ersten Hälfte des 15. Jahrhunderts bedeuteten für die Bevölkerung weitere Opfer in Form von Kriegs- und Landesauflagen, Militärdienst und Besatzung. So mußten aufgrund einer von Albrecht V. erlassenen „Landeswehrordnung" je neun Bauern einen zehnten, den stärksten und tauglichsten, für den Kampf ausrüsten und verpflegen. Nach dem Vorbild der Hussiten, den Anhängern des tschechischen Nationalisten Johannes Hus, versuchten die Habsburger, statt der üblichen wankelmütigen Söldnertruppen, ein Milizheer aus Landsleuten aufzustellen.
Auch die Auseinandersetzungen mit den Ungarn unter Matthias Corvinus in der zweiten Hälfte des 15. Jahrhunderts brachten wiederum Plünderung, Not und Elend vor allem über das Land zwischen Enns und Steyr.
Kaiser Maximilian I. ging zu Beginn des 16. Jahrhunderts daran, den ständisch gegliederten, mittelalterlichen Lehensstaat zum modernen Territorialstaat mit einem Herrscher und Untertanen umzubauen. Diese Kameralpolitik Maximilians I. führte zu einer wesentlichen Neuorganisation und Straffung des Salzwesens. Die Einrichtung des allmächtigen „Salzamtes" in Gmunden war eine der Folgen. Es sollte fortan die Geschicke des „Kammergutes" (dieser Begriff entstand erst unter Maximilian I.) lenken.
In Ischl wurde 1563 bei Perneck der Salzbergbau eröffnet und ein Pfannhaus errichtet. Der Bau der Soleleitung von Hallstatt nach Ebensee stellte eine technische Großtat dar und kurbelte die Salzproduktion zusätzlich an.

Das 1556 erstmals erwähnte Handelshaus mit seinem prachtvollen Arkadenhof aus der Renaissance in Windischgarsten

Die kleine Ortschaft St. Pankraz leitet ihren Namen vom Eisheiligen Pankratius ab.

Im 16. Jahrhundert erreichte der Eisentransport auf der Enns infolge der florierenden Eisenerzeugung einen Höhepunkt. Aus der „Ladstatt" Reifling gingen damals rund 772 Flöße pro Jahr ab, um ihre Ladungen nach Steyr und zu den Hammerwerken an der Enns zu bringen. Im Flößermuseum Kastenreith-Weyer kann man heute noch das bedeutendste Kapitel der Ennsschiffahrt bewundern.

Die oberösterreichische Sensenerzeugung erfuhr durch die Erfindung des wassergetriebenen Breithammers im Jahre 1584 eine ungeahnte Hochblüte. Die mühevoll in Faustarbeit hergestellten Sensen konnten nun durch den gleichmäßigen Schlag des Breithammers in Massen hergestellt werden. Von den Hammerwerken der „Eisenstraße" aus traten die „blauen Sensen" dann für Jahrhunderte ihren europäischen Siegeszug an.

Dieser Reichtum manifestierte sich im 16. Jahrhundert in Gmunden, Steyr, Weyer, zum Teil auch Windischgarsten durch eine Hochblüte der Renaissance, die den Handelszentren durch vornehme Bürgerhäuser zusätzliches städtisches Gepräge verlieh.

Zwischen 1521 und 1585 suchte die Pest in mehreren Wellen das leidgeprüfte Land heim und forderte Tausende Opfer. In den Jahren 1529 und 1532 brandschatzten türkische Reiterscharen von Steyr aus das Ennstal und zerstörten Weyer. Es war der westlichste Punkt, den türkische Truppen je erreichten!

VOM DREISSIGJÄHRIGEN KRIEG BIS ZUR AUFKLÄRUNG

Auch von den großen religiösen Auseinandersetzungen des 16. und 17. Jahrhunderts blieben die Menschen am Fuße der Kalkriesen nicht verschont. Die jahrhundertelange Unterdrückung und Ausbeutung durch die Grundherren ermöglichte es, daß unter Bauern, Salz- und Holzknechten, Bergknappen und Flößern der lutherische Glaube genauso auf fruchtbaren Boden fiel wie unter zahlreichen Adeligen, aber auch Hammerherren. Im Salzkammergut wurde das Salzamt zum Bollwerk gegen den Protestantismus. Die Bauern vertrieben jedoch im Garstnertal (Windischgarsten, St. Leonhard, St. Pankraz, Spital am Pyhrn) die katholischen Priester und ließen ihnen protestantische Pastoren nachfolgen. Auch das Ennstal und seine Gemeinden wurden überwiegend protestantisch.

Der Befehl Rudolfs II. an die Salzarbeiter, katholisch zu werden, leitete langsam die Gegenreformation ein. Bürger, Bauern und Holzknechte aus Ischl, Lauffen, Goisern, Hallstatt und Gosau reagierten aber mit einem Aufstand. Erst 1602 konnte Rudolf II. mit Waffenhilfe des Salzburger Erzbischofs den Aufstand niederschlagen.

Nachdem Kaiser Ferdinand II. – wegen des Kampfes um Böhmen in Geldnöten – das „Land ob der Enns" schließlich an Bayern verpfändet hatte, rückte die bayerische Hauptarmee mit 30 000 Mann sengend und plündernd im Jahre 1620 in Oberösterreich ein. Der bayerische Statthalter Graf Herberstorff regierte mit brutaler Gewalt. Berüchtigt war das Frankenburger Würfelspiel, bei dem Bauern um ihr Leben würfeln mußten. Die Empörung der Bauern führte schließlich zum Bauernkrieg des Jahres 1626, in dem die Bauern unter der Führung Stephan Fadingers zunächst erfolgreich gegen die Bayern kämpften, jedoch aufgrund militärischer Unerfahrenheit rasch besiegt wurden. Das letzte Aufflackern des Widerstands im Ennstal endete mit einem 1627 folgenden, grausamen Strafgericht, bei dem die Führer des Aufstands unter unvorstellbaren Qualen gefoltert und schließlich hingerichtet wurden. Ihre Köpfe und Leichenteile wurden aufgespießt und als abschreckendes Beispiel zur Schau gestellt.

1628 endete die furchtbare bayerische Pfandherrschaft, wobei zu guter Letzt der bayerische Statthalter Herberstorff in kaiserlichem Dienste nun noch Landeshauptmann wurde. Damit fand auch die Gegenreformation in Oberösterreich ihr Ende. Trotz aller Repressalien gelang es der Obrigkeit nicht, den evangelischen Glauben auszurotten, der als Geheimprotestantismus weiterlebte.

Der zweite Türkenkrieg ließ türkische Reiterscharen wiederum an die Enns heranstürmen. Die drückenden Kriegsabgaben Kaiser Leopolds I. zur Finanzierung des Türkenkriegs führten abermals zu Unruhen unter den Ennstaler Bauern.

Nach den überstandenen Türkenkriegen ging ein spürbares Aufatmen durch das Land. Gerade in Oberösterreich wurden aufgrund der Aufbruchsstimmung großartige Leistungen barocker Kunst erbracht – auch in der heutigen Nationalparkregion!

Wunderbare Werke sind etwa die großartigen Fresken eines Bartolomeo Altomonte und die Stuckverzierungen eines Domenico Carlone in der Stiftskirche von Spital am Pyhrn. Vor allem mit den Altarbildern der Stiftskirche erreichte der Kremser Schmidt einen der Höhepunkte seiner Schaffenskraft. Derselbe Künstler wirkte auch in Vorderstoder und Windischgarsten.

Nachdem immer weniger Pilger über den Pyhrnpaß zogen, baute Baumeister Johann Michael Prunner im Auftrag der Chorherren das ehemalige Hospiz von Spital zu einem Schmuckstück des Barock aus.

Die Plastiken eines Hans Spindler in der Kirche von Grünau im Almtal und eines Marian Rittinger in Großraming sind ebenso beachtenswert wie die eigenwillige Barockmalerei des Wolfgang Andreas Heindl in Spital am Pyhrn und Vorderstoder. Nicht zu vergessen ist hier auch die Freskenmalerei von Martino Altomonte in St. Pankraz.

Doch das Leben der Bauern hatte sich keineswegs entscheidend verbessert. Die übermäßige Wildhege der Grundherren erzeugte gewaltige Verbißschäden in den Wäldern und ließ in der ersten Hälfte des 18. Jahrhunderts die Bauern zur Selbsthilfe greifen – sie schossen 1716 über 700 Stück Rotwild im Land zwischen Traun und Enns ab! Die verzweifelten Bauern wurden jedoch von der kaiserlichen Miliz entwaffnet. Einige der Anführer wurden letztendlich zur Zwangsarbeit an der türkischen Grenze und auf Galeeren verurteilt.

Erste Reformen Kaiserin Maria Theresias und Josefs II. leiteten im 18. Jahrhundert gottlob die große Bauernbefreiung ein. Die Leibeigenschaft wurde 1781 aufgehoben, Steuern und Frondienste neu festgelegt. Im gleichen Jahr erlangten die Protestanten aufgrund des Toleranzpatents Josefs II. endlich Religionsfreiheit. Zu den ersten „Toleranzgemeinden" in Oberösterreich zählte auch Goisern. Aufgrund des Klosteraufhebungsdekrets von Josef II. wurden zahlreiche Klöster, wie in unserer Region in Steyr, Gleink, Garsten und Spital am Pyhrn (erst 1807), aufgehoben. Doch unter Franz I. widersetzten sich Adel und Großgrundbesitzer noch einmal erfolgreich diesen Landreformen.

Die Not der Salzknechte führte zur Rebellion unter Führung des Bergzimmerknechts Josef Pfandl, was Kaiser Franz I. zu einer Aufbesserung ihres Lohns in Naturalien und Geld bewog.

BIEDERMEIER, BEGINNENDE INDUSTRIALISIERUNG UND HEILKRAFT DES SALZES

Die Franzosenkriege gingen ebenso nicht spurlos an den Orten des Kalkgebirges vorüber. Einquartierungen und Kriegssteuern der französisch-bayerischen Besatzer fordern ihren Tribut.
Die Unterdrückung des Metternichschen Polizeistaates läßt die Menschen ein Leben in Zurückgezogenheit führen (Biedermeier), provoziert aber auch in weiten Teilen Oberösterreichs merkwürdige Auswüchse, wie im Jahre 1817 die religiöse Sekte der Pöschlaner (nach dem Sektengründer Thomas Pöschl), die sogar Menschenopfer darbringt.
Schon zu Beginn des 19. Jahrhunderts entdeckten begeisterte Wanderer und Bergsteiger, von romantischen Ideen beflügelt, die einst furchtbar abweisende und doch so faszinierende Bergwelt. So wurde 1817 der höchste Gipfel des Toten Gebirges – der 2515 m hohe Große Priel – von Sigmund Graf von Engl offiziell erstmals bestiegen.
Das Revolutionsjahr 1848 brachte die endgültige Bauernbefreiung und machte die Bauern endlich zu Besitzern von Grund und Boden.
Vor allem das Salzkammergut wurde nun rasch verkehrsmäßig erschlossen, um nicht nur den wirtschaftlichen Erfordernissen nachzukommen, sondern auch den Bedürfnissen des immer mehr zunehmenden Tourismus – der Sommerfrische – zu genügen. Die erste und einzige Pferdeeisenbahn von Linz nach Budweis wurde infolge des immens wichtigen Salztransports sogleich nach Gmunden verlängert. Ab der zweiten Hälfte des 19. Jahrhunderts folgten in kurzer Zeit Eisenbahnlinien durch das Salzkammergut, das Alm-, Krems-, Steyr- und Ennstal.
Schon für die Mutter Kaiser Franz Josephs war Ischl der Lieblingsaufenthalt. So hat nach dem Glauben der Erzherzogin Sophie der Thronfolger sein Leben der Heilkraft des Ischler Salzes zu verdanken. Gebar sie doch nach langem Warten 1830 Franz Joseph, dem 1832 und 1833 zwei weitere Knaben folgten, weshalb die Buben auch „Salzprinzen" genannt wurden.
Schon Paracelsus hatte die Heilkraft der Sole – der salzgesättigten Lauge – erkannt. Aber erst der Wiener Professor und Hofarzt Dr. Wirer machte gemeinsam mit Dr. Götz die „solegesättigten Bäder" 1823 salonfähig. Dies war auch die Geburtsstunde des Kurortes Bad Ischl.
Endgültig für den kaiserlichen Hof und die internationale High-Society gewonnen war der neue Kurort Ischl, als der rheumakranke Erzherzog Rudolf, Kardinal-Fürsterzbischof von Olmütz, zur Kur anreiste. Kaiser Franz Joseph machte schließlich sein geliebtes Ischl zum sommerlichen Mittelpunkt des kaiserlichen Hofes und somit der k. u. k. Monarchie. Dem Hofstaat folgten selbstverständlich Künstler, Gaukler und ein paar elegantere Gauner. Girardi und die Schratt, Otto von Bismarck und die Sängerin Pauline Lucca oder der Dichter Nikolaus Lenau hielten sich wie viele kaiserliche und königliche Berühmtheiten hier auf. Als man in Goisern 1874 eine warme Jodschwefelquelle faßte, begann auch hier der Kurbadebetrieb zu blühen.
Die zunehmende Industrialisierung und Technisierung führte zum allmählichen Umbau der alten, traditionsreichen Eisenindustrie und der mit ihr untrennbar verbundenen Forstwirtschaft.
Die sich anbahnenden, gewaltigen sozialen Veränderungen manifestierten sich ab der zweiten Hälfte des 19. Jahrhunderts durch die einsetzende Umstrukturierung der Erwerbstätigen vom Bauer und

Die im Hochbarock errichtete Stiftskirche von Spital/Pyhrn beherbergt wunderbare Fresken von Bartolomeo Altomonte.

Holz- oder Salzknecht zum Fabrikarbeiter in den Industriestädten. Gerade das Elend der ersten Arbeitergenerationen (16-Stunden-Tag, Kinderarbeit) führte zu Unruhen und Streiks (Steyr-Waffenfabrik). Ein Teil der Organisationsbestrebungen der Arbeiterschaft waren die Arbeiterbildungsvereine und Konsumgenossenschaften – die Zellen der Sozialdemokratie. Die päpstliche Enzyklika „Rerum novarum" bildete das geistige Fundament der kirchlichen und christlich-sozialen Arbeiterbewegungen, die neben den dominierenden sozialdemokratisch orientierten Gewerkschaften auch starke christliche Fachverbände und Gewerkschaften hervorbrachten.

Oben: Das berühmte Antlitz der Spitzmauer ziert heute das Nationalparklogo der Kalkalpen.

DAS 20. JAHRHUNDERT

1914 trat Kaiser Franz Joseph in Bad Ischl schließlich mit der Unterzeichnung des Ultimatums an Serbien die furchtbare Todeslawine des Ersten Weltkriegs los. Bald stellten sich in den Kriegsjahren Preistreiberei, unzureichende Lebensmittelversorgung und Rohstoff- sowie Energiemangel ein, die schließlich gegen Ende des Krieges in Streiks und Unruhen mündeten.

Die Nachkriegszeit brachte in der auf das Habsburgerreich folgenden Ersten Republik trotz Massenarbeitslosigkeit und wirtschaftlichen Problemen durch weiteren Strukturwandel in der Arbeitswelt, Ausbau der Verkehrswege und Fremdenverkehr im Salzkammergut das endgültige Aus der ländlich-merkantilistischen Arbeitswelt.

Die Esplanade an der Traun von Bad Ischl

Das seit 1906 zum Heilbad erklärte Ischl wurde nun zum Hauptquartier der Wiener Operette. Die gemütliche, fröhliche und doch mondäne Atmosphäre der Künstlermetropole lockte auch in der 1. Republik Komponisten wie Carl Millöcker, Emmerich Kálmán, Ralph Benatzky, Robert Stolz und – als beliebtesten Ischler Dauergast – Franz Lehár in die Traunstadt.

Mit der Machtübernahme der NSDAP sowie der Eingliederung Österreichs und damit auch Oberösterreichs in das Deutsche Reich durfte sich das Land Ob der Enns ab April 1938 nunmehr „Oberdonau" nennen. In dieser Zeit wurden viele Konzentrationslager auf oberösterreichischem Boden errichtet. Ihre hohe Zahl brachte dem Land den traurigen Ruf eines „Landes der KZ" ein.

Das Casino und das Salinengebäude in Ischl.
Lithographie. Um 1840

In unserer Nationalparkregion wurden eine Reihe von Nebenlagern, wie etwa in Ebensee, Dippoldsau/Weyer und Großraming, errichtet.
Doch trotz des auf die Bevölkerung ausgeübten Drucks und der schonungslosen Verfolgung regte sich in kirchlichen und weltlichen Kreisen Widerstand verschiedenster Art gegen das Hitlerregime. So konnten besonders aktive Widerstandsgruppen im Salzkammergut und in Steyr gegen Ende des Krieges sinnlose Zerstörungen vermeiden. Infolge des Bombenkriegs und der nahenden Niederlage des Großdeutschen Reichs kamen immer mehr Flüchtlinge auch in die Nationalparkregion.
Durch die Eingliederung in die Kriegswirtschaft erfuhren in unserer Region vor allem die Steyr-Werke, die wie alle Rüstungsbetriebe des Deutschen Reichs auch sehr viele Kriegsgefangene und Zwangsarbeiter beschäftigten, eine gewaltige Erweiterung. Die massiven alliierten Bombenangriffe aus dem italienischen Raum galten in erster Linie diesen Zielen der Schwerindustrie.
Auch der Bergbau wurde wieder intensiver betrieben. In der Unterlaussa schürfte man neben Kohle (am Sandl) zu Beginn des Zweiten Weltkriegs aus Rüstungsgründen nach dem begehrten Bauxit am Blaberg (=mittelalterliches Blähhaus). Doch dieser kurzzeitige Bergbau wurde 1964 wieder eingestellt, und die kleine Bergknappensiedlung bei Weißwasser ist heute ebenso verlassen wie Knappenhaus und Verwaltungsgebäude.
Kurz vor Ende des Zweiten Weltkrieges stießen amerikanische Truppen, von Bayern kommend, auch in unsere Nationalparkregion vor. Russische Einheiten rückten von Niederösterreich zur Enns vor, die auch bis 1955 die amerikanisch-russische Demarkationslinie bilden sollte.
Der nach dem Zweiten Weltkrieg beginnende Aufschwung zog durch den Bau einer lückenlosen Kraftwerkskette an der Enns, durch energetische Nutzung der Steyr, weiteren intensiven Straßenbau (Pyhrnautobahn) und Erweiterung der touristischen Infrastruktur (Erschließung von Schigebieten mit Aufstiegshilfen) einschneidende Veränderungen im Antlitz der Nationalparkregion nach sich. Aber gerade deshalb erwachte auch die Idee, die noch verbliebenen einzigartigen Landschaften der oberösterreichischen Kalkalpen durch Errichtung eines Nationalparks zu schützen.

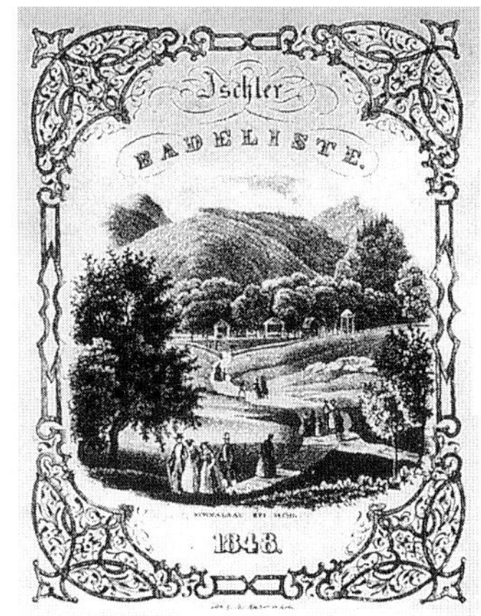

Die Bad Ischler Promenade, zeitgenössische Darstellung

Menschen im Karstgebirge

Lebens- und Siedlungsraum

DIE ENTSTEHUNG DER KULTURLANDSCHAFT

Schon vor rund 10 000 Jahren drangen mongolische Nomadenvölker in die Region der oberösterreichischen Kalkalpen vor. Sie nutzten die saftigen alpinen Matten und Grasflächen oberhalb der Baumgrenze als Sommerweide. Aber erst vor rund 5000 Jahren begann mit dem Seßhaftwerden des jungsteinzeitlichen Menschen auch die Umgestaltung der „Urnaturlandschaft“ in unserer heutigen Nationalparkregion. Damals kannten diese ersten Siedler, die sich auf natürlichen Lichtungen an Berghängen niederließen, zwar schon den Ackerbau, aber keine Wiesenkultur, da mit den damaligen Steinwerkzeugen keine Mahd betrieben werden konnte. Deshalb fütterte der Mensch sein Vieh mit dem Laub der Bäume des umgebenden Waldes, vor allem mit Ulme und Linde. Das alpine Grasland hingegen wurde weiterhin als Weide genutzt.

Aber wie sahen diese Wälder tatsächlich aus, von denen unsere Vorfahren umgeben waren und die sie auf ihrer Suche nach genügend Nahrung durchstreifen mußten? Wie die Vegetation der letzten Eiszeit, der Würm Kaltzeit, ausgesehen hat, ist nicht bekannt, da keines der verfügbaren Pollendiagramme in diese Zeit zurückreicht. Wie Pollenanalysen aus den noch bestehenden Mooren in der Nationalparkregion beweisen, dürften vor rund 9000 Jahren neben den Kiefernarten, wie Rotföhre, Latsche und Zirbe, auch schon die Fichte am Bestandsaufbau der damaligen Wälder beteiligt gewesen sein. Vor etwa 8000 Jahren setzte sich die Fichte nunmehr in allen Höhenlagen durch. Im Tal aber waren Edellaubhölzer, wie die Ulme, Linde, Ahorn und Esche, nur beigemischt. Vor rund 5000 Jahren – gegen Ende der sogenannten „Eichenmischwaldzeit“ – erreichte schließlich die Waldgrenze mit etwa 2000 m Seehöhe ihren höchsten Stand. In diesen extremen Höhen setzten sich nur Fichte und Zirbe durch. Die Latsche wurde nun an die obere Waldgrenze verdrängt, die Rotföhre konnte nur mehr an steilen, sonnigen Südhängen gedeihen. Beide Arten fühlten sich auch in den Mooren wohl. Die Lärche hingegen spielte im damaligen Naturwald nur eine untergeordnete Rolle und war an Sonderstandorten anzutreffen. Die überaus dichten, geschlossenen Waldbestände boten nur wenig Raum für Unterwuchs – nur an von Natur aus waldfreien Bereichen, wie an Felswänden, in Mooren und an Uferstreifen von Gewässern, konnten sich krautige Pflanzen durchsetzen.

Auf dem Höhepunkt der nachkaltzeitlichen Vegetationsentwicklung wuchs in den Talbereichen ein Ulmen-Lindenwald mit beigemischter Fichte. Bis etwa 1500 m Höhe reichte der Fichtenwald, in dem auch der Bergahorn beigemengt war, bis etwa 2000 m Seehöhe hin erstreckte sich sodann ein Fichtenwald mit einigen eingesprengten Zirben und Lärchen. Auf den höchsten Gebirgsstöcken der Haller Mauern, des Warscheneckstocks und des Toten Gebirges dürfte mit Ausnahme des niedrigeren Sengsengebirges darüber noch ein Latschengürtel vorhanden gewesen sein.

Die Erle als typisches bachbegleitendes Gehölz war an allen Gewässern – vor allem auch in feuchten Senken wie auf dem Teichlboden am Fuße des Warschenecks – vertreten. Rotföhre und Lärche waren nur auf den extremen Südlagen zu finden. Tanne und Buche begannen erst, in den Wald langsam einzudringen.

Sicherlich auch durch klimatische Veränderungen, aber vor allem durch die menschlich bedingte Laubwaldfütterung des Weideviehs verursacht, wurden nun die „Eichenmischwaldarten“ und die Fichte zurückgedrängt, und Tanne und Buche breiteten sich immer mehr aus. Die stärkere Ausbreitung der Buche in den Tallagen kann durchaus als Folge menschlicher Eingriffe betrachtet werden. Das Vordringen der Buche bis auf 1400 m Höhe unter Zurückdrängung der Fichte hatte jedoch sicherlich klimatische Ursachen. So drückte der Mensch mit dem Entstehen der für den Nationalpark Kalkalpen so typischen Fichten-Tannen-Buchenwäldern der Urlandschaft seinen ersten bescheidenen Stempel auf.

Vor rund 4000 Jahren drangen wagemutige Siedler bereits dauerhaft in höhere Gebirgslagen vor.

Manche Almen werden heute noch wie seit Generationen bewirtschaftet.

Gegenüber: Herbstliches „Waldmeer“ am Rande des Sengsengebirges

Die Anlaufalm im Hintergebirge am Rande des Nationalparks lädt den müden Wanderer zur Rast ein.

So wurde am Warscheneck (Teichlboden) eine jungsteinzeitliche Weiderodung nachgewiesen. Dies bestätigt auch die Annahme, daß unsere Vorfahren sozusagen „von oben her" die Gebirgslandschaft von den natürlich waldfreien Flächen aus eroberten, hier ihre ersten Almen anlegten und dann anschließend diese in den Urwald hinein ausweiteten.

Dieser Vorgang mußte langfristig zu einem Sinken der Waldgrenze führen. So nimmt man heute an, daß das Absinken der Waldgrenze von 2000 m auf etwa 1700 m Seehöhe in den letzten 4000 Jahren zu zwei Dritteln auf das Konto des Menschen geht und zu einem Drittel klimatische Ursachen hat.

In der Bronzezeit ab rund 3700 Jahren erkämpften sich die Bauern erste Rodungsinseln auf den damals noch bewaldeten Karstplateaus zwischen Enns und Traun.

Während der Bronzezeit und der folgenden Hallstattzeit dürften in den die Gebirgsstöcke umgebenden Tälern und Becken schon größere Flächen den unübersehbaren Wäldern abgetrotzt worden sein.

Vor allem ab dem 8. vorchristlichen Jahrhundert nahm die Bevölkerung stark zu, was auch erhöhte Nahrungsmittelproduktion nach sich zog. Es folgte eine verstärkte Rodung der besonnten, bewaldeten Berghänge, wobei die Bergbewohner zunehmend in die kultivierten Täler abwanderten, um gleichzeitig auf den hochgelegenen Weideflächen eine regelrechte Almwirtschaft einzurichten.

Dieser Trend verstärkte sich noch in der Römerzeit, besonders an den Verkehrsachsen in den Talböden. Mit dem Ende der römischen Epoche und den damit einhergehenden Wirrnissen nahm die Zahl der Bewohner dramatisch ab, und der Wald konnte sich wieder etwas „erholen".

Doch mit der bajuwarischen Landnahme im Frühmittelalter (Gründung des Stiftes Kremsmünster 777) im 8. nachchristlichen Jahrhundert wurde der Wald nun endgültig aus den Tälern und unteren Hanglagen verdrängt, so daß sich schon das heutige Landschaftsbild in den Tallagen entwickeln konnte. Die meisten tiefer gelegenen Almen des Sengsen- und Hintergebirges dürften damals entstanden sein. Der noch verbliebene „Restwald" fand in vielfacher Hinsicht Nutzung durch den Menschen: Er wurde beweidet, es wurde Holz und Streu entnommen, doch die dichten Naturwälder blieben trotzdem weiterhin erhalten. Zunächst nutzte man nur das besser verwertbare Nadelholz, was wiederum die Buche begünstigte. Im 13. und 14. Jahrhundert erfolgte die nächste große Welle der Urbarmachung, die vor allem auf den schwunghaften Bergbau und einen damit einhergehenden enormen Bevölkerungsanstieg zurückzuführen ist. Aufgrund des erhöhten Nahrungsmittelbedarfs entstanden durch immer höher steigende Rodungen weitere neue Höfe, Schwaigen und Almen. Diese Entwicklung wurde sicherlich durch ein mildes und trockenes Klima in dieser Epoche begünstigt.

Der ständig zunehmende Holzverbrauch der Salz- und Eisengewinnung hatte auch einen ungebremsten menschlichen Zugriff auf alle bewaldeten Regionen des heutigen Nationalparkgebiets zur Folge. Bereits ab dem 10. Jahrhundert kam es schließlich zu ersten Konflikten zwischen Bauern und Grundherren. Dabei war es Ziel der Landesherren, die freien Bauern immer mehr aus Wald und Weide zu verdrängen. Zunächst ging es bei der königlichen Bannlegung der Wälder vordergründig nur um Zwecke der Jagd und Wildhege. Die bäuerlichen Nutzungen des Waldes und der Weiden war vorerst für die Grundherren von wenig Belang.

Doch schon ab dem 16. Jahrhundert verstärkten sich die Begehrlichkeiten der Grundherren auf den Wald, da der Bergbau mehr und mehr Holz verschlang. Der profitable Bergbau war schließlich zur Haupteinnahmequelle der Landesherren ge-

Oben: Die Bauernkuchl läßt die Arbeit und Lebensweise der Ahnen erkennen.

Unten: Der „Schaufelhacker" erschafft die Holzschaufel aus einem einzigen „Holzbloch".

Hauskapelle und „Preßhaus" zeugen von Frömmigkeit und behutsamer Nutzung der Landschaft durch die Bauern.

worden. So nahmen sie die Waldungen in ihre Verwaltung, ohne sich auch nur einen Deut um Besitzstrukturen zu kümmern, und sicherten sich damit ihren Holzbedarf. Die Untertanen wurden einfach dazu verpflichtet, alles über den Eigenbedarf hinausgehende Holz gegen geringe Entschädigung dem Grundherrn zum Zwecke des Bergbaus und der Salzgewinnung zu überlassen.

Hier im Salzkammergut und in der Eisenwurzen mußten die Bauern, ähnlich wie in anderen alpinen Regionen, machtlos zusehen, wie ihr Grundeigentum zwangsweise entzogen wurde. Diese Vorgehensweise führte zu Wald- und Weideservituten, ohne welche die Bauern einfach nicht auskommen konnten – es verblieb ihnen lediglich die „Blumsuch" (=Weiderecht) und die „Holznothdurft" (=Holzbezug nach Eigenbedarf). Die nun doppelt genutzten Wälder wurden von den Bauern notgedrungen bis zur Verwüstung übernutzt, wodurch auf den Hochplateaus die kargen Pionierwälder zerstört wurden und großflächige Karstwüsten entstanden. Als Folge davon fiel die Waldgrenze um ca. 300 Höhenmeter ins Tal zurück, und das endgültige Antlitz der bizarren Karstlandschaften der Hochplateaus prägte sich aus.

Einst wurden kräftige Pferde zur Holzarbeit im Waldgebirge eingesetzt.

Vom 17. bis Mitte des 19. Jahrhunderts erreichte die Almwirtschaft ihren Höhepunkt. Zahllose Geschichten und Sagen vom Leben der hübschen Sennerinnen, stolzen Bauern, mutigen Wildschützen und Jägern, guten und bösen Almgeistern zeugen von der damaligen großen Bedeutung der Almwirtschaft. Wurde die entbehrungsreiche Arbeit auf der Alm hier auch allzusehr verharmlost und verherrlicht, so bedeutete die Almwirtschaft doch eine unverzichtbare Ergänzung zur Futterproduktion im Tal und eine Entlastung der Bergbauernfamilie bei den sommerlichen Arbeitsspitzen am Heimbetrieb (Heuernte).

Aber die einsetzende Industrialisierung brachte einen nachhaltigen Rückschlag der Almbewirtschaftung. Ab Mitte des 19. Jahrhunderts kann man im österreichischen Alpenraum zwei völlig andersartige Entwicklungen verfolgen. Kümmerten sich in den westlichen Bundesländern (Vorarlberg, Tirol und Salzburg) die nichtbäuerlichen Schichten noch wenig um Waldeigentum, so war das Interesse im ehemaligen „Innerösterreich" (Steiermark und Kärnten) mit den angrenzenden ober- und niederösterreichischen Kalkalpen besonders groß. Adelige und Großbürgerliche kauften mehr und mehr Waldbauernbetriebe auf und nutzten ihr Eigentum als Eigenjagden, die der almwirtschaftlichen Nutzung großteils entzogen wurden. Viele Kleinbauern gaben deshalb ihre Nebenerwerbsbetriebe auf und wanderten in die Fabriken der Städte ab.

Die übrigen Höfe litten zunehmend an Personalmangel, da auch die Dienstboten lieber einen Arbeitsplatz in der Industrie suchten, als ihr kärgliches Dasein auf einem Bauernhof zu fristen.

So darf es nicht verwundern, daß viele Almen aufgelassen, ja aufgeforstet wurden, und daß der Rückgang an aufgetriebenem Vieh dramatische Ausmaße annahm. Rund 100 „bestoßene" (bewirtschaftete) Almen liegen im Nationalparkplanungsgebiet. Gerade im Nationalpark Kalkalpen soll diese langsam verschwindende traditionelle Landnutzungsform gefördert werden, um die jahrhundertealte Kulturlandschaft weiterhin zu erhalten.

Links: Blick vom Windischgarstner Becken ins Tote Gebirge im Frühling
Unten: Die Ebenforstalm im Reichraminger Hintergebirge

An kalten Winterabenden verbreitet der Kachelofen wohlige Wärme.

Der Herbst malt über Laubbäume und Lärchen sein prächtiges Farbenspiel.

HAUS UND HOF

Das Gebiet der Nationalparkregion – also die oberösterreichische Eisenwurzen und Teile des Salzkammergutes – ist nicht nur landschaftlich sehr formenreich, sondern auch architektur- und baugeschichtlich im ländlichen Gebiet höchst vielfältig.

Die Gehöftformen

Schon von Anbeginn bestimmten die Funktionen Wohnen, Heimstatt für das Vieh, Lagerung der Ernte- und Futtervorräte sowie die Bewahrung von Fahrzeugen und Gerätschaften die Baustruktur des bäuerlichen Anwesens.

In urigen Almhütten werden herzhafter Sterz und köstliche Bauernkrapfen zubereitet.

Oben rechts: Die Kunst des Goldhaubenstickens wird auch heute noch von Generation zu Generation vererbt.

So findet man auf relativ eng begrenztem Gebiet unterschiedlichste Gehöftformen, die meist auf die hoch- und spätmittelalterliche Kolonisationstätigkeit zurückzuführen sind.

Vor allem von Stiften, wie Kremsmünster, Garsten, Lambach, Gleink und Mondsee, wurde nicht nur die Urbarmachung ihrer Ländereien unterstützt, sondern auch die Siedlungstätigkeit gefördert. Schon bald nach dem 10. nachchristlichen Jahrhundert entstanden oberhalb älterer Zeilenweiler mit Blockstreifenfluren in den Talniederungen größere Streusiedlungsbereiche mit Einzelgehöften inmitten von Einödblockfluren. Diese für die Rodekolonisation so typischen Hausnamen enden alle mit „-schlag" und „-reith"(=„-reuth"). Man findet diese Bezeichnungen bereits in den ältesten Urbaren des 13. Jahrhunderts und trifft sie heute noch an.

Über die verwendeten Baumaterialien, die Bauformen und Bauteile der frühesten Gehöfte ist aufgrund fehlender schriftlicher Hinweise im Gegensatz zu anderen Kolonisationsgebieten des alpinen Raumes nur wenig bekannt, doch können aus anderen Regionen mit ähnlicher Entstehungsgeschichte Rückschlüsse gezogen werden.

Zur Zeit der Rodekolonisation wurden die Anwesen in Form von sogenannten Haufenhöfen – also einer Ansammlung von Einzelgebäuden – errichtet. Erst gegen Ende des Mittelalters bedingten erste Rationalisierungsprozesse die Zusammenfassung von Funktionen und Einzelgebäuden. Dieser Entwicklungsprozeß der Gehöfte, der sowohl im Salzkammergut als auch in der Eisenwurzen mit kleinen Abweichungen vor sich ging, verstärkte sich besonders zwischen 1600 und 1850. So entstanden in unserer Region vor allem Haufen- und Paarhöfe sowie Vierseithöfe, aber auch Haken- und Doppelhakenhöfe, zum kleineren Teil auch Streckhöfe und Doppel-T-Höfe.

Vor rund 150 bis 200 Jahren bestand ein typischer Haufenhof aus fast einem Dutzend Einzelgebäuden mit verschiedensten Funktionen: Da gab es zunächst das Wohnhaus, das sogenannte „Ausnehmerhaus" für die Altbauern, den Rinderstall, den Pferdestall, den Schafstall, die Scheune, die Wagenhütte, eine Dörr- oder Brechelhütte, den Kastenspeicher, die Hausmühle am nahen Bach und in vielen Fällen eine Hauskapelle.

Erste Rationalisierungsmaßnahmen betrafen natürlich den Zusammenschluß der einzelnen Stallbauten zu einer großen Stallscheune, die man in der Regel parallel zum Wohnhaus errichtete.

Großer und Kleiner Pyhrgas von Oberweng aus im Vorfrühling

Die „Almsäuerling" aus einer Rauchkuchl sind heute noch eine geschätzte Spezialität der einstigen Holzknechte und des Almpersonals.

Von diesem „Gebäudepaar" mit ins Auge fallenden schindel- und strohgedeckten Steildächern leitet sich schließlich der Name Paarhof ab. Die alten Bauernhöfe bestanden meist aus einem im Erdgeschoß gemauerten Wohnhaus. Der typische Haufen- und Paarhof besaß zudem eine Nieder- und Hochalm, die während des Sommers von der „Schwoagerin" und den „Almdirndln" bewirtschaftet wurden. Größere Anwesen hatten auch einen Webstuhl und eine eigene Jagd, welche die Bauersleute weitgehend unabhängig wirtschaften ließen.

Als Sonderformen entwickelten sich aus den Paarhöfen die Haken- und Doppelhakenhöfe, die durch das Zusammenbauen von zwei oder drei Hauptgebäuden entstehen und letztendlich den ersten Schritt zu geschlossenen Gehöften bilden. Einzelne Beispiele finden sich überall in der Nationalparkregion.

Diese Entwicklung wurde schließlich durch die Vierseithöfe abgeschlossen, welche allseitig geschlossene Hofformen darstellen. Da sie meist aus ursprünglich freistehenden Gebäudetrakten zusammengefügt wurden, haben sie auch teilweise noch unregelmäßige Grundrisse oder verschiede-

Rechts: Blick über das Windischgarstener Becken zum Toten Gebirge im Hochwinter

Dieser Heustadel zeigt mit seinen Moospölstern das Einswerden menschlichen Schaffens mit der Natur.

ne Gebäudehöhen – im Unterschied zu den festungsartigen Vierkanthöfen, die in einem Stück errichtet wurden.

Im Bereich des oberösterreichischen Ennstales und seiner Nebentäler sowie im oberen Steyrtal und Almtal waren echte Haufenhöfe zunächst oft anzutreffen. Doch im Laufe der Entwicklung wichen diese malerisch anmutenden Gebäudeansammlungen im Bergland schnell den rationelleren Paarhöfen, und vor allem im Ennstal den kompakten Vierseithöfen.

Das Wohnhaus

Die Urform des Wohnhauses bestand aus einem Raum, der alle Wohnfunktionen zu bieten hatte und wegen seiner bitter notwendigen Heizmöglichkeit in den „Urbaren“ – also den Herrschaftsurkunden – als „Stube“ vermerkt war. Erst im Spätmittelalter gingen die Bauersleute daran, die ursprüngliche „Rauchstube“ in eine rauchfreie „Wohnstube“ mit „Hinterladeofen“ (= Kachelofen, von der eigentlichen „Rauchküche“ her beheizt) und eine „Rauchküche“ zu teilen. Erst durch das Hinzufügen eines weiteren Raumes für Speicherzwecke, der durch einen durchgängigen Flur vom Küche-Stube-Bereich getrennt war, entstand der dreiteilige typische „Wohnspeichergrundriß“, der die Raum- und Funktionsstruktur der meisten Bauernhäuser auch heute noch bestimmt.

Stallbauten und Scheunen

Zur Zeit der ersten Kolonisierungen waren die Ställe wohl nur einfache Unterstände mit Dächern, die im Laufe der Erweiterung der Höfe und vor allem durch die Klimaverschlechterung gegen Ende des Mittelalters zu vollwertigen Stallbauten ausgebaut wurden. Ursprünglich errichtete man sie natürlich als Freilaufställe, wobei bei den ersten Haufenhöfen für Kühe und Kälber, Ochsen, Pferde, Schafe und Schweine getrennte Gebäude üblich waren. Erst zwischen 18. und 19. Jahrhundert wurden diese Objekte zu größeren Einheiten zusammengefaßt oder neu errichtet, wobei zumindest Rinder und Pferde, zwar voneinander getrennt, aber doch unter einem Dach untergebracht waren. Nach dem Vorbild von Landwirtschaftsgesellschaften und herrschaftlichen Mustergütern kamen jedoch bald die üblichen Anbindeställe auf.

Weitere Rationalisierungsmaßnahmen führten zum Zusammenschluß einzeln stehender Stall- und Scheunenbauten zu sogenannten „Stallscheunen“, die vor allem im Steilgelände des Berglandes Hocheinfahrten für die Betriebsfahrzeuge in den Scheunenbereich ermöglichten.

Vom „Troadkasten“ zur Hausmühle

Stets abseits von den übrigen Gebäuden wurde der sogenannte „Kasten“ oder „Troadkasten“ zur Aufbewahrung der Getreidevorräte und des Saatgutes oder auch zum Lagern von Nahrungsmitteln und Bekleidung errichtet. Größere Speicherbauten waren sogar unterkellert und nahmen zusätzlich Most, Kraut, Erdäpfel und Obst auf.

Im Ennstal und im Raum Windischgarsten wurden massive Steinbauten, oft mit wunderbarem Sgraffitoschmuck ausgestattet, erbaut. Im oberen Steyrtal hingegen waren Kasten in hölzerner Blockbauweise üblich. Manche von ihnen gehen bis ins 16. Jahrhundert zurück.

An den zahlreichen wasserführenden Gräben und Bächen, die häufig auch die Anwesen vom Grundbesitz her voneinander trennten, befanden sich zahlreiche Hausmühlen. Besonders im Bergland zwischen Enns und Traun hatte fast jeder Hof seine eigene Hausmühle mit einem „oberschlächtigen“ (Wasserzuleitung von oben) Wasserrad. Erst ab den 50er Jahren des 20. Jahrhunderts wurden die Mühlen aufgrund der allumfassenden Versorgung mit frischem Industriemehl nicht mehr instandgesetzt, und so verfiel nicht nur ein typisches Landschaftselement, sondern auch das Handwerk des Mühlenbauers, der fachgerecht Wasserräder und Mahlwerke, Beutelkästen, Grießfächer und Putzmühlen herstellte.

Bei jedem Hof stand einst auch die Dörr- oder Brechelhütte, in der durch Anheizen des Dörr-

Die Katzensteiner Mühle ist ein kulturhistorisches Juwel am Rande der Stadt Weyer.

ofens Obst gedörrt wurde. Heute wird Dörrobst nur noch mit elektrisch betriebenen Einrichtungen hergestellt. Die auf diese Art und Weise funktionslos gewordenen Dörrhäuschen verfielen immer mehr oder wurden gar abgetragen.

Ähnlich erging es den zahlreichen Almgebäuden, von denen heute noch einige malerische Ruinen auch im Hintergebirge oder Sengsengebirge vorhanden sind. Der Nordrand unserer Gebirgsstöcke war natürlich nicht so almenreich wie die klimabegünstigte steirische Südseite, aber besonders im Enns-, Steyrtal und Trauntal hatte das Almwesen doch große wirtschaftliche Bedeutung. Erst das ungehemmte Errichten von Zufahrtsstraßen und die Umstellung auf Kalbinnen- und Stierhaltung ließen „Schwoagerin“ und „Almdirndln“ von ihrem geliebten Sommeraufenthaltsort verschwinden.

Von „pregaz“ bis Bosruck – die Namen

Auch hinsichtlich der Namengebung haben unsere Vorfahren in der Nationalparkregion unauslöschliche Spuren hinterlassen, ohne die eine Orientierung in der Landschaft heute nicht mehr vorstellbar wäre.

So gehen viele Bezeichnungen schon auf die ersten Besiedler zurück, von denen die Neuankömmlinge im Laufe der Jahrhunderte oft dankbar die Namen von Bergen, Flüssen, Tälern und Siedlungen übernommen haben.

Besonders interessant ist meist auch die Bedeutung der so vielfältigen Namenswelt im Nationalparkplanungsraum. Gewässernamen sind hier für die ersten Bewohner wohl am einprägsamsten gewesen, da sie meist die ersten Erschließungen in der wilden Urnatur unserer Region darstellten.

Die Steyr etwa war als Fluß auch namengebend für die gleichlautende Stadt am Zusammenfluß von Enns und Steyr. Bei anhaltenden starken Regenfällen ist die Stadt oftmalig dem Hochwasser der beiden Flüsse ausgesetzt, da die kleinere Steyr von der größeren Enns rückgestaut wird. So wird die Steyr vom indogermanischen „sti-ro" (= dicht) als „die Aufgestaute" oder auch nach der lateinischen Parallele „stiiria" (= das – durch den Stau – Verdichtete) übersetzt. Teichl und Palten sind hingegen uralte slawische Flußnamen, die noch auf die slawische Besiedlung im Garstner Raum, deren Namengebungen häufig von den bajuwarischen Siedlern übernommen wurden, zurückreichen. Die Teichl wird mit dem slawischen „tichu" (= still, still fließendes Wasser), die Palten mit „balta" (= die durch das Sumpfgebiet Fließende) erklärt. Auch Pießling und Laussa sind slawischen Ursprungs. So deutet man die Pießling (1190 als „Pieznich", ab 1492 Pießling genannt) nach dem slawischen „pesuku" (= Sand, Schotter), was für Flußnamen sehr einleuchtend ist. Ob im Namen auch das slawische „besu" (= böser, wütender Geist oder gar der Teufel) steckt, bleibt aber fraglich. Die Laussa ist nicht nur Flußname, sondern dient auch als Bezeichnung einer Gegend am Laussabach (Ober- und Unterlaussa – heißt 1135 „Lusach", 1313 zum Beispiel „in der Lauzze", ab 1530 wie heute „die Laussa") und stammt vom slawischen „Luza" (= feuchte Gegend oder Sumpf).

Die Raming-Orte mit ihren Zusätzen „Reich-", „Groß-" und „Klein-" verdanken ihre Namen zum Beispiel dem jeweiligen Flußnamen mit der slawischen Endung „-ika", die später von den Bajuwaren zu „-ing" eingedeutscht wurde.

Ihnen gemeinsam liegt das slawische „ryba" (= Fisch) zugrunde, weshalb auch alle als „Fischbäche" zu übersetzen sind (wie Großraming 1110 „Rubinica" genannt wurde).

Die Orte und Besiedlungen lagen naturgemäß an den Verkehrswegen. Molln (1233 „Moln") etwa leitet sich vom slawischen „smola" (= Pech, Harz) ab, Roßleithen (1492 „Rossleytten") stammt von einem Abhang, wo Pferde gehalten wurden, oder Klaus (1192 „Clus") verweist auf eine Talenge, den Engpaß neben der Steyr. Dambach stammt etwa vom keltischen „dunum" (= keltische Siedlung).

Auch einzelne Höfe und Kleinsiedlungen tragen oft Namen, deren Herkunft erstaunlich weit zurückliegt. So stammt der Hofname „Kleiner" vom slawischen „glina" (= Lehm) oder „Muttling" vom slawischen „motunu" (= trüb, trübes Wasser).

Die Berggipfel der bizarren Kalkriesen gehören zur jüngsten Namensschicht. Dies hängt vor allem mit der Scheu unserer Vorfahren zusammen, die sich erst allmählich den „unheimlichen" Bergen, wo die Geister und Bergmännlein wohnten, mit all ihrem klimatischen Unbill zu nähern wagten. Viele Berge haben sozusagen „sprechende" Namen, die aus der Alltagssprache abgeleitet wurden und ein beredtes Bild der Phantasie der Namengeber hinterließen. So heißen manche Berge sehr anschaulich Spitzberg und Winterberg, Schillereck und Schöneck, Gamskogel und Schwarzkogel, Siebenstein und Merkenstein.

Nur wenige Namen heben sich aufgrund ihres hohen Alters von den übrigen ab. So ist der Pyhrn als Gebirgsübergang urkundlich schon seit 1146 als „Pirdine" bekannt. Die ersten slawischen Siedler nannten ihn einfach „brdo" oder „brdina" (= Berg, Felszacken). Auch der Pyhrgas geht auf das slawische „pregazu" (= Übergang) zurück. Der Bosruck entstand aus „Bocksruck", also Bocksrücken, vielleicht auch der „böse = gefährliche Rücken".

Die bajuwarische Landnahme hinterließ naturgemäß zahllose deutsche Namen, die noch auf die Rodungen zurückreichen, wie „Baumschlagerreit", „Schafferreit" und „Prielerreit", im Stodertal. Das Sengsengebirge wiederum wurde nicht nach den Sensen benannt, sondern nach dem „Sengen" (= „Brennen") – also der Brandrodung der Waldflächen an den Hängen des Bergstocks. Namen sind sowohl Zeugnis der Siedlungsentwicklung als auch Einblick in das Leben der Menschen mit und in der Natur. Volksgruppen, wie Kelten, Römer, Slawen und Bajuwaren, haben uns ihre Namen als Kulturzeugnisse hinterlassen, die nicht nur bloße Bezeichnungen, sondern auf ihre ganz spezielle Art auch regional „bedeutungsvoll" sind.

Gegenüber oben: Sense und Schleifstein werden noch heute zur Wiesenmahd verwendet.
Gegenüber unten: Fallobst im herbstlichen Rauhreif

Holzknechte beim Bau einer „Ries“ (Holzrinne) zum raschen Abtransport der „Holzbloch“ zum „Triftwasser“

Holz für Salz und Eisen

Das Forstwesen

VON HOLZTRIFT UND HOLZKNECHTLEBEN

In den ausgedehnten Waldgebirgen des Nationalparkplanungsraums war die Forstwirtschaft über 500 Jahre lang für die gewaltige Holzmengen verbrauchende Salz- und Eisengewinnung und deren verarbeitende Betriebe üblich. Die Salz- und Eisengewinnung waren seit dem Mittelalter eine der wichtigsten Einnahmequellen der österreichischen Volkswirtschaft. Die Nutzung dieser Rohstoffe war ein staatliches Monopol. Entsprechende Gesetze und Ordnungen regelten die Gewinnung und den Vertrieb dieser Produkte.
Aufgrund des großen Bedarfs vor allem an Holzkohle, aber auch an Bau- und Brennholz war man gezwungen, den Großteil der Wälder intensiv forstwirtschaftlich zu nützen. Je nach Zugänglichkeit der Waldbereiche wurden diese Wälder in naturnähere Waldtypen umgewandelt. Die teilweise naturfernen Monokulturen mit technisierter Bewirtschaftung und entsprechend naturfernen Aufforstungen entstanden jedoch ausschließlich in unserem Jahrhundert.
Da der Erzabbau in „Innerberg" (Eisenerz) und der Schmelzvorgang in den Hochöfen sämtliche Wälder in der Umgebung beanspruchten, wurden die ebenfalls holzkohleverbrauchenden eisenverarbeitenden Betriebe mit ihren dröhnenden Hammerwerken und den glühenden Schmelzöfen immer mehr auch in das Gebiet unserer oberösterreichischen „Eisenwurzen" zwischen den Flüssen Enns und Steyr verdrängt. Eine ähnliche Entwicklung nahm auch die Salzgewinnung. Der Salzabbau und das Salzsieden in Hallstatt hatten die Holzreserven der Salinenforste in der Umgebung rasch verbraucht. Das etwas später hinzukommende Salzbergwerk in Bad Ischl trug ebenso zur Verlagerung der Salzsiederei nach Ebensee bei.
So wuchs der Druck auf noch nicht erschlossene Waldgebiete immer mehr. Neue Techniken der Holzbringung wurden entwickelt, und Altbewährtes wurde noch verbessert. Spezialisten der Salzgewinnung, der Erzaufbereitung und Eisenverarbeitung brachten ihre hohe Ingenieurkunst nun auch im Waldwesen ein und entwickelten das fein aufeinander abgestimmte System der Holztrift.
Der riesige Bedarf an Holzkohle ließ erst 1880 mit der Einführung der mineralischen Kohle nach. Durch sie wurde die Eisen- und Metallindustrie nun nach vielen Jahrhunderten von den Zulieferungen der heimischen Forstwirtschaft unabhängig. Jetzt erst lockerte sich auch der enorme Verwertungsdruck auf die Wälder, wodurch sich eine selbständige und fachgerechte Forstwirtschaft ausbilden konnte. So schritt man von der Quantität zur Qualität. Zur Zeit der Holzkohlegewinnung war es meist wichtig, gewaltige Holzmengen rasch aus den Wäldern zu schaffen – nun ging der Trend nach Nutzholz mit besonderer Güte. Zudem entstand durch den Eisenbahntransport eine eigene Holzindustrie, deren Erträge aus Nutzhölzern zehnfach höher waren als die des Kohl- und Brennholzes.
Um die Zeit des Zweiten Weltkriegs wurde die Trift jedoch vielerorts endgültig eingestellt. Zum Zwecke des effektiveren Holztransports begann man 1947 zum Beispiel mit dem schon lange geplanten Bau einer Waldbahn ins Reichraminger Hintergebirge. 1957 wurde schließlich die letzte Ausbaustufe in Betrieb genommen. Diese wildromantische Schmalspurbahn erreichte eine Gesamtlänge von 41 km, die in schwerer Handarbeit errichteten Tunnel hatten eine Gesamtlänge von 2 km. Die Waldbahn erleichterte nicht nur den Holztransport, sondern ermöglichte es den Holzknechten oder auch den Knappen des Bauxitbergbaus in Weißwasser, schneller zu ihren Arbeitsstätten ins tiefe Hintergebirge zu gelangen. Leider blieb auch diese naturschonende Transportart nur ein Intermezzo. Kostenrechner und Forstingenieure befanden die Unwirtschaftlichkeit dieser letzten Waldbahn Österreichs, die 1971 mit der Wehmut vieler ihre letzte Fahrt tat.
Die raschen Fortschritte im Straßenbau – vor allem durch den Einsatz von Dynamit und Schubraupen – ermöglichten nunmehr den Bau von Forststraßen in die entlegensten Täler und selbst in die steilsten Schluchten. An den katastrophalen

Reste der einst stolzen Zorngrabenklause

Ehemalige Holzknechte des Hintergebirges zeigen stolz ihre anstrengende und gefahrvolle Arbeit.

Folgen dieses ungehemmten Forststraßenbaus vor allem der 70er und 80er Jahre des 20. Jahrhunderts wird die Natur noch Jahrzehnte zu leiden haben. Rasch und bequem konnten nun große Holzmengen von LKWs aus den unermeßlichen Wäldern transportiert werden.
Diese fortschreitende Technisierung versetzte also der Holztrift den endgültigen Todesstoß. Die ausgeklügelten Triftbauten verfielen, für Köhler und Holzkohle, Klausen und Rechen, Triftsteige und Holzriesen war das Ende gekommen. Wie aber funktionierte diese so gefährliche, heute oft romantisch verklärte Arbeit der Holzknechte an ihren Triftanlagen?

Die Trift

Mit einem seit Jahrhunderten erprobten, stets verbesserten, ausgeklügelten System des Wassertransportes wurde das Holz selbst aus entlegensten Winkeln zu Tal gebracht.
In den riesigen, zusammenhängenden Waldgebieten der Eisenwurzen, aber auch im Gebiet des Salzkammerguts war die Trift ein probates Mittel, die benötigten Holzmengen möglichst rasch zu den Kohlehütten und anschließend zu den eisenverarbeitenden Betrieben und Salinen in den Tälern zu bringen.
Vor allem im Reichraminger Hintergebirge, im Sengsengebirge, dem Mollner Tal entlang der Krummen Steyrling folgend, und im Bereich des Toten Gebirges, im Stodertal entlang dem Lauf der oberen Steyr, aber auch im Trauntal wurden die forsttechnischen „Kunstwerke“ zum Triften des Holzes errichtet.

Uralte knorrige Fichten können von der jahrhundertelangen naturnahen Forstwirtschaft im Hintergebirge erzählen.

Unter „Trift“ versteht man das Schwemmen von losem Holz in Flüssen und Bächen. Den Transport gebundenen Holzes auf dem Wasserweg bezeichnet man hingegen als „Flößen“.
Bäche eigneten sich nur dann als „Triftgewässer“, wenn sie genügend Breite, Tiefe, Gefälle und Wassermenge aufwiesen. War ausreichend Wasser vorhanden, so konnte man mit dem „Selbstwasser“ triften.
War zu wenig Wasser vorhanden, so mußte man aus mächtigem Blochholz gezimmerte „Klausen“ als Stauwerke errichten, um größere Wassermassen speichern zu können.
Auf diese Weise konnte man mit dem abgelassenen „Triftwasser“ – einer Flutwelle gleich – große Mengen an „Holzbloch“ (kurze Stämme) schnell und einfach über weite Strecken transportieren. Natürlich kam es dabei zu großen Qualitätsverlusten des Holzes durch Zersplitterung und Risse, aber auch zu Holzverlusten. Zudem mußten Triftanlagen und Baulichkeiten ständig instand gehalten werden.
Nadelholz ließ sich wesentlich besser als Laubholz triften. Aus diesem Grunde schlägerte man hauptsächlich das Nadelholz und ließ die Laubhölzer zurück – mit ein Grund für das starke Überhandnehmen der Rotbuche, die heute noch in Teilbereichen im Hintergebirge in Reinbeständen vorkommt. Deswegen wurden allerdings vor allem in den Salinenwäldern schon frühzeitig nur Nadelhölzer aufgeforstet.
So ermöglichten gut positionierte und entsprechend dimensionierte Klausen auch die Holztrift an Bachläufen mit üblicherweise geringem Wasserangebot und durch wilde, enge Schluchten mit vielen natürlichen Hindernissen.

„Die Klaus' geht!“

In den Waldgebirgen des Nationalparkplanungsgebiets wurden fast ausschließlich Holzkastenklausen aus widerstandsfähigem Tannen- und Lärchenholz errichtet. Darüber hinaus gab es auch Strebwerksklausen, Pfeilerklausen und Klausen, die mit einem Erddamm kombiniert waren. Ganz vereinzelt gab es auch moderne Klauskörper aus Stein und Beton, wie etwa die Betonklausen im Klausgraben und Bodinggraben im Mollner Tal oder die berühmte Chorinsky-Klause – eine Steinklause – im Weißenbachtal bei Bad Goisern. Hinter der Klause wurden die Wassermassen im sogenannten „Klaushof“ aufgestaut. Nur erfahrene Zimmerer erbauten unter Mithilfe von Holzknechten diese Holzkastenklausen. Wollte man die „Holzbloch" triften, so zog man die im „Klaushof" schwimmenden Holzstämme durch ein Tor oder einen extra angelegten Holzkanal in den vor der Klause befindlichen „Klaustümpel".

Die Triftzeiten richteten sich natürlich nach dem größten Wasserangebot, das vor allem zur Zeit der Schneeschmelze am höchsten ist. Im März/April wurden die Klaustore geschlossen, damit sich der Klaussee füllen konnte – man sagte dann, „die Klause ist gespannt". Bei manchen Klausen dauerte dieser Vorgang nur einen Tag, bei anderen konnte es Wochen dauern, bis genügend „Triftwasser" zur Verfügung stand.

Sodann wurden die Klaustore geöffnet („geschlagen"), und die gesteuerte Wasserflut ergoß sich auf die Stämme und spülte sie weiter. Dies geschah durch einen kräftigen Schlag auf den Holzbolzen – den „Dorn" –, der das Tor verriegelte. Außerhalb der Triftzeiten waren die Tore geöffnet, und das Wasser des Baches konnte ungehindert abfließen.

Am Rande jeder Klause gab es eine Klaushütte zur Beaufsichtigung des Klausbauwerks. In der Klaushütte befanden sich die erforderlichen Werkzeuge zum Öffnen der Klaustore oder auch um dringende Reparatur- und Instandhaltungsarbeiten durchführen zu können. Sie diente außerdem als Unterkunft der Holzknechte, die hier nächtigten und ihr Essen zubereiten konnten oder ihr Werkzeug deponierten.

Bei großen Klausen gab es noch weitere Hütten, etwa eine Schmiede, in der maßgenaue eiserne Bestandteile für Klausenreparaturen rasch angefertigt werden konnten. Manchmal gab es auch eine sogenannte „Grindlhütte", in der man die drehbare Achse des Klaustores – der „Grindl" oder „Gründl" genannt – in Reserve aufbewahren konnte.

Selbst durch diese malerische Schlucht wurde noch vor einigen Jahrzehnten Holz getriftet.

Triftsteige

Um die 4–6 m langen „Holzbloch" ständig unter Kontrolle zu halten und „Verklausungen" (Stauungen des Holzes) zu vermeiden, mußten oft abenteuerliche, in die steilen Dolomitwände geschlagene Triftsteige angelegt werden. In senkrechte Felswände schlug man eiserne Konsolen, auf die Pfosten aufgelegt wurden, wodurch gefahrliche Steige durch die engen, schattigen Schluchtlabyrinthe geführt wurden. Die Herstellung dieser Steige erforderte nicht nur hohes technisches Können, sondern auch eine gehörige Portion Mut. Mehrere Triftsteige im Reichraminger Hintergebirge wurden zum Beispiel von hochqualifizierten italienischen Forstleuten errichtet, die in den italienischen Alpen im Bereich der Holztrift ein besonders hohes technisches Niveau erreicht hatten. Der kühnste Steig war zweifellos die in schwindelerregender Höhe über der Großen Schlucht angelegte „Hohe Stiege".

Zum Schutze gefährdeter Uferbereiche errichtete man Uferschutzbauten aus Holz und Stein – die sogenannten „Schlachten". Solche Bauten waren vor allem an den Außenseiten der Bachbögen oder dort, wo man das Triftholz in eine bestimmte Richtung lenken wollte, erforderlich.

Holzrechen

In großen Holzrechen im Tal (in Reichraming zum Beispiel bei Dirnbach oder in der Schallau, an der Krummen Steyrling nahe Molln oder, aus dem Stodertal kommend, bei der Steyrbrücke) wurde das getriftete Holz schließlich gesammelt – „ausgeländet“, im Steyrtal nannte man diesen Vorgang auch „ausmehnen“ – und auf einem nahen Holzlagerplatz gestapelt: Das Stapeln bezeichnete man im Enns- oder Trauntal als „aufzainen“, im Steyrtal als „aufmangeln“.

Das Triftholz

Als Triftholz eignete sich vor allem Nadelholz, da Laubholz auf längeren Triftstrecken sich mit Wasser vollsog und bald unterging.

Im Sommer und Herbst wurde geschlägert und das Holz an Ort und Stelle auf 4-6 m lange „Blöche“ gebracht. Das sogenannte „Ausrücken“ und der Transport bis zum Triftbach wurden im Spätherbst und Winter über Eis- und Schneebahnen in Erdgefährten bewerkstelligt. Vor allem der Schlittentransport verlangte ungeheuren Mut, Kraft und Geschicklichkeit und forderte immer wieder Opfer.

Dort, wo eine größere Anzahl an Stämmen rasch zum Triftbach geschafft werden mußte und die Geländeverhältnisse dies zuließen, wurden die „Holzbloch“ auf den verschiedenartigsten „Riesen“ – rinnenförmige Rutschbahnen – zum Triftbach gebracht. Man benutzte je nach Geländeform „Erdriesen“ auch „Wegriesen“ genannt – oder aus Holz gezimmerte „Riesen“. Waren solche „Holzriesen“ abgedichtet und leitete man dar in zur besseren Gleitfähigkeit Wasser ab, so war dies eine „Wasserriese“. Eine Holzrutsche aus Brettern nannte man „Bretterriese“. Diese „Riesen“ waren oft äußerst kühn über Schluchten und Gräben errichtete Konstruktionen, die nur von wagemutigen und technisch versierten Spezialisten errichtet werden konnten.

In der Regel wurde im Frühjahr während der Schneeschmelze getriftet. Einige Triftbäche besaßen aber auch im Sommer ausreichend „Triftwasser“, um die „Holzbloch“ transportieren zu können.

Das auf diese Art und Weise Richtung Klaussee verbrachte Holz mußte zunächst bis in den See vorgeschwommen werden und wurde anschließend von einer bestimmten Gruppe von Holzknechten – der sogenannten „Anreihpartie“ – meist über eine Holzrinne vor die Klause geschafft, geordnet und aufgeschlichtet. Dann transportierte die losgelassene Flutwelle – das „Klauswasser“ – die Stämme im Bachbett weiter talwärts.

War nun Holz an einer Engstelle „verklaust“, so mußte sich ein Holzknecht – der sogenannte „Standknecht“ – vom Triftsteig aus zum Bachbett abseilen, um unter Lebensgefahr das verkeilte Holz mit langen Stangen – den sogenannten „Fletzhaken“ – wieder zu entwirren. Eine höchst gefährliche Arbeit, die diese Holzknechte oft im hüfthohen eiskalten Schmelzwasser vollbringen mußten. Denn nicht immer gelang die Entflechtung der Holzverklausungen – der sogenannten „Knöpf“. Nicht selten ist es vorgekommen, daß „wenn der Haufen gehert worden is'“ (sich auflöste), ein armer Kerl von einem Stamm ins Wasser geworfen wurde und von der Wucht der abfließenden Stämme schwer verletzt, wenn nicht sogar erschlagen oder erdrückt wurde!

Der Weg des Salinenholzes

Das Forstwesen in den Salinenforsten des oberösterreichischen Salzkammerguts war auf der Ka-

Herbststimmung am Roßleithner Teich, im Hintergrund mit dem bereits schneebedeckten Warscheneck

Gegenüber: Im „Laften-Duck“– mit Rinde gedeckten, einfachen Holzknechthütten als Sommerunterkunft – bereiteten die Holzknechte ihr karges Mahl, bestehend aus „Raunken“(aus Weizenmehl mit Wasser zubereiteter Teig) oder wie im Bild aus „Sterz“ am „Gock“ (Holzstander nahe der Feuerstelle), mit dem „Muasa“ (Bratkelle zum Rühren) selbst zu.

meralwirtschaft mit dazwischengeschalteten privaten Unternehmern, den „Holzmeistern", aufgebaut. Diese waren für das Aufbringen der vom Amt bestimmten Holzmenge bis zum „Aufsetzplatz" verantwortlich. Die Holzknechte aber waren Bedienstete der Salinen.
So wurde das im Sommer geschlägerte Holz zunächst zu „Drehlingen" (=kurzes Rundholz) verarbeitet und zu den „Aussetzplätzen" im Wald gebracht, aufgeschichtet und vermessen. Über die „Riesen" und Ziehwege wurden die Stämme schließlich zu den „Aufsetzplätzen" im Tal oder zu einer Klause gebracht. Hier wurden die „Drehlinge" übernommen, trockneten ein Jahr, gut gelagert, aus und wurden anschließend zur Saline geschwemmt und bei den „Pfannhausrechen" an Land gebracht – „vom Rechen gezogen". Mehr als die Hälfte des Holzaufkommens wanderte in die Pfanne, der Rest teilte sich auf Grubenholz, Holz für die Triftanlagen, die Verpackung („Küfel" und „Fuder") und den Schiffsbau auf. Für die Zwecke der Verpackung und des Schiffsbaus benötigte man das sogenannte „Kufenholz" – besonders hochwertige, astreine und gut spaltbare Stämme.
Doch letztlich konnte auch das „Kufenholz" nicht mehr in den benötigten Mengen zur Verfügung gestellt werden (das Spalten – „Kleizen" – des Holzes war zudem sehr materialverschwendend), und man mußte zur sparsameren Bretterproduktion übergehen. Dies wiederum machte die Beschaffung von großen Gattersägen erforderlich. Im Ausseer Land hingegen kannte man diese drückenden Holzsorgen nicht, da man nur die unverpackten, nackten „Füderl" kannte und auch ohne Schiffahrt auskommen konnte.

Die Köhlerei

Dort, wo Holz getriftet wurde, war auch die Köhlerei vorhanden. In den unwegsamen Waldschluchten des heutigen Nationalparkplanungsraums gab es aufgrund der nur wenig vorhandenen Wege kaum „Waldköhlerei" – an den Holzfangrechen im Tal draußen hingegen die „Landköhlerei".
Die vor Ort hergestellte Holzkohle wurde einst in Ochsengespannen – den „Muthwagen" – zu den Sensen- und Hammerwerken transportiert. Wegen des damals gewaltigen Bedarfs gab es neben hauptberuflichen Köhlern auch „Kohlbauern", die auf diese Weise einen wichtigen Nebenerwerb hatten.

Die Ausrüstung der Holzkechte

Einst hütete jeder Holzknecht sein eigenes Werkzeug wie seinen Augapfel. Wichtigste Utensilien waren dabei lange Stangen, die sogenannten „Fletzhaken". Um die Schuhe band man sich die „Fußeisen" (Steigeisen) zum besseren Halt am rutschigen Holz oder Fels. Neben verschiedensten Hacken und Sägen besaß der Holzknecht auch den „Sapel" – im Mollner Tal kam noch das „Griesbeil" hinzu. Die „Kraxn" (Traggestell oder Rucksack) durften beim Holzknecht ebensowenig fehlen wie der zum Entrinden der Stämme unentbehrliche „Schrepser".
Dabei unterschied sich die Arbeit der Holzknechte und „Fletzer" an der Krummen Steyrling im Sengsengebirge wesentlich von der in den engen Schluchten des Hintergebirges. Diese gingen nämlich mit dem Triftholz buchstäblich im Fluß mit!

Holzknechtalltag

Die harte, schweißtreibende und gefährliche Arbeit der Holzknechte wurde von einem Augenzeugen Ende des 19. Jahrhunderts folgendermaßen beschrieben: „Ums Tagwerden wird aufgestanden und mit Gebet an die Arbeit gegangen. Um 9 Uhr wird über ein gegebenes Zeichen vom ‚Feurer' in der Hütte aufgeheizt und zum Frühstück, zur sogenannten ‚Mus-Zeit' (Mus-Koch), gegangen. Jeder kocht sein Mahl selbst. Dasselbe besteht gewöhnlich aus ‚Nocken', das ist eine mit Wasser angemachte, in Schmalz gebackene Mehlspeise. Nach dem Frühstück wird wieder bis 2 Uhr gearbeitet, dann ist Ruhezeit und Mittagsmahl. Um 3 Uhr wird abermals an die Arbeit gegangen und dieselbe bis zur Dämmerung ohne Unterbrechung fortgesetzt. Bis dann abgekocht ist, wird es schon spät abends. So geht es fort, jahraus, jahrein. Im Winter, wo die Tage kürzer sind, wird sogar bei Mondschein gearbeitet."
Als Lagerstatt dienten die Holzknechthütten mit notdürftigster Einrichtung. In der Mitte befand sich die offene, mit Lehmziegeln ausgelegte Feuerstelle, umringt von den „Brotstöckln" der Holzknechte. In diesen bewahrte man Mehl, Brot, Zucker, Schmalz und Geselchtes für die Mahlzeiten auf. Geschlafen wurde, dicht an dicht in Wolldecken gehüllt, auf dem mit Reisig oder Stroh ausgelegten Boden. Mit unserer blitzsauberen, sterilen Alltagswelt waren die damaligen hygienischen Bedingungen nicht zu vergleichen – wegen der Flöhe schlief man im Sommer lieber im Freien.
Die Holzknechte standen zunächst entweder im

Dienst der Landesherren oder der „Innerberger Hauptgewerkschaft“ (für das Eisenwesen) und der Salinenforste (für das Salzwesen). Mit der Gründung der Republik wurden sie in die Verwaltung der Österreichischen Bundesforste oder teilweise der Kirche übernommen.
Der arbeitsreiche, gefährliche Alltag, der keinerlei soziale Sicherheit bot, unterscheidet sich daher deutlich von dem romantisch verbrämten Bild des ausgeglichenen, glücklichen, manchmal lustigen Holzknechtlebens in der Natur – und trotzdem sagt auch heute noch so mancher Betroffener: „Ein elendiger Tschoch [Anstrengung] war's, aber ein romantischer ...“

DAS EISEN AUF DER ENNS

Bei der raschen Ausdehnung der Kleineisenindustrie in den Raum der oberösterreichischen Eisenwurzen war der Transport des „Innerberger Eisens“ zu den Betrieben ein wichtiger Faktor. Ab dem Mittelalter kam das Roheisen auf äußerst beschwerlichem Landwege mit Wagen, Schlitten oder Saumtieren über die sogenannte „Eisenkammerstraße“ von Leoben über den Präbichl nach Innerberg (das heutige Eisenerz) dann bis Hieflau und von dort, dem Laufe der Enns folgend, bis nach Steyr.
Da der Landtransport sehr kostspielig und zeitraubend war, versuchte man, wo es nur ging, den billigeren und schnelleren Wasserweg – wie an der Enns – zu nehmen. So brachten die „Radmeister“ das Roheisen also auf dem Landwege nach Hieflau oder Großreifling, von wo es schließlich auf Flößen zu den „Hub- und Ladstätten“ der einzelnen Hammerwerksbezirke wie etwa Weißenbach, Altenmarkt, Kastenreith, Steyr und Enns bis nach Linz gebracht wurde. Von diesen Orten wurde es vom „Fertiger“ wieder auf Fuhrwerke verladen. Die Floßfahrt war naturgemäß sehr gefährlich und unsicher. So mußten die Flößer, „Naufergen“ und „Strubfergen“ genannt, gefährliche Klippen und Stromschnellen (wie bei Kastenreith der sogenannte „Flötzerfriedhof“) mit viel Mut, Kraft und Geschicklichkeit überwinden. Auch war aufgrund der herrschenden Holzknappheit die Beschaffung des „Rafholzes“ für die Flöße eher unrentabel, da nur 60 Zentner Eisen auf einem Floß befördert werden konnten. Als dann gegen Ende des 15. Jahrhunderts der große Aufschwung der Kleineisenindustrie einsetzte, sah man sich gezwungen, rentablere Transportbedingungen zu schaffen.
Man versuchte also, einen geregelten Schiffsverkehr einzuführen, da man die auf der Enns eingesetzten Schiffe („Waldeln, Wald- und Waidhofner Zillen“ oder „Trauner und Siebnerinnen“) mit 240 bis 280 Zentner Eisen beladen konnte. Dafür war die Anlage eines „Roß-, Treppel- oder Schiffsweges“ entlang der Enns erforderlich, da die Schiffe stromaufwärts von Pferden gezogen werden mußten. Nur unter größten, vor allem geländemäßigen Schwierigkeiten konnte schließlich der rund 80 km lange Schiffsweg von Großreifling nach Steyr zwischen 1559 und 1583 fertiggestellt werden.
Bei der Talfahrt wurde das Roheisen in Form von „Puerd“ oder „Puschen“ (125 Pfund) befördert, bei der Bergfahrt wurde meist Getreide mitgebracht, wobei jedoch günstigstenfalls die halbe Fracht transportiert werden konnte. Seit 1567 standen dafür zwei Ennsschiffe mit zwei Schiffsmeistern, 20 Knechten und 12 Pferden zur Verfügung. Die Entlohnung der Schiffer erfolgte durch den Hammermeister, in deren Dienst sie standen. 1625 ging auch das Schiffstransportwesen – die „Schiffsmeistergerechtsame“ – an die „Innerberger Hauptgewerkschaft“ über, die die Eisenschiffahrt bis 1865 aufrechterhielt.
Dann kam jedoch 1871/72 mit der Fertigstellung der Kronprinz-Rudolf-Bahn und der Bahnlinie Amstetten-Selzthal auch für den Rundholztransport der wagemutigen Flößer auf der Enns –„Fletzer“ genannt – der Anfang vom Ende. Dennoch steuerten einige wenige Verwegene noch bis zum Zweiten Weltkrieg ihre großen Flöße über die Katarakte und Stromschnellen der Enns. Mit dem Kraftwerksbau an diesem so wasser- und damit „energiereichen“ Fluß war es dann mit dem gefährlichen Wassertransport endgültig vorbei und die alte Kultur der Flößer verschwand für immer.

Die Welt der „Schwarzen Grafen"

DAS EISENWESEN

Die Eisenverarbeitung im Land zwischen den Flüssen Enns, Steyr und Alm hat in unserer Nationalparkregion eine jahrhundertealte Geschichte. Wenn man heute von der „Eisenwurzen" spricht, so meint man jenen Mythos, der sich ursprünglich nur auf den Erzberg als Quelle des Erzes bezog. Erst später übertrug man den Begriff auf jene Gewerbe- und Industrielandschaft, die sich, gleichsam ausgehend vom „Stamm" des steirischen Erzbergs, wie ein weitverzweigtes Wurzelsystem bis in die kleinsten, wasserreichen Täler verästelte und bis zu den abgelegensten Kohlstätten der unübersehbaren Wälder sowie schließlich hinaus ins Alpenvorland reichte, über drei Bundesländer hinweg – Oberösterreich, Niederösterreich und Steiermark.

DAS ENTSTEHEN DER DEZENTRALEN INDUSTRIELANDSCHAFT

Die Eisenbearbeitung der frühen Schmiede am Rande unserer Nationalparkregion reicht – wie im übrigen Alpenraum auf einer hochspezialisierten Gießerzunft aufbauend – in die Hallstattzeit (750 - 450 v. Chr.) zurück. An den heute bekannten großen Erzlagerstätten erfolgte damals noch gar kein Abbau. So breiteten sich die uralten Eisenhüttenplätze entlang der Flüsse und Verkehrswege aus – der wohl älteste Eisenhüttenplatz des Alpenraums liegt am Waschenberg bei Lambach im Trauntal!

Die Eisenverarbeitung entwickelte sich kontinuierlich weiter. Im 10. nachchristlichen Jahrhundert entstanden schließlich im Kremstal bereits die ersten Sensenwerkstätten.

Doch die große Entwicklung zur Gewerbe- und Industrielandschaft in der „Eisenwurzen" begann mit der ersten Expansionsphase der Eisenproduktion am steirischen Erzberg ab dem 12. Jahrhundert. Als die große hochmittelalterliche Rodungswelle das Land erfaßte, benötigte man eine Unmenge an Äxten, Beilen, Hauen, Pflugeisen, mit Eisen beschlagene Holzspaten, Sicheln, Sensen, Zugsägen, Kliebeisen, Hufeisen und eiserne Wagenbestandteile, die gemeinsam mit eisernen Gerätschaften auch den Mühlenbau, das Gewerbe, die Transportwirtschaft und das Bauwesen aufblühen ließen.

Eisenerz kann natürlich nur dort abgebaut werden, wo es vorkommt. Der Verarbeitungsstandort aber ist von den Bereitstellungsmöglichkeiten und Gestehungskosten des Eisens und dessen Produktionsfaktoren abhängig, in geringerem Maße auch von den Abnehmern der Produkte. Transportmöglichkeiten und Transportkosten wiederum hängen vom verfügbaren Wegenetz und den Transportgeräten, aber auch von den rechtlichen und politischen Möglichkeiten ab, Transporte durchzuführen – politische Autoritäten haben zu jeder Zeit versucht, auf die Verarbeitungsstandorte mehr oder weniger intensiv Einfluß auszuüben.

In der zweiten Hälfte des 13. Jahrhunderts dürfte im Bereich des steirischen Erzbergs die Größe der Schmelzöfen bereits Ausmaße angenommen haben, die die Verwendung maschinell betriebener Blasebälge nach sich zogen. So mußten nun die Schmelzöfen an die Wasserläufe verlegt werden. Mit dem Ersatz der damals üblichen „Schacht- und Rennöfen" durch die wesentlich leistungsfähigeren „Stucköfen" vergrößerte sich das Territorium der Eisenverarbeitung zusehends. Die steigende Eisenproduktion benötigte aber nicht nur große, wasserradgetriebene Blasebälge, sondern auch große, wasserradgetriebene Hämmer – daher orientierte man sich immer mehr an der Wasserkraft. Im Umfeld des Erzberges wurde das Holz aufgrund der Feuerung der Schmelzöfen immer knapper, so daß man ab dem 14. Jahrhundert zu einer Dezentralisierung der Weiterverarbeitung des Eisens im weiten Umkreis des Erzbergs gezwungen war. Damals bildete sich auch die typische Dreiteilung des Eisenwesens heraus: Die „Radmeister" betrieben den Bergbau und erschmolzen das Eisen, die „Hammermeister" stellten daraus marktgängige Ware her, und die städtischen Händler sorgten als Verleger für den Vertrieb der Halb- und Fertigwaren und stellten zudem Kapital zur Verfügung.

Die Alpentäler um den Erzberg boten gute Bedingungen für die Verarbeitung des Eisens. Die ausgedehnten Wälder lieferten die Holzkohle, Bäche und Flüsse sorgten für die notwendige Wasser-

Im Sensenwerk Sonnleithner werden mit elektrisch betriebenen Preßlufthämmern Sensen hergestellt.

Gegenüber oben: Das Hammerwerksmuseum Micheldorf läßt die nahezu mystische Atmosphäre einer Hammerschmiede erahnen. Gegenüber unten: Einst wurden die Sensen am wasserradgetriebenen „Schwanzhammer" hergestellt, wie hier im Museum „Geyerhammer".

Stolz tragen die Frauen ihre Trachten mit kunstvollen Scheibenhüten und Goldhauben zu Festtagen.

Der malerisch am Oberlauf der Pießling gelegene „Waldhammer" des Roßleithner Sensenwerks

kraft, die Bauern wiederum beschafften die Nahrungsmittel für die Arbeiterschaft und stellten auch das Futter für die schweren Transportpferde zur Verfügung.

Aufgrund der immer höher werdenden Eisenproduktion mußte nun die Produktion von der Weiterverarbeitung getrennt werden, um die bereits hinsichtlich Holz und Wasserkraft ausgebeutete Region um den Erzberg zu entlasten. In immer weiter entfernte wald- und wasserreiche Täler dehnte sich die holzkohleverschlingende und energieintensive Gewerbelandschaft mit ihren Hammerwerken, Sensenhämmern und metallverarbeitenden Kleinhammerschmieden aus. So entstand im Enns- und Steyrtal, im Alm- und Stodertal, an Teichl und Krems jene Kleineisenindustrie mit höchster technischer Kunstfertigkeit, die ab dem 16. Jahrhundert über 300 Jahre eine Ära des Wohlstands auch in unsere Nationalparkregion bringen sollte.

Der Staat sorgte für den Ausbau der Straßen, über die ein rasch aufblühendes Transportgewerbe die Rohstoffe und Nahrungsmittel verfrachtete. Es entwickelte sich ein eng miteinander verflochtenes, weltoffenes Netz mit weiten Handelsbeziehungen. Was die Absatzgebiete betrifft, hatte man schon ab dem 13. Jahrhundert eine strenge Teilung in die Nord- und Südseite des Erzbergs vorgenommen: Das „Innerberger Eisen“ war für die Länder ob und unter der Enns sowie für die von hier donauauf- und -abwärts gelegenen Gebiete bestimmt. Via Steyr ging das „Innerberger Eisen“ nach Regensburg und Nürnberg, wobei Steyrer Eisenwaren im Zuge des „Venedigerhandels“ auch nach Südosteuropa und in die Levante verkauft wurden. Das „Vordernberger (Leobener) Eisen“ sollte die südlichen Länder versorgen, wobei dieses vor allem über Salzburg gehandelt wurde. Im Enns-, Steyr- und Kremstal entstanden die sogenannten „Proviant- und Eisenstraßen“, auf denen Butterschmalz, Weizen, Roggen und andere Nahrungsmittel aus den landwirtschaftlichen Überschußgebieten des Alpenvorlands in die kargen Gebirgstäler geschafft wurden, wo dauernd schwerbepackte Fuhrwerke verkehrten und die Menschen in „Kraxen“ und Buckelkörben Fertigwaren auslieferten.

Das Eisenwesen war für die Landesherren neben dem Salzwesen als Einnahmequelle so wichtig geworden, daß sie es mit einer Vielzahl von Regelungen bestimmen wollten. Schon Friedrich III. erließ 1448 und 1450 Eisenordnungen. In diesen landesfürstlichen Regelwerken wurden Produktion und Absatz, Anzahl und Größe der Hämmer, Höhe von Löhnen und Preisen, ja sogar Größe und Zuordnung von Gebieten für eine entsprechende Holz- und Lebensmittelversorgung – die sogenannten „Widmungsbezirke“ – und zulässige Straßen sowie „Legorte“ (=Handelszentren) genau festgelegt.

Auf Betreiben Ferdinands II. wurde etwa 1625 die „Innerberger Hauptgewerkschaft“ gegründet, die, unter weitgehender landesfürstlicher Kontrolle stehend, alle formell als selbständige Unternehmen agierenden Radwerke in Eisenerz, die Hammerwerke des „Innerberger Eisenwesens“ und den Steyrer Eisenhandel zu einem großen, frühkapitalistischen Montankonzern zusammenschloß.

In diesen Ordnungen spiegelten sich nicht nur herrschaftliche, sondern auch steuerliche und volkswirtschaftliche Interessen wider. Wie beim Salz versuchten die jeweiligen Landesherren vor allem jene Konkurrenten zurückzudrängen, für die seit dem 15. Jahrhundert aufgrund ihrer Lage in wald- und wasserreichen Tälern die Bezeichnung „Waldeisenwerke“ üblich geworden war. Doch trotz großen Mißfallens der Landesfürsten gelang es diesen unabhängigen Produzenten, ihre Bedeutung sogar noch zu erweitern – denn die Dezentralität der Standorte war ihr größter Trumpf.

Die Tradition der Sensengewerken wird durch die besondere Hammerherrentracht hochgehalten.

DIE KLEINEISENINDUSTRIE

Eine immer stärkere Spezialisierung der Eisenverarbeitung in der „Eisenwurzen“ führte natürlich zu einer entsprechend vielfältigen Arbeitsteilung. So entwickelte sich neben den „Radwerken“, die das Eisen schmolzen, und den „Zerrennhämmern“, die das Roheisen frischten und zu Stahl ausschmiedeten, auch „Streck-, Knittel- und Blechschmieden“ (heute gibt es dafür Walzwerke), „Drahtzüge“, „Sensen-, Sichel- und Pfannenhämmer“ sowie zahlreiche Spezialisten, die unter Ausnutzung der Wasserkraft oder mit der Kraft der eignen Faust für diesen überregionalen und regionalen Markt produzierten.

In den vielen eisenverarbeitenden Betrieben gab es Ahlschmiede, Bohrer- und Neigerschmiede, Büchsenmacher, Feilhauer, Hackenschmiede, Kettenschmiede, Kleinpfannenschmiede und Krautmesserschmiede, die unzählige Produkte, vom Bügeleisen bis zum Winkelmaß, erzeugten. Löffelschmiede, Maultrommelmacher, Klingenschmiede, Messerer und Messerschmiede, Nadler und Fischangelerzeuger, Nagel- und Zweckschmiede, Pfannenschmiede, Reifmesserschmiede, Ring- und Panzerstricker, Rohrschmiede, Sagblätterschmiede, Scherenschmiede, Schermesserschmiede, Schiffklampfelschmiede, Schlageisenschmiede, Schwertfeger, Spalierhagelschmiede, Striegelschmiede, Zeug- und Schrottschmiede und Zirkelschmiede produzierten vom Schraubstock bis zur Zange alle Arten von Werkzeugen. Auch die üblichen Hufschmiede und Schlossereibetriebe durften in der Angebotspalette nicht fehlen.

Die Messer stellten im Spätmittelalter das wichtigste Exportgut der „Eisenwurzen" dar. Die „Messerer" waren auch der häufigste gewerbliche Beruf. Die Messererzeugung erfolgte in drei Stufen: Die „Klingenschmiede" stellten die Rohklingen her, die „Schleifer" gaben den Messern ihren Schliff, und die „Messerer" versahen die Klingen mit Schalen, machten sie gebrauchsfertig und sorgten auch immer mehr als Verleger für den Vertrieb der Endprodukte. Steyr und Steinbach waren in der oberösterreichischen „Eisenwurzen" die Hauptzentren. Über 1000 Messerschmiede arbeiteten im 16. Jahrhundert in Oberösterreich. Um 1570 befanden sich allein in Steyr 300 Werkstätten, dazu kamen 200 „Klingenschmiede" in Steyr, Dambach und Kleinraming. Im 19. Jahrhundert war die Messererzeugung nur noch ein Schatten vergangener Tage, da die großindustrielle ausländische Erzeugung auch hier der kleingewerblichen Produktion längst den Rang abgelaufen hatte.

Das Zentrum der Nagelschmiede in der oberösterreichischen „Eisenwurzen" war Losenstein im Ennstal. Die massenweise Herstellung von Nägeln war eine anstrengende und monotone Angelegenheit. Um 1450 wurde von den Grundherrschaften die Spezialisierung der Losensteiner Schmiede auf die Nagelherstellung angeregt. Die einzigartige Stellung der Losensteiner Nagelschmiede in Mitteleuropa zeigte sich in folgenden Zahlen: Um 1500 gab es im Ort rund 200 Meister mit 600 Gesellen und 300 Lehrlingen bei 3500 Gemeindebürgern! Nach einem Rückschlag im 17. Jahrhundert fand im 18. Jahrhundert ein neuerlicher Aufschwung statt. 1779 waren von 154 oberösterreichischen Nagelschmieden 138 in Losenstein konzentriert. Der Vertrieb der Nägel erfolgte ebenfalls im Verlagssystem. Durch die Erzeugung der billigen Maschinennägel kam es auch hier zum Niedergang im 19. Jahrhundert.

In Molln werden die begehrten „Brummeisen" (Maultrommeln) erzeugt.

In Garsten und Losenstein kann man heute noch in Schaubetrieben diesem anstrengenden Handwerk beiwohnen oder selbst noch Nägel schmieden.

Eine Besonderheit der Kleineisenindustrie stellen die „Taschenfeitelmacher" dar. Diese Taschenmesser werden von ihren Liebhabern, die sich heute noch in Vereinen zusammenfinden, liebevoll „Zaukerln" genannt. Das Zentrum der „Feitelmacher" war Trattenbach im Ennstal, wo ab dem 16. Jahrhundert neben Schermessern und Schusterkneipenmessern jene Taschenmesser mit gedrehtem hölzernem Griff – die „Taschenfeitel" – hergestellt wurden.

Der Ursprung der „Taschenfeitel" ist ungewiß. Der Ortsüberlieferung nach sollen sie von einem Bartholomäus Löschenkohl vor ca. 500 Jahren aus Frankreich mitgebracht worden sein. Die „Zaukerln" werden in 34 Arbeitsgängen produziert: Im Hammerwerk, in der Schleiferei bzw. in der Härterei werden die Klingen hergestellt, in der Drechslerei und in der Färberei die Holzgriffe angefertigt, ehe man sie in der Wohnstube zu fertigen „Taschenfeiteln" zusammenhämmert. Diese billigen, handlichen Messer fanden beim einfachen Volk reißenden Absatz, sie wurden sogar bis nach Afrika exportiert. 1680 gründeten die Feitelproduzenten ihre eigene Innung. Ihre letzte große Blütezeit fanden die Trattenbacher „Feitelmacher" in den Jahrzehnten nach 1860 durch die Einführung mechanischer Hämmer und den Export der „Taschenfeiteln" in alle Welt. Um die Jahrhundertwende fertigten 17 Meister jährlich rund 8 Millionen Taschenmesser. Durch das Festhalten an alten Traditionen, ihren Zusammenhalt und die Ablehnung des Verlagswesens haben die „Feitelmacher" das flächendeckende „Hammersterben" am Ende des 19. Jahrhunderts relativ heil überstanden – reich wurde aber keiner der Meister! Heute kann man beim letzten „Feitelmacher", der Firma Löschenkohl in Trattenbach, noch diese traditionsreiche Erzeugung beobachten.

Eine weitere kulturhistorische Kostbarkeit stellt die Maultrommelerzeugung dar. Die Maultrommel ist ein eigenartiges Volksinstrument, das heute, in den Alpen schon fast vergessen, am Balkan und in Osteuropa genauso wie bei den Nomadenvölkern Asiens jedoch nach wie vor gerne gespielt wird, dort allerdings aus Bambus oder ähnlichem Material gefertigt wird. Die europäische Form wird ganz aus Eisen hergestellt, weshalb sie auch im Volksmund als „Brummeisen" bezeichnet wird.

Das leicht in die Hosentasche passende Instrument wurde und wird von einsamen Hirten oder Burschen verwendet, die ihrer Liebsten ein Ständchen bringen wollen. Der Spieler preßt dabei die Enden des eisernen Rahmens an die Zähne und läßt sodann die Stahlfeder durchschwingen. Die Mundhöhle gibt den Schallkörper ab und bewirkt durch ihren wechselnden Raum auch unterschiedliche Tonhöhen. Den dabei entstehenden eigenartigen, zauberhaften, oft beruhigenden Klängen soll, wie die Alpenbewohner sagen, kein Mädchen widerstehen können. Dies war sicher mit ein Grund, warum zu Maria Theresias Zeiten die Produktion dieses ausgefallenen Musikinstruments verboten wurde, da man den sphärischen Klängen eben erotische Wirkung nachsagte.

Die Epauletteform der Maultrommel aus Eisen ist alt. Eine Burg in Hessen, die 1395 zerstört wurde, barg eine Maultrommel unter ihren Trümmern. Die eisernen Rahmen zeigen verschiedene Formen: Es gibt „Ganauser" (=Gänserich), „Lyren", „Eicheln" und „Deutsche".

Die oberösterreichische Maultrommelerzeugung entstand im Raum Molln. 1679 wurde schließlich die Zunft der Maultrommelmacher begründet. Nach Urkunden arbeiteten damals schon 23 Meister in Molln. Die Maultrommeln wurden mit Prägezeichen und zugelassenen Meisterzeichen versehen, um Billigprodukte zu Schleuderpreisen zu unterbinden. Heute noch hängt im ältesten Gasthof Mollns über dem Stammtisch der Meister das Zunftzeichen – eine riesige Maultrommel mit einem ovalen Blechbild, das die Schutzheilige Barbara und einzelne Szenen aus dem Arbeitsleben zeigt.

Oben links: Der Meister probiert selbst die erzeugten Maultrommeln. Links: Hier wird die Stahlfeder an den geschwungenen Rahmen der Maultrommel genietet.

In diesem klassizistischen Betriebsgebäude des Sensenwerks Sonnleithner donnern die Preßlufthämmer.

Die strenge Zunftordnung ist natürlich nicht mehr in Kraft – meist arbeiten heute alle Familienmitglieder im Betrieb mit. Dabei werden aus den Stücken des starken Vierkant-Drahtes die Rahmen gebogen, die Enden gefeilt und nochmals gebogen, mittlerweile aus Stahlblech die Zungen geschnitten, zugefeilt und gehärtet. Sobald die Zunge in den Rahmen genietet worden ist, wandert das „Rohprodukt" in die Putzmühle. Im Fluß vor der Werkstatt drehen sich kleine Mühlräder, die in einem Kasten Maultrommeln und grobe Sägespäne so lange durcheinanderwirbeln, bis die Maultrommeln blank poliert sind. Anschließend werden die Instrumente von den Frauen und Kindern in der Stube vergoldet und auf kleine Holzgestelle gereiht, um die empfindlichen Stahlzungen zu schützen.

Nunmehr reisefertig, treten die Maultrommeln ihren Weg in die ganze Welt an – von der heimatlichen Sennhütte in den Alpen bis in die Pußta Ungarns, von den Ebenen Rumäniens und Polens zu den Weiden der Balkanländer und den Prärien Nordamerikas, ja bis nach Indien und in die Ebenen Sibiriens. Heute ist Molln der einzige Erzeugungsort von eisernen Maultrommeln auf der ganzen Welt! In den Werkstätten Wimmer und Schwarz kann man nicht nur der Produktion beiwohnen, sondern auch eine musikalische Kostprobe vom jeweiligen Maultrommelmeister erhalten.

DIE BLÜTEZEIT DER SENSENERZEUGUNG

In unserer Nationalparkregion begann ab dem 14. und 15. Jahrhundert in den Flußtälern zwischen Alm und Enns vor allem die Sensen- und Sichelherstellung ihren Siegeszug. Aufgrund einer damals einsetzenden Differenzierung der Produktionszweige konnte sich ein hochspezialisiertes Sensenschmiedehandwerk mit eigenen Sensenschmiedezünften herausbilden. Die Produktionsbedingungen unterschieden sich damals noch grundlegend von der späteren, großhandwerklichen Erzeugung und waren noch auf drei Fertigungsbereiche aufgeteilt: Die Hammerwerke fertigten die Sensenknüttel – „Zaine" genannt – an, die Sensenschmiede stellten noch mit dem Fausthammer die Sensenblätter her, und in den Schleifwerkstätten wurden die gebrauchsfähigen Sensen fertiggestellt.

Im Jahre 1584 kam es durch eine Entdeckung des Micheldorfer Meisters Konrad Eisvogel zum großen wirtschaftlichen Durchbruch der Sensenerzeugung. Dieser hatte erkannt, daß man die mit Wasserkraft betriebenen Hämmer nicht nur zur Erzeugung der „Zaine", sondern auch zum

Am kunstvoll verzierten Entrée der Hammerherrenhäuser zeigten die Besitzer ihre Wohlhabenheit.

Ausschmieden – dem „Breiten" – der Sensenblätter verwenden konnte. Damit war die Geburtsstunde der großhandwerklichen Sensenerzeugung in arbeitsteiligen Betrieben gekommen.

Die neuen, modernen Sensenwerke konnte man nun bequem an Orten errichten, wo genügend Wasserkraft und Platz vorhanden waren. Die alten, beengten städtischen Sensenschmieden, in denen die Sensenblätter noch mit dem Fausthammer hergestellt wurden, konnten sich nun nicht mehr behaupten.

Der große wirtschaftliche Aufschwung im 16. Jahrhundert wurde durch Helmhard Jörger, Herr auf Pernstein, als „Hofkammerpräsident" in Wien entscheidend unterstützt. Den Jörgern und den Storchen von Klaus gelang es, trotz des landesherrlichen Widerstands neue Sensenwerke an der Alm bei Scharnstein zu errichten.

Die moderne Technologie verbreitete sich, von Micheldorf ausgehend, sehr rasch und machte die Kirchdorf-Micheldorfer Innung zu einer der bedeutendsten in Österreich, die auch die meisten Sensenschmieden in Oberösterreich umfaßte: rund 15 um Micheldorf an der Krems, 24 an der Steyr und Teichl, 5 in Scharnstein und 9 im oberösterreichischen Ennstal.

Die neue Technik ermöglichte gleichzeitig eine Produktivitätssteigerung und eine Qualitätsverbesserung der Sensen. Unter dem Fausthammer konnte man pro Tag zwischen 13 und 20 Sensen herstellen, mit den wasserradgetriebenen „Zain- und Breithämmern" wurden zu Beginn des 17. Jahrhunderts pro Arbeitstag ca. 70 Sensen hergestellt. Im 18. Jahrhundert schaffte man bei verbesserter Qualität schon 120 Sensen pro Tag und Betrieb.

Die großhandwerkliche, arbeitsteilige Produktion brachte natürlich auch eine bestimmte hierarchi-

Die Personalwohnhauser bilden mit den benachbarten Betriebsgebäuden des Sensenwerks Sonnleithner ein wunderbar erhaltenes Ensemble der Kleineisenindustrie.

sche Struktur unter den Arbeitskräften in einer Sensenschmiede mit sich. Die höchsten Positionen hatten jene Männer inne, die den glühenden Stahl schmiedeten: Der „Hammerschmied“ erzeugte unter dem „Zainhammer“ aus zwei bis drei Eisensorten den Sensenknüttel („Zain“), der „Eßmeister“ schmiedete den „Zain“ unter dem „Breithammer“ zum Sensenblatt aus, und der „Abrichter“ bog schließlich den Sensenrücken zur Versteifung des Erntegeräts auf einem speziellen Amboß auf. Weitere Arbeitskräfte besorgten das Beschneiden und „Märken“ der Sensenrohlinge. Danach wurden sie „vergütet“, das heißt zunächst durch Abschrecken in einem Fettbad gehärtet, abgeschabt und schließlich in einem „Anlaßfeuer“ angelassen, wodurch die Sensenblätter ihre charakteristische blaue Färbung der Kirchdorf-Micheldorfer Sensen erhielten. Zuletzt hämmerte man die Sensen mehrere Male kalt, schliff sie und verpackte sie in der „Kram“ für den Versand.

Zu einem Sensenbetrieb gehörten das Herrenhaus, die Arbeiterunterkünfte, aber auch Stallgebäude und Bodenflächen für landwirtschaftliche Produktion. Der Meister und seine Familie wohnten gemeinsam mit dem im Betrieb beschäftigten Personal in einem Großhaushalt. Schlafstelle und Verköstigung bildeten deshalb auch einen Bestandteil des Lohns der Arbeiter. Damit waren alle in dieser Sozialform des „ganzen Hauses“ nicht nur als Lohnarbeiter in der Produktion an den Meister gebunden, sondern ihr gesamtes Leben spielte sich in der vom Meister dominierten Sozial- und Herrschaftsstruktur ab. Der Sensenschmiedemeister war zugleich auch Bauer, der Familie und Belegschaft versorgte.

Die drei „Standknechte“ – der „Eßmeister“, der „Hammerschmied“ und der „Abrichter“ – folgten in der Hierarchie gleich hinter dem Meister – dem „Gewerken“ – und blieben oft ein Leben lang bei ihm. Die „Standknechte“ durften häufig selbst Grundbesitz erwerben und eine Familie gründen. Vor allem der „Eßmeister“ als eigentlicher Stellvertreter des Sensenschmiedemeisters (etwa ab Mitte des 17. Jahrhunderts „breiteten“ immer mehr Meister die Sensen nicht mehr selbst) war nicht nur im Werk eine „Respektsperson“, sondern auch in der regionalen Gesellschaft. Selbst wenn die „Standknechte“ schon eine eigene Familie hatten, wurden sie noch im Haus des Meisters verköstigt.

Als „Wochenknechte“ bezeichnete man den „Heizer“ (Gehilfe des „Hammerschmieds“), den „Beschneider“, den „Kramrichter“ und ein bis zwei „Hammerer“. Sie wurden um etwa ein Drittel geringer als die „Standknechte“ entlohnt und wechselten öfters auch die Meister. Lehrlinge wurden im Betrieb ebenfalls ausgebildet. Ab dem 18. Jahrhundert ergänzte man das Personal durch die sogenannten „Buben“, angelernte Hilfskräfte, die weder in der Zunft noch im „ganzen Haus“ eingebunden waren.

Die Weltoffenheit der Meister zeigte sich besonders im Umgang mit polnischen oder russischen Handelsagenten, türkischen und persischen Einkäufern oder amerikanischen und englischen Farmern, die mit dem selben Geschick behandelt wurden, wie die heimischen Händler. Die Sensen fertigte man genau nach Wunsch, ob siebenbürgisch oder weißrussisch, spanisch oder persisch, für die afrikanische Savanne oder den brasilianischen Dschungel, die nordamerikanischen Prärien oder die Wiesen der Normandie und die ungarische Pußta. So bezeichnete man die unterschiedlichen Sensentypen auch nach Nationen oder Regionen: Es gab „Russen“, „Ungarn“, „Walachen“, „Polen“ und „Piseker“ oder „Breslauer“. Bunte Prospekte und aufgeklebte Etiketten wurden in vielerlei Sprachen und Schriften gedruckt. Spezielle Kundenwünsche wurden oft so genau wahrgenommen, daß man in Sensen, die in die islamische Welt exportiert wurden, sogar Koransprüche eingravierte.

Die ins Eisen geschlagenen Marken stellten den ganzen Stolz der Meister auf ihre Produkte, aber auch auf ihren Lebensstil dar und wurden deshalb gegen Fälschungen vehement verteidigt: Da gab es den Kelch mit der Hostie, den Engel mit der Sense, den Wassermann, den Tannenbaum, das Kleeblatt oder den Hammer mit Sonne und Mond – aber immer versehen mit dem berühmten „KM“ für „Kirchdorf-Micheldorf“.

Die Sensenschmiedebetriebe traten nicht als unabhängig handelnde Wirtschaftskörper auf, sondern schlossen sich in Zünften bzw. Innungen – genossenschaftlichen Organisationen, in denen sich die Mitglieder ganz bestimmten Regeln des handwerklichen Lebens unterwarfen – zusammen. Die Zünfte bestimmten nicht nur die Anzahl der Werkstätten und Meisterstellen, sondern legten damit auch die Zahl der Arbeitskräfte in den Betrieben, die Produktionsmengen, die Preise und Qualitätsstandards fest. Die Innungen entwickelten auch genaue Vorschriften für die Rekrutierung und Ausbildung des Personals.

Das „Aufdingen" in die Zunft stellte den Eintritt in die Lehre dar. Aber nur ehelich Geborene durften als Lehrling aufgenommen werden, wobei der Lehrjunge und der Meister Abgaben in die „Zunftlade" zu entrichten hatten. Der Junge mußte zudem zwei Bürgen vorweisen, die versicherten, daß er sich zunftgemäß verhalten würde. Die Bürgen konnten den Lehrling aber auch vor Übergriffen des Meisters, wie Züchtigungshandlungen, bewahren. Nach meist drei Jahren Ausbildung endete die Lehre durch „Freisprechung" zum „Knecht" (=Gesellen). Die weitere Ausbildung zum „Eßmeister" dauerte wiederum drei Jahre.

Die Sensenschmiedemeister bestimmten natürlich auch die Ausbildungsvorschriften, was ihnen ermöglichte, die eigenen Söhne zu bevorzugen. Meistersöhne bekamen daher Vergünstigungen bei den Abgaben, die an die „Zunftlade" beim „Aufdingen" und „Freisprechen" zu entrichten waren. Manche Zünfte gingen sogar so weit, daß sie angehenden „Eßmeistern", die keine Meistersöhne waren, nach der Lehre noch eine lange Wanderzeit abverlangten. So darf es nicht verwundern, daß die Selbstrekrutierung von neuen Sensenschmiedemeistern aus den eigenen Reihen sehr erfolgreich war.

Auch die „Knechte" organisierten sich in bescheidenem Rahmen innerhalb der Zunft („Knechtschaft"), doch wurde selbständiges Handeln von den Meistern in den Zünften unterbunden. Die „Knechte" der Kirchdorf-Micheldorfer Zunft etwa durften sich nur unter Anwesenheit von zwei Meistern versammeln.

Die Zunftordnungen wurden vom Landesfürsten „konfirmiert" (=zugelassen). So erhielten Schmiede das ausschließliche Privileg, Sensen in der jeweiligen Region herzustellen. Traten Konkurrenten auf, die nicht zu einer anerkannten Zunft zählten („Störer" oder „Fretter"), konnten die Schmiede veranlassen, daß deren Waren durch landesfürstliche „Überreuter" beschlagnahmt wurden.

Die Zunftordnungen mußten bei jedem Herrscherwechsel wiederum bestätigt werden, was ermöglichte, bestimmte Vorschriften den geänderten Rahmenbedingungen anzupassen.

In den Zünften wurde vor allem Tradition und Stabilität hochgehalten – man wollte schließlich verteidigen, was man sich standesgemäß erarbeitet hatte. Da die Zunftpolitik ausschließlich von den Meistern, wahren Patriarchen ihres Meisterhaushalts, gestaltet wurde, kamen sie immer wieder in den Konflikt zwischen Bewahrung des Erreichten und wachstumsorientiertem Unternehmertum. Hielten manche Zünfte nicht mit dem technischen Fortschritt mit, so wurden sie von Konkurrenten außerhalb ihres Wirkungsbereichs überflügelt.

Noch heute kann man einen Eindruck des „rußigen Geschäfts" im Sensenwerk Schröckenfuchs in Roßleithen oder im Sensenwerk Sonnleithner in Laussa bekommen. Das rhythmische Stampfen der modernen elektrischen Hämmer, aus eigenem Kraftwerk betrieben, hallt noch wie vor Jahrhunderten durch das Tal. Heute jedoch werden die 100 verschiedenen Sensenarten vor allem als Andenken exportiert.

DER NIEDERGANG DER KLEINEISENINDUSTRIE

Leopold Werndl, ein Sproß des Schmiede- und Eisenhandwerks, erkannte frühzeitig die ungeheure Tragweite der elektrischen Energie und wurde damit zu einem der bedeutendsten Proponenten der unaufhaltsamen Modernisierung. Mit der Erfindung der Dynamomaschine gelangte er zu Weltruhm. Er war es auch, der die Stadt Steyr erstmals in Europa mit Straßenbeleuchtung versah.

Als Ursachen für den Niedergang der gewachsenen Gewerbe- und Industrielandschaft sind vor allem die technologische Revolution in der Eisen- und Stahlindustrie und die Veränderung der Produktionsbedingungen durch den Industrialisierungsprozeß zu nennen. Auch der rasche Ausbau der Verkehrsinfrastruktur durch zahlreiche Bahnlinien brachte das Netzwerk der alten Gewerbelandschaft der „Eisenwurzen" zum Einsturz. Auf den Trümmern der Kleineisenindustrie erblühte jedoch die neuzeitliche Großindustrie.

Diese ledernen Knappenhüte trugen die frühgeschichtlichen Bergknappen des Hallstätter Bergbaus.

Salz – „Weißes Gold" des Salzkammergutes

Das Salzwesen

DIE ENTWICKLUNG DES SALZBERGBAUS

Salz gilt seit Jahrtausenden als besondere Göttergabe: Mit (Brot und) Salz wird das Gastrecht beschworen, mit Salz wurden Eide besiegelt und Opfer bekräftigt. Rund um das Salz als bedeutendes Wirtschaftsgut entwickelte sich eine der glanzvollsten Frühkulturen Europas.

Jäger und Hirten waren in der Jungsteinzeit die ersten, die vor rund 4000 Jahren durch Beobachtung des Wildes die verborgenen Salzquellen entdeckt haben. In hölzernen Bassins sammelten sie zunächst die wilde „Quellsole", um sie anschließend in Tongefäßen zu versotten.

Vor rund 3000 Jahren begann man das Steinsalz in den Lagerstätten Hallstatts mit bronzenen Lappenpickeln in mühsamem Trockenabbau aus dem Inneren des Haselgebirges – jenen aus zertrümmertem Ton, Gips und Steinsalz bestehenden Gesteinsschichten – abzubauen und in Lederkörben aus dem Berg zu bringen. Als Lichtquellen dieses prähistorischen Bergbaus dienten Kienspäne aus Fichtenholz. Holzschaufeln benutzten die Knappen damals zum Füllen der Körbe. Die Zimmermannskunst der Bergleute zum Abstützen der Stollen war bereits hoch entwickelt. Die Steinsalzbrocken wurden sodann in Sudhütten weiterverarbeitet.

SALZGEWINNUNG BIS HEUTE

Als schließlich im 12. und 13. Jahrhundert der historische Salzbergbau in unserer Region bei Hallstatt aufgenommen wurde, entwickelte sich – wahrscheinlich von Aussee ausgehend – der „nasse Abbau". Man hatte das einfache Prinzip entdeckt, daß Salz wasserlöslich ist – so laugte man nun das „weiße Gold" einfach aus dem Haselgebirge!

„Schöpfwerk" und „Sinkwerk"

Die ursprünglichste und einfachste Gewinnungsart war das „Schöpfwerk". Von einer „Kehr" (=Abzweigung) treibt man zunächst eine „Querstrecke" (=Seitenstollen) in den Berg, die man zur „Hornstatt" erweitert. Von dort aus wird ein Schacht von etwa 20–25 m Tiefe angelegt – die „Pütte". Das entnommene Gestein wird mittels Kübel und Seilwinde verbracht. Von der entstandenen Schachtsohle aus werden nunmehr kleine Gänge – „Offen" genannt – sternförmig vorgetrieben. Dann wird das Wasser in die „Pütte" geleitet. Das Salz wird nun aus dem Gestein gelaugt, wobei sich die Wände zwischen den „Offen" nach und nach weglösen – eine kreisrunde Kammer entsteht. Die nicht gelösten Gesteinsrückstände – der „Werkslaist" – sinken auf den Boden der Kammer und bilden eine wasserundurchlässige Schicht, während die Lösungskraft des Wassers weiter an den Seitenwänden – den „Ulmen" – und an der Decke – dem „Himmel" – nagt. Auf diese Weise weitet sich die Kammer seitlich und nach oben aus, und der „Werkslaist" wächst weiter am Boden an. Mit einer Spindel wird alsbald die „Grädigkeit" der Sole gemessen – ist der Sättigungsgrad erreicht, wird die Sole „gutgesprochen" und mittels „Ampern und Pulgen" (Eimern, Kübeln) unter Mithilfe einer Seilwinde abgezogen. Also ein sehr mühsames und arbeitsaufwendiges Verfahren, das aber zum Teil bis ins 19. Jahrhundert angewendet wurde.

Einen großen arbeitstechnischen Fortschritt brachte der Laugwerksbetrieb mit „Sinkwerk" – hier holte man nicht die Sole herauf, sondern man ließ sie einfach abfließen. Beim „Sinkwerk" wird von zwei übereinanderliegenden Horizonten aus gearbeitet. Vom „Zubau" (=Seitenstrecke) des unteren Horizonts wird eine Kammer von ca. 30 m Durchmesser und 30 m Höhe ausgesprengt – die so entstandene Kammer – das „Werk" – ist vom oberen Horizont aus durch einen schräg angeordneten Verbindungsbau – dem „Sinkwerk" oder „Ankehrschurf" – erreichbar. Zum unteren Horizont ist das „Werk" durch den „Wehr- oder Ablaßdamm" abgeschlossen. Der Laugprozeß verläuft wie beim „Schöpfwerk".

Ein besonderer Knappe – der „Wässerer" – paßt auf, daß der Salzspiegel immer den „Werkshimmel" (=Decke) erreicht, und sorgt für den nötigen Nachschub an „Ätzwasser". Bei einem Sätti-

Die Bergknappen trugen in ledernen Tragkörben das Steinsalz aus dem frühgeschichtlichen Bergwerk.

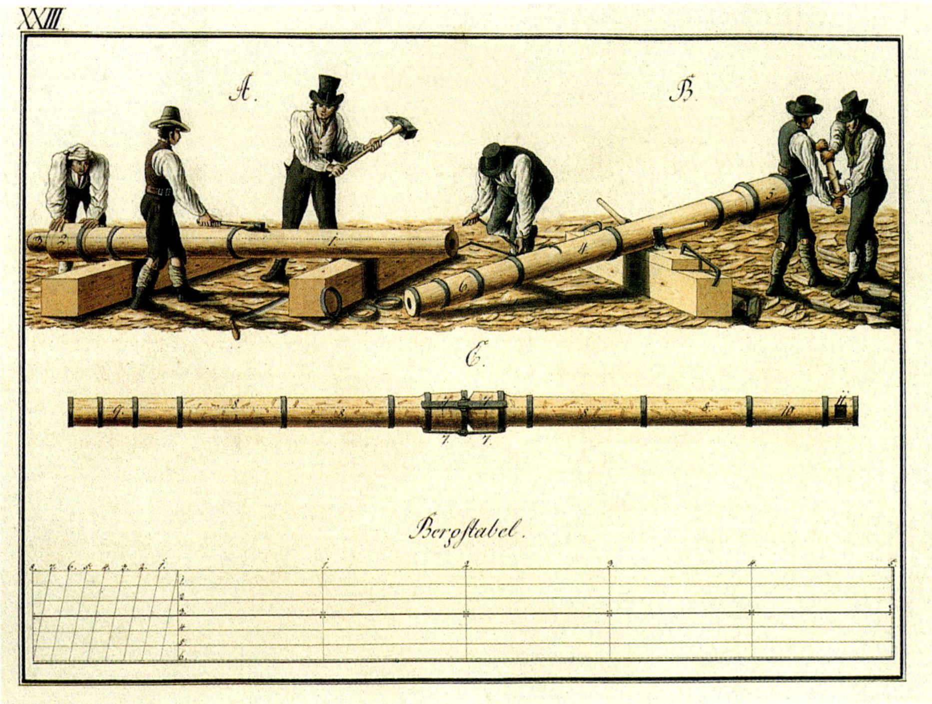

Mit von Hand aufgebohrten hölzernen Rohren wurde die berühmte Soleleitung von Hallstatt nach Ebensee verlegt.

gungsgrad von 27 Gew.-% ist die Sole „vollgrädig".

Der „Werks- oder Ablaßkasten" – ein massiv gezimmerter, quadratischer Holzkasten – nimmt die abgelassene Sole auf. Von diesem wird sie über das „Wehr- oder Ablaßrohr" in den Ablaßhorizont geleitet. Sodann wird die „gutgesprochene" (von Schlammteilen gereinigte) Sole aus dem Berg befördert. Der sich auch bei dieser Methode ansammelnde „Werkslaist" ist kein lästiger Abfall, sondern wird wegen seiner Wasserundurchlässigkeit zum Abdichten bzw. beim Bau der besagten „Wehrdämme" verwendet. Heute wird der „Laist" auch gerne als Kurmittel angewandt. Die Anlage eines „Sinkwerks" erforderte höchstes bergbautechnisches Können und Wissen – trotz unzureichender Geräte brachten dies die „Markscheider" (Vermesser) im Berg zustande!

Der Weg der Sole

Aufgrund des ungehemmten Raubbaus an den Salinenwäldern nahe der alten Pfannenstandorte Hallstatt und Bad Ischl suchte man wegen Holzmangels einen neuen Standort für die zentrale Versottung des Salzes in Ebensee. Dort konnten weitere großflächige Salinenwälder genutzt und das Salz sogleich über den Traunsee verschifft werden. Doch mußte die Sole anfangs über eine Wegstrecke von annähernd 40 km in mühsamem Landtransport von den Abbaustätten nach Ebensee gebracht werden. Erst gegen Ende des 16. Jahrhunderts stellte sich mit dem Bau der Soleleitung von Hallstatt nach Ebensee eine rasche Änderung des Soletransportes zu Lande ein. Für das zentrale Pfannhaus in Ebensee fügte Holzmeister Johann Spielbüchler auf Geheiß Rudolfs II. insgesamt 13 000 Rohre aus gebohrten, geglätteten Baumstämmen über 40 km Länge zusammen.

Über diese „hölzerne Pipeline" – übrigens die erste der Welt(!) – konnte die flüssige Sole bequem zur Versottung gebracht werden.

Die Soleleitung von Hallstatt nach Ebensee überbrückt in einem Meisterwerk der Ingenieurskunst des 17. Jahrhunderts den „Gosauzwang".

Moderne Gewinnungsmethoden

Heute ist der „nasse Abbau" weiterhin aktuell, doch bringen „Tiefenwerk" und „Bohrlochsonde" effizientere Ergebnisse.

Das „Tiefenwerk" wird am Ende eines Schachtes ausgesprengt. Die Sole fließt hier nicht nach unten ab, sondern wird mittels einer Pumpe nach oben befördert – so können „Tiefenwerke" größere Höhen auslaugen, und damit mehr Sole zutage bringen.

Die „Bohrlochsonde" ist zweifellos das modernste Verfahren, kann aber nur im Haselgebirge mit hohem Salzgehalt angewandt werden. Das etwa 120 m tiefe Bohrloch hat nur 20 cm Durchmesser und weist zwei ineinandergeschobene Rohre auf – durch das eine wird Wasser in den Berg gepreßt, durch das andere wird die gesättigte Sole hochgepumpt. So kann das Salz ohne Bergwerk von der grünen Wiese aus bequem aus dem Boden geholt werden.

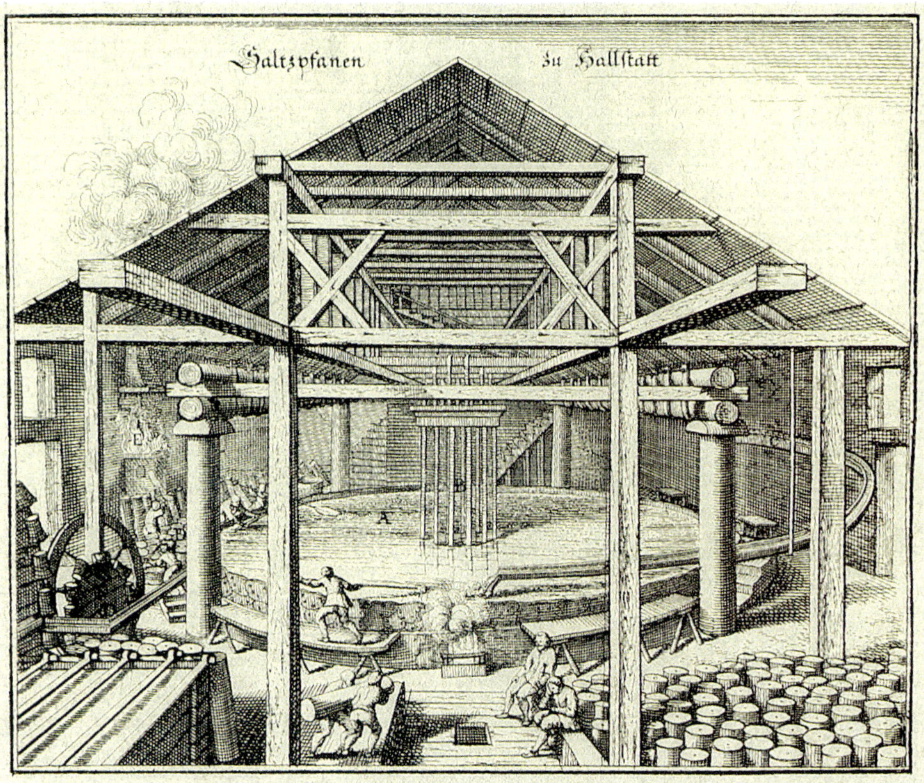

Blick in die Hallstätter Sudpfanne aus dem 17. Jahrhundert

DAS SALINENWESEN

Das Salinenwesen, also Bergbau und Pfannhaus, hatte bereits im Mittelalter Betriebsformen wie Spezialisierung, Arbeitsteilung, Technisierung und Massenproduktion entwickelt, die keinen Vergleich mit der modernen Industrie zu scheuen brauchen. Auch lassen manche Bestrebungen der Bergknappen bereits eine Organisation ihrer Interessen erkennen – nicht umsonst kommt der Begriff „Gewerkschaft" aus der Bergwerkssprache.

Die Knappen im Berg

Unter den Bergknappen nimmt der „Eisenhauer" – auch „Hauer" genannt – die wichtigste Position ein. Er schlägt den Vortrieb und schafft somit erst die Arbeit für andere. Der „Rüster" besorgt gemeinsam mit dem „Holzwerker" den Ausbau der „Strecke" (=Stollen). Der „Wegleger" verlegt im Stollen die Fahrbahn für die „Hunte" (=Förderwagen). Die „Karrenstoßer" und „Säuberer" „stoßen (schieben) die Karren". Der „Schienmeister" oder „Markscheider" ist von entscheidender Bedeutung im Bergwerk, da er die Stollen unter Tag vermißt. Wenn Frischluftzufuhr im Bergwerk nötig ist, besorgt dies der „Focher" mit der Bedienung des Blasbalgs. Die „Wöhrschläger" arbeiten am „Laugwerk", der „Püttenrüster" errichtet den „Ablaßkasten" (Vorrichtung zur Ableitung der Sole). Solange „Schöpfwerke" noch existierten, waren viele „Schöpfer" damit beschäftigt, die Sole mit Eimerwinden aus dem Bergwerk zu holen. Die „Knechtswerker" sind für Zubringer- und Hilfsdienste da. Der „Bergschmied" hält das „Gezähe" (Werkzeuge im Bergwerk) funktionsfähig. Der „Bergschaffer" führt die Aufsicht über die Arbeit im Berg. Eine Holzlade, in die Kerben bezüglich der Arbeitsleistung der „Karrenstößer" geschnitten wurden, diente als Kontrollmittel. Der „Geimel" – entweder der jüngste oder der älteste Knappe – sorgte in den Quartieren für die rechte Ordnung. Alte, ausgediente Knappen hießen „Tschanderer" oder „Schopfknappen" und wurden des öfteren zu Gelegenheitsarbeiten eingesetzt.

Arbeiter der Sudhütte

Natürlich herrschte auch in der Sudhütte strenge Arbeitsteilung. Der „Pfannofen" wurde von den „Schürern" geheizt („geschürt"). Die „Widtzieherin" mußte alle sechs Stunden Asche und Kohle aus dem „Luftgraben" (Boden unter den Feuerrosten) holen. An der Sudpfanne arbeiteten die „Pehrer", die das auskristallisierte Salz „auspehrten" (=herausheben), sowie die „Zu- und Überzieher". Je nach Pfannenart versahen hier auch der „Schüringer", der „Umstreich- und Bodenknecht" bzw. „Ober-, Unter- und Auspehrer" ihren Dienst. „Poßler" und „Helfer" füllten die Fuderformen, die neben der Pfanne standen, mit dem „ausgepehrten“, noch feuchten Salz. All diese Facharbeiter bezeichnete man auch als „Ordner“. Die zahlreichen Hilfsarbeiter um sie herum waren die „Fuderträger“, die die grünen „Fuder“ (=kegel- oder pyramidenstumpfförmiger Salzstock) zur „Dörre“ (=Trockenkammer) brachten, die „Zustürzer“ („Zuzehrer“, „Zuzieher“) reinigten den Pfannofen, die „Wasserhüter“, die „Kottrager“ und die „Widttrager“ versorgten die Pfanne mit Holz. Die „Schiringer“ versahen im Pfannhausbetrieb verschiedene Dienstleistungen, wie das Ablassen der „Mutterlauge“ (nicht mehr versiedbare Sole) oder das Erneuern der „Pfannsteher“ (=Stützen) und dergleichen. Wächter der Pfanne waren der „Wochner“ und der „Samstaghüter“. Die Gesamtaufsicht über das Pfannhaus hatte der „Zuleger“ (=Sudmeister).

Die „Pfieselknechte“ waren wie die „Hertrager“ mit dem Transport der getrockneten „Fuder“ aus der „Dörre“ – auch „Pfiesel“ genannt – beschäftigt. Die „Salzhacker“ zerkleinerten auf der „Stoßstatt“ die „Fuder“, der „Aufhaber“ füllte die „Kufen“ (=konische oder neunseitig pyramidenförmige Holzform zum Formen der „Fuder“), der „Stoßer“ verdichtete das Salz in den „Kufen“, der „Zuschlager“ klopfte die Füllung glatt. Der „Zukehrer“ arbeitete dem „Aufhaber“ vor, die „Beschlager“ setzten den vollen „Kufen“ noch den oberen Deckel auf, die „Setzerbuben“ trieben sodann die Keile ein, und die „Zwicker“ legten die Spangen über den Kufenboden. Mit all diesen Arbeitsschritten wurde das „weiße Gold“ für den Wasser- und Landweg reisefertig gemacht.

DAS SUDHAUS

Unter aus geschmiedeten Eisenplatten – den „Pfannstücken“ aus mehreren Eisenblechen – zusammengesetzten Pfannen, die sowohl auf mächtigen Steinsäulen – den „Pfannstehern“ – ruhten als auch an „Hinghaken“ von einer massiven Holzkonstruktion, dem „Überzimmer“, hingen, wurde auf einfachen Eisenrosten in der Saline das Feuer angeheizt.

Die immer höhere Salzproduktion führte zu unvorstellbarem Raubbau an den umgebenden Wäldern, da die Sudpfannen der Salinen mit Nadelholz aus den Salinenforsten gefeuert wurden und die Pölzungen der Bergwerke auch Bauholz verschlangen. Erst die Einführung der mineralischen Kohle brachte endlich Erleichterung für die Wälder. Heute arbeitet die modernste Saline Österreichs in Ebensee mit einer Thermokompressionsanlage auf dem Prinzip der Wärmepumpe.

DAS LEBEN DER SALZKNECHTE

Die „Macht des Salzes“ als unerschöpfliche Geldquelle brachte vielen Städten und Ortschaften durch das Aufblühen von Handel und Verkehr Wohlstand und Reichtum. Ab dem 14. Jahrhundert entwickelte sich das Salzwesen in enger Verbindung mit der staatlichen Ordnung. Vor allem für die Salzknechte selbst bedeutete dies aber Unterdrückung und Armut.

So mußten die Bergleute jahrhundertelang für einen Hungerlohn in Naturalien (Mehl, Schmalz, Zucker, Tabak) in den Bergwerken arbeiten. Auch die Frauen, wie etwa die „Kerntragweiber“, schleppten schwerste Lasten Steinsalz zu Tal.

Die harte, entbehrungsreiche Arbeit der Bergknappen, „Pfannhauser“, Holzknechte, Flößer, „Küfelmacher“ (Verpackung) und Schiffer brachte deshalb oft Aufstände mit sich. Innerhalb des Salzwesens gab es natürlich eine streng hierarchische Ordnung: Zur Kategorie der Meister gehörten die Aufsichtsorgane in den Produktionsstätten – „Bergmeister“, „Schaffer“, „Zuleger“ und „Schienmeister“. Sie standen jedoch rangmäßig und finanziell weit unter den Beamten des Salzamtes, „die sich die Hände nicht schmutzig machten“. Die Arbeiter im Berg und Sudhaus gehörten ebenfalls zwei deutlich getrennten Kategorien an: Der Gruppe der hochqualifizierten Facharbeiter und der Gruppe der „Knechte“, die die Masse der Hilfsdienste zu bewältigen hatten.

So entwickelte sich unter staatlicher Aufsicht des allmächtigen Salzamtes in Gmunden auch eine besondere soziale Struktur: Die Arbeiter wurden vom Militärdienst sowie von verschiedenen Steuern befreit, und es gab frühzeitig ärztliche Versorgung.

DER WEG DES „WEISSEN GOLDES“

Von den Sudhütten trat das „weiße Gold“ aus Aussee vorerst seine Landreise nur über Saumpfade entlang der alten Römerstraße nach Norden bzw. über den Radling südlich hinunter ins Ennstal an.

Die Flußschiffahrt nahm besonders ab dem Mittelalter aufgrund der verkehrsgünstigen Lage der Salzlagerstätten des oberösterreichischen Salzkammerguts an schiffbaren Gewässern, wie Traun-

Die erste Pferdeeisenbahn (Linz-Budweis) wurde wegen des strategisch und wirtschaftlich so wichtigen Salztransports nach Gmunden verlängert.

see und Traun, einen ungeahnten Aufschwung. Der Salztransport lief hier vor allem über zwei wichtige Schaltstationen – Gmunden und dem Stadel bei Lambach. In Gmunden wurden die aus Hallstatt und Bad Ischl/Ebensee kommenden nackten „Fuder“ in „Küfel“ (=Holzbehälter) geschlagen und die bereitstehenden Zillen für die Fahrt zum Lambacher Stadel beladen. Von dort aus führte die dritte Etappe direkt zu den Donauhafen. Die „Besalzungsgebiete“ (=Absatzgebiete) des Salzkammerguts reichten zur Zeit ihrer größten Ausdehnung von Ober- und Niederösterreich mitsamt Wien, Böhmen und Mähren bis nach Schlesien.

Die „Salzfertiger“ machten das Salz für seine ausgedehnten Fluß- und Seereisen sozusagen „reisefertig“, indem sie den gesamten Transport bis ins letzte Detail genau vorplanten und durchführten. Sie übernahmen das Salz von der Saline, dörrten (=trocknen) es und besorgten die Verpackung in „Küfeln“. Sie betrieben Werften für den Bau der Salzschiffe, sorgten für die Verfrachtung und zu guter Letzt für den Verkauf.

Die Schiffsbauer stellten eine erstaunliche Vielfalt an Wasserfahrzeugen her und exportierten ihr Wissen in die gesamte Donaumonarchie. „Herrenfuderzillen“, „Mautamtszillen“ oder „Geschirrplätten“ schafften das Salz traunabwärts. Die „Wasserseher“ beobachteten ständig den unberechenbaren Lauf der Traun und ihren Wasserstand. Die „Fasselstößer“ be- und entluden die Schiffe, die „Traunknechte“ waren als Binnenmatrosen unterwegs. Lebensmittel und Wein wiederum wurden von den „Traunbauern“ in schwerem Pferdezug am Treppelweg traunaufwärts gebracht.

Wilde Stromschnellen und Hochwassergefahr bannte man schließlich teilweise durch wasserbauliche Meisterleistungen von Thomas Seeauer im 16. Jahrhundert, wie etwa die Traunfallschleuse, oder mittels „Seeklausen“, mit denen die Wasserstände der Seen reguliert wurden.

Erst die Einführung der Eisenbahn – mit der 1832 vor allem zum Salztransport errichteten ersten weltweiten Pferdeeisenbahn Linz-Budweis, die bis Gmunden verlängert wurde – verdrängte die Salzschiffahrt.

Von den ersten Knappen bis zur hochmodernen industrialisierten Salzgewinnung mußten Jahrtausende vergehen, das Antlitz der Landschaft aber konnte der Mensch in wenigen Jahrzehnten entscheidend verändern.

Von „Messerern“, Glöcklerlauf und Hammerherrentracht

Volkskultur und Brauchtum

Im Losensteiner „Brandstätter Hammer“ wird die kunstfertige Herstellung geschmiedeter Eisennägel gezeigt.

WAS IST VOLKSKULTUR?

Volkskultur braucht immer Heimat, also eine den Menschen seit vielen Generationen bekannte Umwelt mit einem lange vertrauten „sozialen Milieu“, einen Nährboden für sämtliche „kulturellen Äußerungen“, die sich in Brauchtum, Volksdichtung, Volksschauspiel, Volkserzählung, Volkslied und Volksmusik, aber auch Volksmedizin, Volksfrömmigkeit, Volkskunst und Volksarchitektur äußern.
Volkskultur wird nicht vom einzelnen geprägt, sondern von der Gemeinschaft, da sie vor allem gemeinschaftsbildend und -verbindend, und natürlich identitätsfördernd wirkt. Wichtige Eckpfeiler der Volkskultur sind daher Gemeinschaft, Tradition und der Lebensraum.
Volkskultur ist kein unveränderliches und unverrückbares Etwas, sondern ist dauernder Veränderung, Anpassung und Ergänzung unterworfen. So hat sich vor allem in den Gebirgsgegenden Österreichs in Abhängigkeit der geographischen Lage, der Erschließung, dem Bildungsgrad und der sozialen Zugehörigkeit der Menschen ein wunderbares Mosaik an Regionalkulturen, die immer wieder verändernd und befruchtend aufeinander einwirken, entwickelt. Dieses Mosaik wird von innen und von außen ständig verändert.
Die Volkskultur in unserer Nationalparkregion – dem oberösterreichischen Anteil der Eisenwurzen und Teilen des oberösterreichischen Salzkammergutes – wird von zwei Säulen getragen: der bäuerlich und handwerklich geprägten Volkskultur.

DAS HANDWERK IN DER VOLKSKULTUR

Sensenschmiede, Messerer, Nagelschmiede

Die Eisenverarbeitung in der oberösterreichischen Eisenwurzen war durchweg durch Handwerke geprägt, welche die teils kunstvolle Endbearbeitung

Gegenüber: Die Huf- und Hackenschmiede Lindermayr zeigt anschaulich dieses mystische Handwerk.

des Rohstoffes Eisen durchführten. Unter diesen Handwerken hatten im Hinblick auf die Anzahl der Betriebsstätten und auch den Grad ihres Standesbewußtseins die Sensenschmiede, Messerer und Nagelschmiede die größte Bedeutung.

Den Sensenschmieden verdanken wir hervorragende Beispiele kunstvoller Volksarchitektur. Ihr besonderer Hang zum Außergewöhnlichen hinterließ uns viele prächtige Hammerherrenhäuser mit wuchtigen Walmdächern und schmiedeeisernen Fensterkörben, nach außen im Rokokokleid oder Biedermeierbarock, im Kern aber meist um vieles älter. Ausgeschmückt wurde das Ensemble durch Ziergärten mit Pavillons, Salettln (Gartenhäuschen) und Figurengruppen. Die alte Linde vorm Haus, die Kapelle am Wegrand und die Schießscheibe am Wiesenhang durften ebenfalls nicht fehlen. Deshalb nannte man die stolzen Herren des „rußigen Geschäfts" auch „Schwarze Grafen". Die bekanntesten Sensenschmiedefamilien, wie die Zeitlinger, Piesslinger oder Weinmeister bauten zehn bis zwölf Generationen hindurch wahre Dynastien auf.

Am wasserradbetriebenen Hammer, wo die Kraftübertragung noch mit Transmissionsriemen erfolgt, werden die Klingen der „Zaukerl" bearbeitet.

Die kostbare regionaltypische Hammerherrentracht mit wertvollen Goldhauben, silbernen Knöpfen und bestickten Gürteln, aber auch die porzellanenen Kaffetassen, intarsierten Möbel, neumodischen Badewannen, großen Spiegel, die edlen Hunde und schließlich noch die wunderbaren Jagdgewehre, leichten Kutschen und schnellen Pferde zeugten von gediegenem Reichtum. Das Bild wohlhabenden Großbürgertums mit bäuerlichem Charme und einem Hauch aristokratischer Noblesse wurde noch von neuesten Maschinen und Erfindungen sowie einer besonderen Neigung zu Literatur, Technik und Naturwissenschaften vervollständigt.

Zunftangelegenheiten wurden in ritualisierten Zusammenkünften geregelt. Deshalb hielten auch die „Sensengewerken" der Kirchdorf-Micheldorfer Zunft jedes Jahr einen „Jahrtag" ab. Bei Bedarf konnten zudem weniger formalisierte Versammlungen einberufen werden. Am „Jahrtag" wurde der „Zechmeister" und vier „Fürmeister" als Leiter und Repräsentanten der Zunft von den Meistern gewählt. In Zunftangelegenheiten durften nur die Meister vollinhaltlich mitreden.

Am „Jahrtag" konnten Arbeiter, die für das folgende Schmiedejahr noch keine Stelle hatten, ihre Arbeitskraft den versammelten Meistern anbieten und hoffen, doch noch eine „Anrede" zu ergattern. Das „Aufdingen" und „Freisagen" von Lehrlingen fand naturgemäß ebenfalls am „Jahrtag" statt.

Da der Glaube auch in der Zunft eine tragende Rolle spielte, ließ diese am „Jahrtag" einen Gottesdienst für alle Zunftangehörigen abhalten. Anschließend trat man zur Regelung von Streitfällen zusammen und ging danach zum festlichen Teil über, bei dem nach genau festgelegtem Protokoll Speisen verzehrt sowie Tänze und Lieder aufgeführt wurden.

Auch das Messererhandwerk hat nachhaltig durch zahlreiche Zunftinsignien oder kunstvoll gearbeitete Zunftzeichen die handwerkliche Volks-

Aus Bandstahl werden die Messer für die „Zaukerln" (Taschenfeitel) vom Meister höchstpersönlich gestanzt.

Links: *Die Spitzmauer im Sonnenaufgang*

Die Arbeit am rotglühenden Werkstück im Roßleithner Sensenwerk

kultur beeinflußt. Solche Zunftinsignien findet man noch in so manchem Gasthaus der Region zwischen Enns und Steyr – mit ihnen wurde dokumentiert, daß dieser bezeichnete Sitzplatz nur einem Mitglied der Messererzunft zusteht.

Die Nagelschmiede wiederum haben vor allem während der Wintermonate weit über die Region hinaus bekannte Nagelschmied-Kastenkrippen gefertigt – wohl einer der schönsten Beiträge zu den volkskulturellen Errungenschaften unserer Nationalparkregion. In diesen lebendigen Krippenlandschaften findet man nicht nur regionale Landschaftsformen, sondern auch die vielfältige und feinsinnige Auseinandersetzung mit einheimischen Charakteren bei den Krippenfiguren als auch den Ausdruck einer regionaltypischen Volksfrömmigkeit. Zahlreiche Nagelschmiedkronen, die einst als Totenkronen für verstorbene Zunftbrüder fungierten, wurden von den kunstfertigen Nagelschmieden hergestellt.

Sensen- und Nagelschmiede sowie Messerer trugen als sangesfreudige Gesellen mit ihren meist nur mündlich überlieferten, während der Advent- und Fastenzeit bzw. bei Brauchtumsfesten gesungenen Liedern ebenso zur Verbreitung und Bewahrung des Volksliedes in der Region bei.

Der Rauhreif zaubert im Vorwinter oft märchenhafte Gebilde in die Landschaft.

Das Salzwesen

Das Salzwesen prägte vor allem die Volkskultur des Salzkammergutes. Die hohe sakrale Bedeutung des Salzes ist nicht nur aus der Antike überliefert, sondern auch im Alten Testament, im späteren Christentum und bei den alten Germanen belegt: Salz hat eine erhaltende, reinigende sühnende Kraft, es gilt wegen seiner Unentbehrlichkeit für uns Menschen als göttliche, heilige Gabe. Darum wirkt es auch gegen böse Mächte, Teufel und Hexen. Salz ist schließlich Sinnbild für Treue und Ergebenheit und spielt in der Volksmedizin eine gewichtige Rolle. So wurden gemäß der Volksfrömmigkeit zahlreiche Salzpatrone und Salzheilige im Laufe der Jahrhunderte um Hilfe ersucht: Der bergmännische Bittsteller wendet sich an den hl. Rupert, als allgemeine Bergbauheilige gilt seit dem 15. Jahrhundert die hl. Barbara, die den hl. Daniel als Schutzpatron des Bergbaus ablöste, der Schutzheilige der Sudpfannen ist der hl. Florian, begreiflicherweise der Helfer in Feuersnöten. Weitere Salzheilige sind der hl. Nikolaus und der hl. Christophorus, zuständig für Land- und Wasserwege, Helfer in der Wassernot und daher der Heilige der Schiffer, Flößer und Holzknechte. Der harte Arbeitsalltag der Salzleute und ihr teilweise außerhalb des sozialen Verbandes ablaufendes Leben in eigenen Siedlungen hat auch hier eine besonders stark gefügte Standeskultur ausgebildet. Dies äußert sich in einer eigenen Berufssprache – fast eine Geheimsprache für Eingeweihte – , eigenen standespezifischen Überlieferungen, eigenen Sagen, Liedern und Tänzen und natürlich einer eigenen Berufstracht. Ähnlich wie bei der Eisenverarbeitung hat die Volkskultur des Salzwesens durch die im spätgotischen oder Renaissancestil erbauten wunderbaren Verwaltungs- und Bürgerhäuser vor allem Gmunden bereichert. Aber auch Ischl und Ebensee waren einst durch die Sudhäuser geprägt. Einheimische Salinenzeichner hielten die Arbeitsschritte des Salzwesens peinlich genau fest und dokumentierten damit für die Nachwelt eine längst entschwundene Arbeitskultur.

Einmal im Jahr, so will es der Brauch, treffen die Knappen zu einem „Bergfest" zusammen, um dem Gottvater Dank für seinen Bergsegen auszusprechen – Dank dafür, daß der Berg seine Schätze nicht verwehrte und den Bergmann das vergangene Jahr heil überstehen ließ. Diese „Bergfeste" sind zwar heute nicht mehr durch den starken religiösen Bezug gekennzeichnet, weisen jedoch nach wie vor dieses ausgeprägte Zusammengehörigkeitsgefühl, gepaart mit Traditionssinn und Standesbewußtsein, auf. Einst hatten die Ischler Bergknappen genauso wie die Ebenseer Salinenarbeiter einen Schwerttanz, der jedoch nicht wie beim noch abgehaltenen, berühmten Halleiner Schwerttanz im Bundesland Salzburg Bezug auf die Arbeit nahm.

DER BAUERNSTAND IN DER VOLKSKULTUR

Die Bauern waren seit alters her mit den Handwerkerzünften der Eisenverarbeitung und dem Salzwesen und deren Transportgewerben durch Versorgung mit Proviant sowie durch Übernahme bestimmter Transportleistungen äußerst eng verbunden.

Der Bauer bereicherte die regionale Volkskultur unserer Region vor allem durch bäuerlichen Hausrat, Bewirtschaftungsgeräte und Kunsthandwerk, das oft kleinflächig in Farb- und Formenwahl völlig unterschiedlich gestaltet ist. Die tiefe Verbundenheit mit der Natur und dem Glauben führten zu wunderbaren Zeugen der Volksfröm-

Die Glöcklerläufe des Salzkammerguts – wie hier der Ischler Glöcklerlauf – symbolisieren den Aufbruch aus der winterlichen Dunkelheit in das Licht des Frühlings.

migkeit, wie die zahlreichen Marterln, Wegkreuze und Kapellen, aber auch kunstvoll geschmiedete Tore und Grabkreuze beweisen.

Das Wissen um die Kräfte der Natur, ihre lebensspendende und zugleich vernichtende Wirkung in der Abfolge der Jahreszeiten prägte auch das Brauchtum im Jahreslauf. Diese uralten Traditionen ließen schließlich ein regionaltypisches bäuerliches Brauchtum entstehen, das kontinuierlich von Generation zu Generation weitergegeben wurde.

Vom Kampf gegen das Böse und die Finsternis

Mit dem ewigen Kampf zwischen Gut und Böse, Licht und Finsternis beginnt von der Vorweihnacht bis zum Dreikönigstag die Regentschaft der „Frau Percht".

Der Sage nach zogen am 5. Dezember der „Nigloherr" und die „Niglofrau" – so nennt man im Oberösterreichischen die germanischen Gottheiten Wodan und Berchta – mit einem Heer abenteuerlicher Gestalten von Haus zu Haus. Erst in den achtziger Jahren des vorigen Jahrhunderts

„Nigl", „Teufel" und „Nachtwächter" des Windischgarstener Nikolospiels

wurde der „Nigloherr" durch den christlichen Bischof Nikolaus ersetzt.
Aus der lärmenden, gehörnten Schar ragen die Krampusse – „Nigln" genannt – hervor, die schellenklingend und kuhglockenläutend über die Felder der Bauern von Hof zu Hof laufen und damit gute Ernte verheißen. Die „Grassertmandln", vollständig in Tannenreismäntel gehüllt, versinnbildlichen die Ruhe des Waldes. Der „Teufelsweiser" hat den Teufel angekettet, damit er nichts Böses treiben kann. Der „Jäger" tritt mit einem Hirschgeweih auf dem Kopf auf, und der „Klaubauf" steckt böse Buben in seinen Buckelkorb. Die „Habergoaß" fällt durch ihr abscheuliches Gemecker auf. „Tod" und „Rauchfangkehrer" schließen mit Riesen, „Zwergerln" und „Engerln" den Reigen der wilden Gesellschaft.
Ein besonders schöner Rauhnachtsbrauch hat sich in manchen Orten des Salzkammergutes erhalten – die Glöcklerläufe. Die Lichtträger symbolisieren den Aufbruch aus der winterlichen Dunkelheit in das Licht des Frühlings. Getrieben vom Klang der Schellen und Glocken und dem gestampften Rhythmus der Schritte stürmen die „Glöckler", weiß bekleidet, mit riesigen, sternförmigen, symbolbemalten Lichterkappen auf dem Kopf über schneebedeckte Felder oder durch die nächtlichen Gassen. Der Ursprung dieses Brauchtums liegt wahrscheinlich in den seit Jahrhunderten geübten Abwehrumzügen und dem Brauch des Anklopfens und Neujahrswünschens in verschiedensten Formen.
Der gegenwärtige Glöcklerlauf existiert seit ca. 100 Jahren, wobei die Geburtsstunde in Ebensee zu suchen ist. Bei den Glöcklerläufen in den verschiedenen Orten unserer Region haben sich allmählich Eigenheiten herausgebildet. Läuft an der Spitze der Ebenseer „Passe" (Gruppe) der „Sturmhut" (halbkreisförmige Kappe), so ist es in Bad Ischl der „Komet". Auch Formen, Farben und Symbole sind oft unterschiedlich. Neben Sternen und Spitzkappen finden sich viele Figuren aus dem religiösen Bereich, wie die Heiligen Drei Könige der Mitterweißenbacher „Passen", oder nachgebaute Kirchen und historische Gebäude. Die Kappen selbst werden in kunstvoller Handarbeit von den Mitgliedern der jeweiligen „Passen" auf einem filigranen leichten Holzgerüst aus mehreren übereinandergeklebten Buntpapierschichten hergestellt und von innen mit Kerzenlicht beleuchtet. Manchmal kann es dabei vorkommen, daß diese wunderbaren Kunstwerke auch in Brand geraten.

Feuerbrauch und Rauchsegen

Im uralten Volksglauben besitzen Rauch und Lichtschein unheilabwendende Wirkung. Das Feuer verbrennt alles Schlechte und wird als heiliges Symbol für Reinigung und Erneuerung betrachtet. Es weist aber auch auf die wachstumsfördernde Energie der Sonne für Mensch, Acker und Tier hin. Deshalb leuchten auch heute noch lodernde Feuer von manchen Gipfeln. Einst verbot die Kirche die germanischen Sonnwendfeuer als „Spring- und Lustfeuer". Bei der einheimischen Jugend vor allem des Salzkammergutes waren die Sonnwendfeuer deshalb so beliebt, weil mit erfolgreichen Sprüngen so manche Prophezeiung über Liebschaften oder Heiraten damit verbunden waren, oder weil man einfach das gesellige, mystisch anmutende Beisammensein genoß. Als die Kirchenfürsten erkannten, daß man diesen beliebten Brauch nicht einfach verbieten konnte, wandelten sie schließlich den heidnischen Kult in das christliche „Johannisfeuer" um.
In der Heiligen Nacht – der Weihnacht – wird von den Bauern Haus und Hof „geräuchert". Einst galt dieser Brauch als heidnisches Geisteraustreiben, später bekam er erst die Bedeutung als christ-

„Habergoaß" und „Nigl" treiben im vorweihnachtlichen Nikolospiel ihr Unwesen.

licher Segen. Dazu gibt der Bauer ein bißchen Herdglut, Palmbuschen von Ostern, einige Zweige Wacholder, etwas Weihrauch und Gewürz und ein paar Tropfen Weihwasser in einen feuerfesten Topf. So weiht man mit dem segenbringenden Rauch alle Stuben und Kammern des Hauses und auch Dachboden und Keller. Anschließend räuchern die Bauersleute den Stall, und die Bäuerin besprengt jedes Stück Vieh mit Weihwasser. Gegen Kopfweh soll dieses Rauchopfer ebenfalls helfen – man hält Hut oder Kopftuch über den heilbringenden Dunst und setzt sodann die Kopfbedeckung rasch wieder auf.

Die Überlieferung sagt, daß gegen Mitternacht die Tiere miteinander reden. Deshalb bleibt eine Person immer am Hof, während die anderen zur Christmette gehen.

In der letzten Nacht des Jahres – der Neujahrsnacht – werden abermals Haus und Hof geräuchert, um alles Böse endgültig zu vertreiben.

Am Dreikönigstag schließlich wird die Glut auf die Felder gebracht und vorsichtig zugedeckt, damit das fruchtbarkeitsbringende Opfer auch seine Wirkung tut. Danach schreiben die Bauersleute die Initialen der Heiligen Drei Könige auf alle Türen von Haus und Stall.

Osterbrauch

Die Palmweihe ist – ebenso wie das Osterfeuer – ein besonderes Ereignis im Jahreslauf, wird damit doch das Erwachen der Natur begrüßt. Mit den Osterfeuern begrüßt man die aufgehende Sonne, von der man sagt, sie mache am Ostermorgen drei Freudensprünge, und es werde an diesem Morgen von allen Seiten hell. Die Kirche hat beide Bräuche – „Palmbuschen" und Osterfeuer – übernommen und weiht das Feuer am Abend des Karsamstags. Der Bauer nimmt sich etwas von der heiligen Glut mit nach Hause, indem er neun Holzscheite ankohlen läßt, die Glut abdämpft und das Bündel als Haussegen und Wetterschutz verwendet. Zweierlei Holz verwendet er dafür: Holz von Bäumen und Holz von Sträuchern mit heilender Kraft. Dies sind Hölzer, aus denen Haus und Hof erbaut sind, wie Lärche, Fichte, Tanne, Eiche, Esche, Buche etc., und Sträucher, wie Wacholder – im Volksmund „Kranewitten" genannt –, Holunder und Linde.

Bei den „Palmbuschen" werden Weidenkätzchen, Wacholderzweige, Buchsbaum, Stechpalme – „Schradl" genannt –, Eibe, Segenbaum und Seidelbast als Frühblüher im Eichenlaub vom Vorjahr um einen Haselnußstock gebunden und mit 12 kleineren, rundum gewundenen Buschen sowie

Der „Riese" und „Nigeln" beim vorweihnachtlichen Nikolospiel in Windischgarsten

bunten Bändern und „Beugeln" versehen. Die gesegneten „Palmbuschen" werden an verschiedenen Punkten der Felder in die Erde gesteckt, um Fruchtbarkeit zu erbitten. Im Ennstal bei Großraming haben die Buben an den übermannshohen Weidenzweigen schwer zu tragen. Wie in einem Körbchen verstecken sie in den „Palmbuschen" ein Sackerl Weizenkörner. Diese Körner werden vom Bauern im Hof in einem mit geweihter Kreide gezogenen Kreis ausgestreut, und es heißt, daß die Hühner, die diese Körnchen fressen, das ganze Jahr vor Fuchs und Habicht gefeit sind.

Ein drittes Ostersymbol neben Palm und Feuer ist das Ei, denn gerade zu Ostern haben die Hennen ihre beste Legezeit. So geht von diesem ersten Frühlingsgeschenk auch ein großer Fruchtbarkeitszauber aus. Vor allem die am Gründonnerstag gelegten Eier – die „Antlaßeier"– sind besonders zauberkräftig. Der Bauer gräbt sie daher ins Feld ein, gegen Hagelschlag, oder er trägt sie hinaus auf einen steilen Hang gegen Erdrutsch bzw. legt sie unter freiem Himmel gegen Gewitter aus. Die Karfreitagseier sind nur den Männern vorbehalten. Wer sie ißt, wird sich ein ganzes Jahr nicht bei der Arbeit verletzen. Die am Karsamstag gelegten Eier helfen wiederum den Frauen gegen ihre Leiden. Nach altem Volksglauben werden die Ostereier nicht von Hennen gelegt, sondern vom Hahn oder von Hasen, sind doch die Osterhasen die ersten Junghasen im Jahr.

Ostereier gehören naturgemäß zu den Speisen, die die Bäuerin oder ihre Tochter am Ostersonntag zur Kirche trägt, um sie weihen zu lassen. Wenn sich die Mädchen mit diesen Eiern auf den Heimweg machen, begegnet ihnen vielleicht noch in diesem Jahr der Richtige.

Am „Großen Frauentag" – dem 15. August, zu Mariae Himmelfahrt – findet die Kräuterweihe statt.

Vom Maibaum bis zum „großen Frauentag"

Gerade zu den beginnenden Frühlingsfesten tritt der Baum als Symbol des Wachsens und Lebens oft auf. Besteht der „Palmbuschen" am Palmsonntag aus neunerlei Zweigen, so „wächst" am 1. Mai über Nacht mitten unter den knospenden

Rechts: Apfelbaumblüte vor dem Bauernhaus

Frühling im Garstner Tal mit Blick zu den Haller Mauern samt Großem Pyhrgas

Bäumen des Dorfplatzes ein ganz besonderer Baum aus der Erde – der Maibaum. Dieser wird von den Burschen einer Ortschaft heimlich herbeigebracht und „eingesetzt", um den Frühling zu begrüßen. Erst in späterer Zeit galt er einem geliebten Mädchen oder einem jungvermählten Paar. Von den heutigen Maibäumen, die meist ohne Heimlichkeit an einem öffentlichen Ort aufgestellt werden, erwartet man sich heute kaum noch Leben und Fruchtbarkeit. Natürlich gefällt es vielen, wenn der Maibaum bei Musik und Bier umgeschnitten wird oder gar von den Burschen des Nachbarortes gestohlen wurde, aber der mystische Sinn dieses alten Kultes ist leider schon im Schwinden.

Und doch hat das Symbol des Baumes auch heute noch seinen tieferen Sinn. So hat die Kirche den Baum auch zu Fronleichnam in ihre Feier aufgenommen. In unserer Region sind es die Birken, die die feierliche Fronleichnamsprozession umrahmen. Die Bevölkerung legt die schönste Tracht an, um die aufgeregten Kinder zur Erstkommunion zu begleiten.

Auch bei familiären Ereignissen hat der Baum seine Bewandtnis: Wird ein Kind geboren, so pflanzt ihm der Vater eine Linde, wird der Dachstuhl auf den Rohbau gesetzt, stecken die Zimmerer ein geschmücktes Fichtenbäumchen auf den First.

Zur Sommersonnenwende befestigen die Bauern die „Johannisbuschen" über den Türen und Fenstern ihres Hofes, damit die unberechenbaren Naturgewalten Haus und Hof verschonen mögen. Am Mariae-Himmelfahrts-Tag, dem 15. August, finden in vielen Orten unserer Region Prozessio-

nen zum „großen Frauentag“ statt, bei denen meist auch die Kräuterweihe stattfindet.
Die Segenskraft des Baumes begegnet uns in der Vorweihnachtszeit wieder, wenn die Ruten der „Nigln“ in der Nacht von 5. auf 6. Dezember Glück und Gesundheit, verbunden mit einigen Striemen und blauen Flecken bei den Betroffenen, bringen. Und schließlich spüren wir alle diese Kraft noch heute unter dem Weihnachtsbaum. Zu guter Letzt begegnet uns der segensreiche Baum am Ende des Jahres noch einmal am Tag der unschuldigen Kinder, wenn die ins Fenster gestellten Ruten, die der Hausvater noch vom Nikolaustag her aufbewahrt hat, aufblühen und ein gesundes, langes Leben verheißen.

VON TRACHT UND GOLDHAUBE

Die in aufwendiger und zeitraubender Handarbeit kunstvoll pailettenbestickte Goldhaube als Kopfschmuck der Frauen stammt eigentlich aus der Biedermeierzeit. Die Goldhaube entwickelte sich im 19. Jahrhundert aus der Bodenhaube zu einer provokanten und majestätischen „Krone“ der Bürgersfrau und der wohlhabenden Bäuerin. Neben dieser prächtigen Kopfbedeckung gibt es auch die schwarzen Perl- und Florhauben sowie andere dekorative Hutformen. Die Sensenschmiedinnen des Krems- und Steyrtales trugen und tragen zu ihrem Spenserkleid den weißen Scheibenhut genauso gerne, wie die Goldhaube. Der charakteristische Leibkittel aus Blaudruck oder Leinen, Wollbrokat oder Seide bildet mit vielen Blusenformen, den in Material und Farbe abgestimmten Schürzen und prachtvollen Borten, Posamenten, Samtblenden und Rüschen eine harmonische Einheit.

Bei der Fronleichnamsprozession tragen die Frauen ihre Trachten mit Gold- und Perlhauben sowie Scheibenhüten.

Die Männer tragen den olivgrünen oder braunen Trachtenanzug. Besonders hervorzuheben ist der Hammerherrenanzug, mit dem die Hammerherren des Krems-, Steyr-, Enns- und Almtales prunkvoll ihr Standesbewußtsein zeigten.
Erhalter und Förderer dieser regional sehr unterschiedlichen Trachten, aber auch der Volksbräuche sind die örtlichen Vereine, die dieses wunderbare Volksgut hochhalten.

WILDSCHÜTZEN IM KARSTGEBIRGE

Eine besondere Form des „Brauchtums“, das in vielen Liedern und Geschichten verklärt und romantisiert wird, stellen die Wilderer oder Wildschützen dar. Sie gehen auf die uralte Kultur des bäuerlichen Rebellentums zurück, als die Bauern sich gegen die schrankenlose Ausbeutung durch die aristokratischen Grundherren zur Wehr setzten. Vor allem die adeligen Jäger, wie Kaiser Maximilian I., jagten nach Lust und Laune auf Kosten der Bauern, die übermäßige Wild- und Jagdschäden zu erdulden hatten.
Auf diesem Nährboden griffen viele Bauernburschen zum Gewehr, um dem „feinen Jagdherrn“ so manches „gute Stück“ wegzuschießen. Sein Mut

zum Abenteuer und sein unbeugsamer Wille, sich selbst das Recht zu nehmen, das man ihm verweigerte, brachte dem Wildschützen Ansehen und unverhohlene Zustimmung nicht nur beim „kleinen Mann", sondern auch beim „braven Bürger". Im Laufe der Jahrhunderte entwickelte sich eine regelrechte „Wildererkultur", die schließlich bis in die letzten Jahrzehnte unseres Jahrhunderts andauerte. Die ersten Wildschützen beriefen sich bei ihrem Waidwerk tatsächlich auf altes germanisches Recht, nach dem jeder freie Bauer auch das Recht zur Jagd hatte. Doch mit der Übernahme des römischen Rechtes in den deutschsprachigen Ländern wurde alles herrenlose Gut – also auch Wald und Wild – das Eigentum des jeweiligen Herrschers und des Adels. Nur die Landesherren sahen sich demnach als Jagdberechtigte an. Die Wilderer wurden dadurch zu typischen „sozialen Rebellen". Selbstverständlich erkannten die Grundherren sehr rasch die Wilderer als Feinde, die ihnen nicht nur das Jagdvergnügen nehmen wollten, sondern auch ihr Autoritätsverhältnis zur Bevölkerung unterminierten. Die Jagd stellte einfach ein Fanal höfischen Lebensstils dar, und davon wollte man das „gemeine Volk" fernhalten. Wildschützen wurden deshalb besonders grausam bestraft, wenn man ihrer habhaft werden konnte – man schickte sie auf Venedigs Galeeren, stellte sie an den Pranger oder verbrannte sie!

In schlechten Zeiten, wenn Hunger und Wildschaden durch das höfische Waidwerk besonders spürbar wurden, nahm auch die Wilderei entsprechend zu. In manchen Regionen durfte der Bauer den Wald nicht einmal betreten, um „Hirsch und Sau nicht zu beunruhigen". Nicht einmal die Felder konnten vor Wildschäden gezäunt werden, da die adeligen Jäger es für selbstverständlich hielten, über die Äcker zu reiten. Bauernkriege und -aufstände waren die Folge, die meist vom Landesherrn blutig niedergeschlagen wurden. Trotzdem wilderten kühne Burschen weiter und waren auch noch stolz darauf, wegen Wilddiebstahls hinter Schloß und Riegel zu kommen. Man „saß" ja wegen einer gerechten Sache. So zum Beispiel in Windischgarsten, wie dies in einem Vierzeiler des vorigen Jahrhunderts deutlich wird: „An Gams hab i gschoss´n – in der Stoderer Spitzen –, und jetzt muaß i z'Garsten – im Eisen sitzen."

Die Bauernbefreiung 1848 durch Beseitigung der Grundherrschaft war bezüglich des Jagdrechts nur graue Theorie, standen die kleinen Bauern doch unter ungeheurem finanziellem Druck: Sie hatten ja durch die Grundentlastung einen Teil der Einbuße des Grundherrn diesem in Geldeswert zu ersetzen! Finanzstarke Käufer – vor allem Großbürger und Adelige – kamen so rasch in den Besitz der verschuldeten Anwesen, um wiederum ungestört ihrem Jagdvergnügen nachgehen zu können.

Der Wildschütz war aber nicht nur der Held der „kleinen Leute", er war auch von einer wahren Aura an Mystik umgeben. Um den „Kampf" dieser edlen, verwegenen Rechtsbrecher mit den Jägern der Jagdherren ranken sich zahllose Legenden, Lieder und Moritaten. Das verbotene Jagen wurde in den Gebirgsdörfern zum wahren Männlichkeitsritual und machte junge Burschen zu „Helden". Man bewunderte an ihnen nicht nur das Aufbegehren gegen die Obrigkeit sondern auch Tugenden, wie Stärke, Tapferkeit, Schlauheit, Entschlossenheit und Treue. Deshalb war der Wilderer von einer besonderen Magie umgeben: Geweihte Kugeln sollten unfehlbar gewesen sein, gesegnete Hostien wiederum zu Unverwundbarkeit führen, besonderen Mut versprach man sich, wenn man mit dem Blut des erlegten Wildes gleichsam „verbunden" war. Auch die Volksgesundheit blieb von dieser Magie nicht verschont: So sollten Zahnschmerzen bei hübschen Mädchen vergehen, wenn man eine vom Wilderer „ausgeschossene Bleikugel, die durch das Wild gegangen ist", unter die Zunge legte – die gleiche Wirkung hatte angeblich auch der Kuß eines Wilderers!

In Zeiten der Not gab es allzuoft bei Kämpfen zwischen Wildererbanden und Gendarmen oder Jägern Tote. Diese Burschen, die sich in wahren „Gangs" zusammenfanden, fühlten sich als Interessenvertreter der hungernden Bevölkerung gegenüber den „noblen Jagdherren" und ließen diese dann auch an ihrer Beute teilhaben. So wird von Mollner Wildschützen erzählt, daß sie die von ihnen erlegten Stücke armen Leuten vor die Tür gelegt haben sollen.

Gleich nach dem Ersten Weltkrieg schlugen Mollner Wildschützen – unter ihnen Kriegsheimkehrer – gegen Gendarmen eine heute schon legendäre „Schlacht", bei der vier Wilderer erschossen wurden. Heute noch erinnert ein Porzellanteller mit den Bildnissen der vier Getöteten an deren Taten. Ähnliche Ereignisse fanden auch bei der Moaralm nahe Windischgarsten statt. Dem „Schwarzen Hias" wurde in Form eines Marterls am Anzenbach im Reichraminger Hintergebirge ein Denkmal gesetzt, wie er, mit befreundeten Wildschützen unterwegs, von einem Jäger niedergestreckt wurde.

Die Natur Natur sein lassen?

Management im Nationalpark Kalkalpen

Junge Fichten wachsen aus einem vermodernden Baumriesen – die sogenannte „Kadaververjüngung".

WAS IST NATIONALPARK-MANAGEMENT?

Im modernen „Neusprech" verbinden wir mit dem Begriff Management meist die harte Realität der Organisation unserer technisierten Arbeitswelt, die oft keine Rücksicht auf Mensch und Natur nimmt.

Hier im Nationalpark Kalkalpen sind mit dem heute unvermeidlichen Wort Management all jene Maßnahmen gemeint, die darauf abzielen, einerseits die ungestörte Entwicklung der Natur zu gewährleisten und andererseits, sofern eine menschliche Einflußnahme auf diese Entwicklung notwendig erscheint, diese zu kontrollieren.

Selbstverständlich mußten sich die Nationalparkverwaltung und ihre Mitarbeiter mit unzähligen betroffenen Bauern, Grundbesitzern, Jägern, Fischern und anderen Nutzungsberechtigten, mit den Naturschützern und vor allem mit der Bevölkerung und den Politikern darüber einigen, was im Interesse der Natur und der Menschen, die in und um den Nationalpark leben, in diesem Schutzgebiet eigentlich geschehen soll. Im Reichraminger Hintergebirge und im Sengsengebirge (1. Verordnungsabschnitt) des nun eingerichteten Nationalparks Kalkalpen soll vor allem der anrainenden Bevölkerung gezeigt werden, wie ein solches Schutzgebiet eigentlich funktioniert.

Erholung und Bildung sind ganz wesentliche Aufgaben eines Nationalparks.

Gerade deshalb ist es um so wichtiger, die Grundlagen – also eine intakte Natur mit unberührten Landschaften und funktionierendem Naturkreislauf – zu erhalten. Denn die Bewohner der derzeitigen Nationalparkregion sind genauso wie die Besucher in das Werden dieses noch jungen „Nationalparkkindes" eingebunden: Sei es als aktive Mitgestalter, wenn es etwa um den Wald oder um Fragen der Jagd und Fischerei, um die Almen oder die Besucherlenkung geht, oder als achtsame Genießer, die in ursprünglicher Natur Erholung von den Zwängen des hektischen Alltags suchen.

DIE MANAGEMENTPLÄNE

Aufgrund dieser vielfältigen Ansprüche an den Nationalpark Kalkalpen ist exakte Planung erforderlich, um nicht nur das höchste Ziel – den Lebensraumschutz für Tiere und Pflanzen –, sondern auch Raum für menschliche Aktivitäten im Nationalpark anbieten zu können. Als Umsetzungsinstrument dienen die sogenannten Managementpläne vor allem dazu, die so unterschiedlichen Nationalparkziele unter einen Hut zu bringen. Die Ziele selbst sind eindeutig im oberösterreichischen Nationalparkgesetz festgehalten. Deshalb kann es auch keine Maßnahmen in den Managementplänen geben, die über die gesetzlichen Bestimmungen hinaus Einschränkungen vorsehen.

So ist auch im oberösterreichischen Nationalparkgesetz festgelegt, daß Managementpläne für jedenfalls drei Sachbereiche auszuarbeiten sind: den Naturraum, die Wildtiere und die Besucherbetreuung. Diese Erstellung von Managementplänen wird auch vom Ministerium für Umwelt, Jugend und Familie verlangt, von dem schließlich 50 Prozent der Geldmittel für die österreichischen Nationalparks stammen.

Ein wirkungsvolles Nationalpark-Management kann nur auf fundiertem Wissen über die Natur und ihrem Wirkgefüge aufbauen. Daher ist die Nationalparkforschung ein wichtiges Instrumentarium für die notwendige Dokumentation des Naturraums (Geologie, Tiere und Pflanzen) und die begleitenden Untersuchungen über die Auswirkungen der notwendigen Managementmaßnahmen (Monitoring).

Aufbauend auf diesen Erkenntnissen, haben die Managementpläne auf jeden Fall eine Beschreibung der derzeitigen Situation, Maßnahmen zum Erreichen der Ziele (inkl. Zeitplan und Kosten) und eine entsprechende Erfolgskontrolle zu enthalten.

Die Managementpläne wurden von der Nationalparkverwaltung – der Nationalpark OÖ. Kalkalpen GmbH. – erstellt und sind im Herbst 1997 nach Beschluß durch die OÖ. Landesregierung in Kraft getreten.

DER MANAGEMENTPLAN NATURRAUM

Heute präsentiert sich der Naturraum im Hintergebirge und Sengsengebirge als ein buntes Mosaik von Landschaftsteilen, die in unterschiedlichem Ausmaß vom Menschen beeinflußt wurden. In den unzugänglichen Bereichen extremer Steilhänge oder den Gipfelfluren der Berge finden wir am häufigsten naturnahe oder natürliche Bereiche.
Der Wald weist aufgrund der seit Jahrhunderten ausgeübten Forstwirtschaft reine Urwälder nur in Form kleiner Reste auf. Aber trotzdem können rund 80 Prozent der Wälder, was die Baumartenzusammensetzung und teilweise ihre Struktur (= das Nebeneinander verschieden hoher und verschieden alter Bäume) betrifft, als naturnah bezeichnet werden. In Bereichen, die ursprünglich Laub-Nadel-Mischwälder beherbergten, kommen heute auf rund 20 Prozent der Fläche forstwirtschaftlich überprägte reine Fichtenbestände vor. Dieses Mosaik wird noch von den Almen abgerundet – das sind Landschaftsteile, die auf Dauer von der Bewirtschaftung des Menschen abhängig sind. Gerade diese Almen sind jedoch durch ihre Vielzahl an Pflanzen und Tieren im Nationalpark Kalkalpen ein unverzichtbares Element.
All diese Landschaftsteile sind den zeitlich befristeten (Naturzone) und dauerhaften (Bewahrungszone) Managementmaßnahmen unterworfen.
Der größte Teil des nun verordneten Nationalparkgebiets im Reichraminger Hintergebirge und im Sengsengebirge liegt in der Naturzone, nur ein verschwindend geringer Anteil wird auf Dauer in den Bewahrungszonen gepflegt.

Die Maßnahmen in der Naturzone

Vor allem dem Wald muß man auf Flächen, die vom Menschen forstlich verändert wurden, gleichsam „wieder auf die Sprünge helfen", um ein natürliches Waldgefüge erreichen zu können. Dies kann in der Naturzone nur mit zeitlich befristeten Maßnahmen geschehen, die es jedenfalls in längeren Zeiträumen dem Ökosystem Wald ermöglichen, sich wiederum selbst überlassen zu werden. So werden zum Beispiel große reine Fichtenbestände des Nationalparkgebiets mit Entfernung kleinerer Baumgruppen wieder in ein vielfältiges Mosaik aus unterschiedlich alten Bäumen mit unterschiedlichen Baumarten rückverwandelt. Damit kann man auch das Risiko eines flächigen Zusammenbruchs solcher naturfernen Standorte, wie etwa durch Borkenkäferbefall, deutlich verringern. Umgeschnittene Bäume sollen zum Teil verwertet, zum Teil als Biomasse im Wald verbleiben. Von naturnahen Waldbeständen aus können sich die Baumarten durch die sogenannte Naturverjüngung durch Samenanflug und Keimung wieder in alle Richtungen ausbreiten – solche Prozesse können allerdings Jahrhunderte dauern. Diese Maßnahmen werden also nur sehr kleinflächig und in ohnehin naturnahen Beständen angewandt.
Grundsätzlich muß man natürlich nach der Devise vorgehen, daß in einem Nationalpark so wenig pflegliche Eingriffe als möglich erfolgen sollen. Man darf einfach nicht erwarten, daß die Natur sich nach den Vorstellungen von uns Menschen richten wird und man einen Urwald gleichsam „pflanzen" kann. So gehören etwa die Borkenkäfer wie viele andere Insekten auch zum Ökosystem Wald – genauso wie zum Beispiel auch der Specht oder das Reh. All diese Tiere führen nicht zur „Zerstörung" des Waldes, sondern tragen lediglich zum Wechselspiel der Baumgenerationen bei. Gerade diese „Waldgestalter" unter den Tieren haben auch genügend Feinde, die ihre Ausbreitung und Entwicklung entsprechend beeinflussen. Maßnahmen gegen den Borkenkäfer, wie zum Beispiel das Entrinden oder das rechtzeitige Fällen von Stämmen, werden nur in Randbereichen des Nationalparks in unmittelbarer Nachbarschaft von reinen Wirtschaftswäldern durchgeführt.
Grundsätzlich sollen alle pfleglichen Eingriffe in der Naturzone nur den durch menschliche Nutzungen gestörten Ökosystemen helfen, ihre natürlichen Kreisläufe des Werdens und Vergehens wiederum ungestört aufnehmen zu können.

Naturnahe herbstliche Laubmischwälder

Riesige Rotbuchen stocken an den unberührten Steilhängen des Nationalparks.

Weit reicht der Blick von der Ramseben über die sorgsam gepflegte Kulturlandschaft in die ungezähmte Urlandschaft des Toten Gebirges.

Im Nationalpark ist die naturnahe Almwirtschaft gefördert, wie hier auf der Feichtau

Almrauschblüte im Karst

Der winterliche Loser bewacht mit seinen „Zinnen“ das Hochplateau des Toten Gebirges.

Die Maßnahmen in der Bewahrungszone

Gänzlich anders geartet sind die auf Dauer vorgesehenen Maßnahmen in der Bewahrungszone des Nationalparks Kalkalpen, die ja nicht wie in der Naturzone auf die Rückführung in einen natürlichen Zustand, sondern eben auf die Bewahrung einer naturnahen Nutzung abzielen.

Almen zum Beispiel müssen einfach bewirtschaftet werden, damit der Wald die Wiesenflächen nicht wieder zurückerobern kann. Eine funktionierende Almwirtschaft im Nationalpark Kalkalpen muß aber auch Mindestanforderungen zum Schutz der Natur erfüllen. Aus diesem Grunde werden seitens der Nationalparkverwaltung die Richtlinien für den biologischen Landbau als Grundlage für die Almwirtschaft verlangt und sind im sogenannten „Vertragsnaturschutz“ mit den Eigentümern vertraglich festgelegt.

Dauerhaft durchzuführende Eingriffe betreffen auch Waldflächen, denen eine Bannfunktion zukommt – die also als Schutz für Siedlungen und Straßen vor Steinschlag, Lawinen oder Vermurungen dienen.

Gewaltige Verwerfungen der Kalksteinschichten lassen bizarre Giganten aus Stein entstehen.

MANAGEMENTPLAN WILDTIERE

Der Mensch hat seit seinem Auftreten auch in unserer Nationalparkregion Wildtiere gejagt. Damit hat er entscheidend in die natürlichen Regelmechanismen zwischen den Wildtieren und deren Umwelt eingegriffen, diese teilweise gestört oder gar wirkungslos gemacht. Einige Tierarten wurden dabei vor allem im Laufe der letzten Jahrhunderte massiv gefördert und gehegt, andere wiederum zurückgedrängt oder sogar mitleidlos ausgerottet. Hier im Nationalpark Kalkalpen sollen diese Regelmechanismen sich soweit wie möglich wieder entfalten können.
Die Nationalparkverwaltung hat sich besonders in diesem Bereich ein sehr hohes Ziel gesteckt, gilt es doch vor allem, mit der mächtigen Lobby der Jägerschaft ein gemeinsames Vorgehen zu suchen. Auf Grundlage von intensiven Verhandlungen und konstruktiven Gesprächen mit der Jägerschaft, dem Landesjagdverband, den Jagd- und Forstbehörden, den Österreichischen Bundesforsten, privaten Waldbesitzern und Wildbiologen ist es gelungen, in dieser auch gesellschaftspolitisch so heiklen Frage für den Schutz der Natur und ihres Wirkgefüges im Nationalparkgebiet eine tragfähige Basis zu schaffen.
Das Wildtiermanagement ruht daher auf drei Säulen:

- Natürliche Abläufe sollen ohne menschliches Zutun vonstatten gehen.
- Heimische und bedrohte Tierarten sollen gefördert und erhalten werden.
- Die Wildtiere sollen aber auch im Rahmen von Bildung und Erholung für den Menschen besser erlebbar werden.

Die Rahmenbedingungen für diese Zielsetzungen sind jedoch denkbar schwierig. Der Nationalpark liegt als eine ökologisch unvollkommene „Insel" in der umgebenden Landschaft. Die derzeitige Abgrenzung des Nationalparks reicht für den Schutz von Tierarten mit geringem Lebensraumanspruch sicherlich aus, für manche der Charaktertierarten dieses alpinen Lebensraums, wie Steinadler, Bär oder Luchs, würde für den Aufbau und den Bestand einer überlebensfähigen Population jedoch nicht einmal ein doppelt so großer Nationalpark ausreichen.
Die Nationalparkabgrenzung erfolgte aufgrund der langjährigen und schwierigen Umsetzungsphase im 1. Abschnitt nicht nach reinen wildökologischen, sondern nach landschaftsökologischen, geographischen sowie gesellschaftlichen und politischen Parametern. Die Lebensräume vieler Wildtiere reichen naturgemäß über die Nationalparkgrenzen hinaus.
Auch waren das Hintergebirge und das Sengsengebirge bis dato normales Jagdgebiet, dessen Zielsetzungen von denen des Nationalparks ja weit entfernt sind. Dem Rot- und Rehwild ließ man zum Teil intensiv Hege angedeihen, während Wolf und Luchs als Jäger ausgerottet wurden. Natürliche Einflüsse einer Reduktion des Rot- und Rehwildbestandes durch Krankheiten, Seuchen und Winterverluste sind aufgrund von Maßnahmen wie Impfungen und Winterfütterung weitgehend ausgefallen.

Lautet die Lösung, einfach „nichts tun"?

Nun könnte man durchaus sagen, in einem Nationalpark soll die Natur sich selbst überlassen werden. Die Entwicklung eines solchen Handelns kann niemand wirklich abschätzen. Interessant ist wohl das Wechselspiel zwischen Wild (Äsungsdruck) und Wald. In der Natur selbst ist dieses Gleichgewicht zwischen Pflanzenfressern und Pflanzen zeitlichen und örtlichen Schwankungen unterworfen.
Wir Menschen sind gewohnt, alles zu ordnen und jedes Fleckchen Erde zu nutzen. Im Nationalpark aber sollen wir die Natur gewähren lassen und uns als stille Beobachter der natürlichen Prozesse verstehen.

Was soll und kann man also tun?

Im noch kleinen Nationalpark muß das Schalenwild in geringem Ausmaß reguliert werden. Derartige Maßnahmen dürfen aber nur auf Grundlage wildökologischer Untersuchungen, wie einer Artenübersicht, der Bestandsentwicklung, dem Verhalten und den Wanderungen des Wildes sowie der Vegetationsbelastung bzw. noch vorhandener Räuber-Beute-Beziehungen, vorgenommen werden.
Die wichtigste Maßnahme des Wildtiermanagements ist daher die sogenannte „wildökologische Raumplanung" in Form des Managementplans für das Schalenwild. Diese weist Regulierungsmodelle für das Schalenwild unter Beachtung der Vegetationsbelastung, die Ausarbeitung eines Fütterungskonzepts vor allem für Rotwild, eine Arealabgrenzung und Wildlenkung in sensiblen Bereichen, die Ausweisung von Wildruhezonen und Habitatschutzgebieten, die Erstellung eines

Maßnahmenkonzepts bezüglich Tierseuchen und Krankheiten, die Untersuchung von Möglichkeiten der Wiederansiedlung ursprünglich hier lebender Tierarten sowie die Förderung und den Schutz für bedrohte Tierarten auf. Diese „wildökologische Raumplanung" muß sich aber auch auf die an den Nationalpark angrenzenden Gebiete beziehen und mit der Jägerschaft abgesprochen werden.

Ein solcher Managementplan unterliegt selbstverständlich ständigen Änderungen aufgrund der Erfahrungen, die bei seiner Umsetzung gemacht wurden.

Der Managementplan sieht im 1. Verordnungsabschnitt die Einteilung von „Wildruhegebieten" (ca. 5500 ha) vor, in denen jede Beunruhigung von Wildtieren verboten ist, von „Intervallregulierungsgebieten" (ca. 10 500 ha), in denen „Reh, Hirsch und Gams" mittels kurzer Jagd (max. 2 Wochen) und möglichst langen Ruhepausen (mind. 4 Wochen) gejagt wird, sowie „Schwerpunktregulierungsgebiete" (nur geringe Größe), die aufgrund hoher Wildschäden am Wald vom Schalenwild möglichst freizuhalten sind.

Die Regelung der Abschußtätigkeit gilt vor allem für Rot-, Gams- und Rehwild. Bis zur Herstellung einer artgemäßen Sozialstruktur (Geschlechterverhältnis, Altersstruktur) erfolgt die Regulierung beim weiblichen und männlichen Wild bis zum zweiten Lebensjahr.

Der Beginn der Schalenwildregulierung ist einheitlich mit 1. Mai, das Ende mit Beginn der „Notzeit" (= Wintereinbruch), längstens jedoch mit 15. Dezember festgelegt. In der Zeit vom 15. Juni bis 31. Juli (Aufzuchtzeit) sowie im Bereich von Rotwildbrunftplätzen während der Brunft und in Wintereinstandsgebieten in der „Notzeit" soll jede vermeidbare Beunruhigung von Wildtieren unterbleiben.

Die Fütterung von Rotwild erfolgt in fünf Gebieten des Nationalparks, die übrigen Fütterungsstandorte wurden aufgelassen.

Die Instandhaltung von Straßen nur für Zwecke des Wildtiermanagements ist nicht vorgesehen. Deshalb werden auch rund 15 Jagdhütten für diese und andere Aufgaben weiter instand gehalten. Weitere Wild- und Mähwiesen müssen zusätzlich zu den vorhandenen Almflächen als Äsungsflächen bereitstehen.

Die Schalenwildregulierung wird ausschließlich von Berufsjägern ausgeübt, wobei auch Trophäen, Abwurfstangen etc. nicht in Privatbesitz übergehen, sondern für Forschung, Bildung und Öffentlichkeitsarbeit Verwendung finden.

Für ein solches fein abgestimmtes Regulierungskonzept ist natürlich eine laufende Erfolgskontrolle vonnöten. Zu diesem Zweck soll ein Dauerbeobachtungsnetz Veränderungen erkennbar machen. Vegetationsbelastung, Wildbestandsentwicklung, Wildverhalten, Wildkrankheiten, Besucherverhalten und Lebensraumentwicklung sollen im „Monitoring" jährlich ausgewertet und die Ergebnisse in weitere Maßnahmen des Wildtiermanagements einfließen.

Die Ergebnisse liegen in der Zukunft

Mit Beginn des Jagdjahres am 1. April 1998 begann die Nationalparkverwaltung nun mit der konkreten Umsetzung des Wildtiermanagements. Besonders bei der ortsansässigen Bevölkerung ist das Interesse an Ergebnissen und Auswirkungen dieses Programms sehr groß, zumal es noch kein derartiges Projekt in den österreichischen Alpen gegeben hat. Wie erfolgreich die Maßnahmen sind, wird auch davon abhängen, ob es gelingt, die an den Nationalpark angrenzenden Jagden in die Zusammenarbeit einzubeziehen. Die Wechselbeziehungen zum Umfeld sind besonders bei Wildtieren ausgeprägt. Erfolgreiches Wildtiermanagement kann und darf sich daher nicht nur auf die „Insel" des Nationalparks beschränken.

Ausgehend von positiven Auswirkungen auf den Wald und das Wild wird es durch regelmäßigen Informationsaustausch in den nächsten Jahren sicher möglich sein, eine enge Beziehung zwischen Nationalpark und Jägerschaft entstehen zu lassen.

MANAGEMENTPLAN BESUCHERLENKUNG

Der Begriff „Besucherlenkung" geistert bereits seit den ersten Gedanken an einen Nationalpark Kalkalpen durch die Köpfe der Betroffenen. Das Wort ist tatsächlich etwas unglücklich, suggeriert es doch Gedanken wie „viele Besucher", und damit „Einschränkungen".

Tatsächlich versteht man darunter jedoch aktivierende Angebote, wie Wander- und Radwege, thematische Rundwanderwege, Triftsteige und geführte Erlebnistouren etc. Ziel ist es, Besucher durch „Angebote statt Verbote" zu informieren und Einblick in die Naturzusammenhänge zu gewähren.

Hochwinter in den Schluchten des Hintergebirges

Besucher im Nationalparkgesetz

Das am 6. Dezember 1996 beschlossene oberösterreichische Nationalparkgesetz verlangte gerade wegen des großen Mißtrauens vieler Einheimischer gegenüber den Erschließungsfragen des Nationalparks, daß der Managementplan „Besucherlenkung“ schon vor der offiziellen Eröffnung des Nationalparks Kalkalpen (1. Abschnitt) zu erstellen sei. In diesem wichtigen Instrument ist also dezidiert festgehalten, wie die Natur mit möglichst geringen Beeinträchtigungen für Besucher erlebbar wird. Neben einem Wegekonzept gibt es im Managementplan „Besucherlenkung“ auch Abflug- und Überflugzonen sowie ausgewählte Standorte für Bildungs- und Informationseinrichtungen. Verbote für Besucher existieren hingegen nur wenige im Nationalparkgesetz. Ausdrücklich erlaubt ist das Bergsteigen, Wandern und der Tourenskilauf.

Die Frage der internationalen Anerkennung

Der Nationalpark Kalkalpen hat seit November 1997 die internationale Anerkennung durch die IUCN. Diese Teilorganisation der UNESCO überläßt es den meisten Nationalparks selbst, entsprechend auf den Naturraum, die Größe und Erreichbarkeit abgestimmte Besucherregelungen zu finden. Der Schweizer Nationalpark ist zum Beispiel hier sehr restriktiv (Wegegebot, Gruppenbesuche nur nach Anmeldung), der Nationalpark Berchtesgaden in Bayern schränkt hingegen Besucher kaum ein.

Die Lösung in den Kalkalpen

Hier wählte man das bereits erwähnte Prinzip „Angebote“ (außerhalb) vor „Verboten“ (innerhalb). Der Bereich des heutigen Nationalparks im Reichraminger Hintergebirge und im Sengsengebirge ist unterschiedlich touristisch erschlossen. Es gibt neben drei bewirtschafteten Almhütten und einer Selbstversorgerhütte weder Seilbahnen noch Lifte, noch sonstige „massentouristische Attraktionen“. Höchst interessante Angebote hat jedoch die derzeitige Nationalparkregion und auch die Gesamtregion in der endgültigen Abgrenzung bis ins Salzkammergut zu bieten. Gibt es in der heutigen Region zum Beispiel das Forstmuseum in Reichraming, den geologischen Lehrpfad in Windischgarsten, Bildungsveranstaltungen des Nationalparks (Vorträge, geführte Wanderungen, Schullandwochen), so hat die erweiterte Region etwa die wunderbaren Schätze der Kleineisenindustrie und Forstwirtschaft in der Eisenwurzen oder die Attraktionen eines Teils des oberösterreichischen Salzkammerguts mit Salzbergwerken, kulturellen Genüssen aller Art und einer Vielzahl von Museen zu bieten.

Die Maßnahmen

Aus diesem Grund sollen die Bildungs- und Erholungseinrichtungen, wie Nationalpark-Informationszentren und -stellen, Bildungshäuser und Lehrpfade, schon weit außerhalb des Nationalparks geschaffen werden.

Umfangreiche Nationalpark-Bildungsveranstaltungen für Kinder, Jugendliche und Erwachsene werden angeboten.

Es müssen aber auch Maßnahmen erfolgen, die Hütten im Gebiet des Nationalparks möglichst umweltschonend zu ver- und entsorgen.

Ökologisch empfindliche Gebiete sind als Ruhegebiete ausgewiesen.

Der Nationalpark ist mit öffentlichen Verkehrsmitteln und mit dem Fahrrad attraktiv erreichbar. Auch Verkehrslösungen für die letzten noch öffentlich befahrbaren Straßen im Nationalpark müssen in Abstimmung mit der jeweiligen Gemeinde gefunden werden, ebenso wie der möglichst naturschonende, schrittweise Rückbau des vollkommen überdimensionierten Forststraßennetzes. Neben der Errichtung von Rastplätzen ist auch die Sanierung und Markierung von Wanderwegen laufend vorgesehen.

Darüber hinaus gehören die Kennzeichnung der Nationalparkgrenze und Verhaltensempfehlungen zur „Besucherlenkung“.

Erlebnis im Nationalpark Kalkalpen

Auf einem gut ausgebauten, über 100 Kilometer langen Wanderwegenetz können Besucher den heutigen Nationalpark Kalkalpen erleben. Nur für wenige, besonders empfindliche Bereiche wie Feuchtflächen und Moore gibt es ein Betretungsverbot. Besonderheiten des Nationalparks Kalkalpen kann man auf geführten Wanderungen mit ausgebildeten Nationalparkbetreuern kennenlernen.

Aber auch mit dem Fahrrad kann der Nationalpark und sein Vorfeld etwa auf dem traditionellen Hintergebirgsradweg erkundet werden. Insgesamt stehen den Mountainbikern weitere 140 km Forststraßen im Umfeld zur Verfügung.

Von den Skitourengehern erwartet man Verständnis für das Verbleiben auf den empfohlenen Routen. Ja, selbst für Paragleiter und Drachenflieger gibt es eigene Überflugzonen.

Das Reizthema „Verkehr"

Natürlich soll der Nationalpark erleb- und erreichbar sein. Hier spielt gerade der PKW-Verkehr eine entscheidende Rolle: Im heutigen Nationalpark gibt es insgesamt neun Hauptzugänge. Verkehrsberuhigende Maßnahmen sollen sicherstellen, daß sich die Besucher möglichst langsam und gemütlich dem Nationalpark nähern, um seine Schätze mit allen Sinnen erst aufnehmen zu können – zu Fuß, mit dem Fahrrad oder der Pferdekutsche!

Vorzeigelösung Reichraming

Gemeinsam mit der Gemeinde, dem Tourismusverband, den ÖBB und den Nationalparkplanern wurde auf Grundlage eines Verkehrskonzepts hier eine Vorzeigelösung gefunden: Seit 1994 bieten die ÖBB eigene Fahrradzüge im Ennstal an. Entlang der Anzenbach-Bezirksstraße – dem eigentlichen Zugang zum Hintergebirge – waren früher bis zu 600 parkende PKW keine Seltenheit. Seit der Errichtung von 180 gebührenpflichtigen Parkplätzen und einem Halte- und Parkverbot entlang der Straße selbst hat sich nun einiges geändert – sogar für Radfahrer ist die Straße wieder gefahrlos befahrbar. Pferdekutschenfahrten ins Reichraminger Hintergebirge tragen nicht nur zur Besucherlenkung bei, sondern ermöglichen es auch gehbehinderten Personen oder Familien mit Kleinkindern, die Schluchten des Hintergebirges zu entdecken. Ein Fahrradverleih der Österreichischen Bundesforste rundet das Gesamtangebot hier noch ab. Weitere verkehrsmäßige Hauptzugänge liegen im Bereich des Hengstpasses (Unterlaussa), beim Bodinggraben (Molln) und im Bereich Windischgarsten/Roßleithen. Auch hier wird gemeinsam mit den Gemeinden an Gesamtverkehrslösungen gearbeitet.

ZUSAMMENARBEIT FÖRDERT ZUSTIMMUNG

Die wesentliche Aufgabe des Nationalparks ist es, die Natur dem Menschen wieder näherzubringen. Dies kann nur unter der allgemeinen Akzeptanz der Bevölkerung erfolgen. Gerade deshalb ist die intensive und ununterbrochene Zusammenarbeit mit Grundbesitzern, Gemeinden, Tourismusorganisationen, Alpin- und Naturschutzvereinen, den Österreichischen Bundesforsten, der Nationalparkverwaltung und der gesamten Bevölkerung in der Region so wichtig. Mit den vorgelegten Managementmaßnahmen kann nicht nur die internationale Anerkennung durch die IUCN gewährleistet werden, sondern es liegt damit auch ein machbares Instrumentarium für die Natur und die Menschen der Nationalparkregion vor. Nur wenn hier weitere positive Maßnahmen gesetzt werden, und damit Vertrauen entstehen kann, wird der Nationalpark ein Erfolg für alle – eine große Aufgabe, aber auch ein lohnendes Ziel im Hinblick auf die kontinuierliche Erweiterung des Nationalparks Kalkalpen!

Eisige Idylle am Almsee

Für das Gesamtprojekt!

Ausblick der Naturschützer

Nach der erfolgreichen Einrichtung des Nationalparks Kalkalpen im 1. Verordnungsabschnitt wird nun seitens der Nationalparkverwaltung fieberhaft daran gearbeitet, dieses Schutzgebiet gemeinsam mit der Bevölkerung und den Naturschützern weiter mit Leben zu erfüllen. Das Jahr 1998 brachte mit der oberösterreichischen Landesausstellung „Land der Hämmer – Heimat Eisenwurzen“ und der gleichzeitigen Etablierung des Nationalparks Kalkalpen eine ungeheure Freisetzung positiver Energien der Menschen im Süden Oberösterreichs. Dies braucht uns gar nicht zu verwundern, da diese beiden Initiativen nicht nur eine klar formulierte Zukunftsstrategie darstellen, sondern vor allem durch die ehrliche, uneigennützige und bescheidene Form der Entwicklung und Präsentation dieser Ideen die fast uneingeschränkte Zustimmung der Ortsansässigen fanden.

Das Konzept einer dezentralen Präsentation eines Lebens-, Kultur- und Naturraums mit behutsamer Verteilung der bedeutenden Investitionsmittel auf einzelne Standorte muß als Vorbild für die Entwicklung anderer österreichischer Nationalparkregionen betrachtet werden.

Tausende von Menschen arbeiteten und arbeiten weiterhin in Vereinen und örtlichen Initiativen vor allem an der Verwirklichung und nachhaltigen Präsentation der dezentralen Landesausstellung mit. Sie waren es auch, die mit ihrem Idealismus, mit unbeugsamem Willen und manchmal Halsstarrigkeit zu einer neuen Identifikationsfindung in der Region der oberösterreichischen „Eisenwurzen“ beigetragen haben. Aus isolierten Vorstellungen und Initiativen einiger „Spinner“ entwickelte sich durch uneingeschränkte Unterstützung der Öffentlichkeit und des Landes Oberösterreich eine verbindende Idee. Auch das noch junge „Nationalparkkind“ profitierte ungemein von der allgemeinen Aufbruchsstimmung. Bald zeigte sich, daß die bedeutenden Geldmittel, die Land und Bund in dieses faszinierende Naturschutzprojekt investieren, auf fruchtbaren Boden fielen und fallen. Die Rekordbesucherzahlen der Landesausstellung und der Außenbereiche des Nationalparks sowie das große Interesse an diesem einzigartigen Kultur- und Naturraum können sich sehen lassen. Nun weiß fast jedermann, wo die oberösterreichische „Eisenwurzen“ und der Nationalpark Kalkalpen liegen!

Selbstverständlich werden die Initiativen nach dem Ende der Landesausstellung finanziell nicht mehr so stark unterstützt werden. Die meisten Eisenstraßen-Projekte werden in den Gemeinden für den Besucher jedoch weiterhin zugänglich sein.

AUFBRUCHSSTIMMUNG UND NATIONALPARKERWEITERUNG!

Gerade durch das verantwortungsvolle und behutsame Auftreten der Nationalparkverwaltung in den letzten beiden Jahren ist es innerhalb der heimischen Bevölkerung gelungen, das einst verzerrte Bild des Schutzgedankens in einem Nationalpark tatsächlich „begreifbarer“ und erlebbarer zu gestalten.

Nunmehr liegen mit den Managementplänen für den Naturraum, die Wildtiere und die Besucherbetreuung erstmals konkrete Maßnahmen vor, an denen nun die Bevölkerung sehen kann, was dieser Nationalpark eigentlich will und was diese Maßnahmen für die Einheimischen bedeuten.

Die Menschen können jetzt sehen, daß es den Verantwortlichen im Managementplan Besucherbetreuung ernst ist mit dem Ziel, die Natur etwa vor unkontrolliertem Tourismus zu bewahren. Eine enge Zusammenarbeit mit den Gemeinden, Naturschützern und Betroffenen hat eine tragfähige Basis geschaffen. Viele werden an den Nationalparktafeln schon bemerkt haben, wo das Schutzgebiet beginnt, und werden auch gesehen haben, daß nunmehr auf einigen Forststraßen im Interesse der Natur keine Zufahrtsmöglichkeit mehr für jedermann besteht. Ein gut markiertes und ausgebautes Wegenetz ermöglicht dennoch in Verbindung mit Bildungsangeboten einen erlebnisreichen Besuch des Nationalparks für Schulen, Einheimische und Touristen, was wiederum die Tourismusverantwortlichen, Gastwirte und Beherbergungsbetriebe freut. An einem natur- und menschenver-

Vom Salzsteigjoch, dem einstigen Schmugglerzugang von der Tauplitz ins Stodertal, reicht der Blick von der mächtigen Front des Toten Gebirges zur Seitenkette mit dem Kleinen Priel.

Herbstlicher Sonnenuntergang am Steirersee

Artenreiche Mähwiesen sind ein Bestandteil der Almen in der Bewahrungszone des Nationalparks.

träglichen Verkehrskonzept mit eindeutigem Schwerpunkt der Förderung öffentlicher Verkehrsmitttel wird zudem schon gearbeitet.

Besonders der Managementplan Wildtiere zeigt, daß mit dem „Aus“ der herkömmlichen Bejagung im Nationalpark ein neuer Weg beschritten wird. Auf lange Sicht gesehen, wird das Wild durch den nicht mehr so eklatanten Jagddruck und die Einrichtung von Ruhegebieten für den Besucher sicher wieder erlebbarer. Die weiterhin notwendige Schalenwild-Regulierung nur von hauptamtlichem Personal durchführen zu lassen, ist ein mutiger Schritt, der aber bei der Vergrößerung des Nationalparks sicherlich noch einigen Konfliktstoff mit der Jägerschaft bieten wird.

Der Managementplan Naturraum ist wohl deshalb in der Öffentlichkeit am konfliktärmsten, weil die Auswirkungen der möglichst freien Entwicklung der Natur für den einzelnen kaum bemerkbar sind. Die großflächigen Kahlschläge haben sich im Nationalpark nun jedenfalls endgültig aufgehört. Ein großes Ziel der nächsten Jahre und Jahrzehnte wird und muß es sein, das gigantische Forststraßennetz im Nationalpark rückzubauen und der Natur wiederum zu überantworten. Die Almwirtschaft hingegen hat für den Besucher nichts von ihrem Reiz verloren, und die betroffenen Bauern bekommen für die naturnahe Bewirtschaftung wenigstens Geld.

Die Zusammenarbeit mit den Naturschutzorganisationen und Alpinvereinen wurde über die Einrichtung eines „Nationalpark-Kuratoriums“ nicht nur fortgeführt, sondern sogar noch intensiviert. In diesem Kuratorium bestimmen nämlich sieben Vertreter der Naturschützer mit sieben Mitgliedern der Interessenvertretungen der Region über die Erlassung der so wichtigen Managementpläne unter dem Gleichgewicht der Kräfte mit. Nach den jahrelangen Kämpfen um die Errichtung des Nationalparks Kalkalpen ist bei vielen Aktivisten, aber auch bei der Nationalpark GmbH natürlich schon „die Luft heraußen“. Auch hier wird sich die interne Kommunikation zwischen Nationalparkverwaltung und Naturschützern erst richtig einspielen müssen, um im Sinne eines offensiven, auf Naturschutz und behutsamer Präsentation aufbauenden Nationalparkleitbildes das Gemeinsame über das Trennende zu stellen.

Nunmehr geht es zunächst darum, die notwendigen infrastrukturellen Einrichtungen für die Besucher des Nationalparks zu schaffen. Das Nationalparkzentrum in Molln stellt hier den wichtigsten Baustein dar. In einem aus Holz und Glas bestehenden, modernen Vierkanter sollen nicht nur die Nationalparkverwaltung, Laboreinrichtungen und ein Nationalpark-Shop untergebracht werden, sondern auch Besprechungszimmer, ein moderner Veranstaltungssaal und großzügige Ausstellungsflächen zum Thema Wasser. Weitere umfangreich gestaltete Informationszentren in Reichraming im Ennstal und in Windischgarsten runden das Bildungsangebot des 1. Verordnungsabschnitts ab. Vier Bildungsregionen sollen hier entstehen: Im Ennstal das Thema „Lebensraum Wald“, im Hengstpaßgebiet das Thema „Lebensraum Alm“, im Windischgarstnertal das Thema „Lebensraum Fels“ und im Mittleren Steyrtal das Thema „Lebensraum Wasser“.

Aus all diesen positiven Ereignissen und Ansätzen darf man aber die Nationalparkerweiterung nicht aus dem Auge lassen. Die nächsten Jahre werden sicher noch mit der Konsolidierung und Einrichtung des Nationalparks Kalkalpen im 1. Verordnungsabschnitt vergehen. Trotzdem müssen angesichts der Entwicklung in der benachbarten Steiermark mit dem Nationalparkprojekt Gesäuse Schritte gesetzt werden, die, wie im 2. Verordnungsabschnitt (Haller Mauern) ja vorgesehen, einen „Schulterschluß“ des Nationalparks Kalkalpen mit dem Nationalpark Gesäuse ermöglichen. Und auch im benachbarten Salzkammergut sind mit der Ernennung des Dachsteinmassivs und Hallstatts mit seinen wunderbaren Naturschätzen und überragenden kulturhistorischen Funden zur Weltkulturerbestätte der UNESCO bereits bedeutende Schritte in Richtung einer gehobenen natur- und kulturverträglichen Präsentation dieses Raums gesetzt worden. Gerade aus diesem Grunde ist es so wichtig, sich in den nächsten Jahren an die Gesamtverwirklichung des Nationalparks Kalkalpen (3. und 4. Verordnungsabschnitt) bis nach Bad Ischl und Bad Goisern zu wagen. Der Nationalparkgedanke könnte die verbindende, heimat- und selbstbewußtseinstiftende, nachhaltige Idee dieser „Region des Salzes und des Eisens“ sein, der „Motor“ für eine wunderbare Welt des Schauens, des geruhsamen und nachdenklichen Reisens von Ort zu Ort, von uralter glanzvoller Geschichte zu bodenständigem, einstmals großem Handwerk und dem unglaublich bunten, lebendigen Brauchtum bis zu den phantastischen Naturwundern des Karsts, des Wassers, des Waldes und seiner Tiere!

Nationalparkservice

Wege in die Region
Die Nationalparkinfostellen und Angebote
Aus dem „Land der Hämmer“
Aus dem „Land des Salzes“
Die Nationalparkgemeinden
Gemeinden des Nationalparkplanungsraums
Trinkwasser aus dem Karst

Mit der Pferdekutsche durch die herrliche Landschaft bei Hinterstoder

Die Blumaueralm am Rande des Sengsengebirges

WEGE IN DIE REGION

Mit dem Auto: Aus Wien, Salzburg und Linz über die Westautobahn A1. Über Bundes- und Landesstraßen durch das Traun-, Alm-, Krems-, Steyr- und Ennstal in die Nationalparkregion Kalkalpen. Aus Graz über die Pyhrnautobahn A9. Aus dem Südwesten Österreichs über die Tauernautobahn A10 und über das Ennstal.
Aber viel genußvoller, romantischer und geruhsamer ist natürlich die Anreise mit öffentlichen Verkehrsmitteln!
Mit der Bahn: Aus Wien und Salzburg mit der Westbahn nach Linz und dann mit der Pyhrnbahn ins Windischgarstner Becken. Eine wildromantische Bahnreise durchs Ennstal mit der Ennstalbahn von Steyr. Von der Westbahn via Attnang-Puchheim durchs Trauntal nach Bad Ischl und Bad Goisern und weiter ins Ausseer Land.
Mit dem Bus: Sämtliche Gemeinden der Region sind mit Bundesbussen regelmäßig erreichbar, obwohl gesagt werden muß, daß vor allem an Wochenenden das Fahrplanangebot für eine zeitgerechte An- und Abreise noch lückenhaft ist.
Mit dem Rad: Der bereits eingerichtete Anteil des Nationalparks Kalkalpen kann auf dem traditionellen Hintergebirgsradweg erreicht werden. Neben den wildromantischen Steyrtal- und Ennstalradwegen stehen noch Hunderte Kilometer gut ausgebauter Forststraßen verschiedenster Schwierigkeitsgrade für den Mountainbiker und den Radwanderer in der gesamten Region zur Verfügung.

DIE NATIONALPARK KALKALPEN INFOSTELLEN UND ANGEBOTE

Großraming: Alois Wick. 4463 Großraming, Kirchenplatz 3, Tel.: 07254/8414-1, Fax: 8414-4.
Windischgarsten: Zäzilia Tannwalder. 4580 Windischgarsten, Hauptstr. 56, Tel.: 07562/6137, Fax: 5192.
Unterlaussa: Knappenhaus von Mai bis Oktober. 8934 Unterlaussa, Tel./Fax: 03631/322
Reichraming: Brigitte Pranzl, Nationalpark Forstverwaltung. 4462 Reichraming 25, Tel.: 07255/8117 Fax: 8117-20.
Nationalparkverwaltung: Nationalpark OÖ Kalkalpen Ges.m.b.H., 4592 Leonstein, Obergrünburg 340, Tel.: 07584/3651, Fax: 3654.
Nationalpark-Shop: Im Nationalpark-Shop kann man Übersichtskarten des bereits existierenden Nationalparkanteils, eine Mountainbike-Karte für Radtouren in und um den Nationalpark, T-Shirts, ein Video sowie Info-Prospekte aller Art erwerben.
Nationalpark–Bildung und Schule: Die Nationalpark OÖ Kalkalpen Ges.m.b.H. bietet Tagesveranstaltungen (Der Nationalpark kommt in die Schule; Nationalpark Erlebnistage), Wochenveranstaltungen (Ein Abenteuer für die Sinne; Wildniswoche; Ein Abenteuer für den Geist; Winter wie im hohen Norden) und sonstige Veranstaltungen (Fortbildungsseminare für LehrerInnen; Ferienangebote) an. Infos: Nationalpark OÖ Kalkalpen Ges.m.b.H. Tel.: 07584/3651, Fax: 3654.
Auf den Spuren der Waldbahn – der Hintergebirgsradweg: Vom Bahnhof Reichraming auf Asphaltstraße entlang des Reichraming Baches zum Anzenbachschranken. Bei der Nationalpark-Infohütte weiter auf der ehemaligen „Waldbahntrasse", vorbei an Großer Klause (Große Klaushütte), an Großer Schlucht und Schleierfall Hochschlachtbach (Abstecher über Steig entlang Hochschlachtbach empfehlenswert!) bis nach Weißwasser. Sodann hinauf zum Hirschkogelsattel (Abstecher zwecks Stärkung zur Anlaufalm lohnend!). Von nun immer bergab nach Brunnbach (kleiner Ort mit Brunnbachschule). Bei Abzweigung Maier Alm wiederum zurück in den Rundweg nach Reichraming.
Geführte Nationalparkwanderungen, Fahrradverleih: Nationalparkverwaltung und Österreichische Bundesforste (ÖBF) bieten geführte Touren und Landschulwochen an. 50 Mountainbikes der ÖBF (Radverleih) stehen Besuchern zur Verfügung.
Infos: Nationalpark-Forstverwaltung OÖ Kalkalpen-Reichraming, Tel.: 07255/8117, Fax: 8117-20.
Brunnbachschule: Bis zu 400 Einwohner lebten einst im Seitental in der Ortschaft Brunnbach. Wegen des drei Stunden weiten Weges wurde eine bis 1956 offene Schule eingerichtet, wo die Kinder der Forstarbeiter, Köhler und Bauern unterrichtet wurden. Heute ist die Brunnbachschule Bildungshaus des Nationalpark Kalkalpen und dient für Schullandwochen (Waldmeer-Woche; Nationalpark Erlebnistage). Infos: Nationalpark-Infostelle Großraming, Tel.: 07554/8414, Fax: 8414-4; Bildungshaus Brunnbachschule. 4463 Großraming, Brunnbach 23, Tel.: 07254/7005.

Rechts: Die Huf- und Hackenschmiede Lindermayr in Spital am Pyhrn

AUS DEM „LAND DER HÄMMER"

Themen- und Wanderwege:
Windischgarsten/Edlbach/Rosenau am Hengstpaß ***Millionenweg:*** 26 Stationen zeigen mit Aussichtspunkten, wie die Landschaft der Pyhrn-Eisenwurzen in 250 Millionen Jahren geologisch entstanden ist. Man wandert auf dem historischen Proviantweg, auf dem jahrhundertelang Proviant und Eisen über den Hengstpaß transportiert worden sind, und entdeckt Spuren der alten Eisenstraße.
Windischgarsten/Edlbach/Spital am Pyhrn/Roßleithen ***Garstnertaler Radl–Rundroas:*** Der Themen-Radweg erschließt die kulturellen Höhepunkte des Garstnertales. Infos: Kurverwaltung Windischgarstner Tal, Tel.: 07562/5266, Fax: 7101; Tourismusbüro Spital/Pyhrn, Tel.: 07563/249, Fax: 7007-6.
Hinterstoder ***Flötzersteig:*** Der Weg führt in 6 Infostationen auf den historischen Spuren der „Flötzer" (Flößer) entlang der Steyr durchs Stodertal. Verwegene Holzknechte schwemmten einst auf der Steyr Baumstämme zur Holzkohleerzeugung in die Eisenwurzen. Infos: Tourismusbüro Hinterstoder, Tel.: 07564/5263, Fax: 5263-55.
Micheldorf ***Micheldorfer Sengstschmied–Roas:*** An den Standorten der wichtigsten ehemaligen Kirchdorf-Micheldorfer Sensenschmiedewerkstätten wird man über die „Eiserne Vergangenheit"der „Österreichischen Eisenstraße" mit ihren „Schwarzen Grafen" informiert. Infos: Tourismusbüro Micheldorf, Tel./Fax: 07582/63474.
Scharnstein ***Sensenweg:*** Dem grünen Wasser der Alm folgend, kommt man zu Punkten einer bewegten Vergangenheit – „vom Eisenhandwerk zur Sensenindustrie". 400 Jahre lang schlugen die Hämmer im

Das biedermeierliche Mobiliar der Hammerherren im Sensenschmiedemuseum Kirchdorf an der Krems

Sensenwerk Simon Redtenbacher. Renovierte Herrenhäuser, Arbeiterwohnheime, Fluder- und Kraftwerksanlagen zeigen, wie hier ein Stück österreichische Wirtschafts- und Sozialgeschichte geschrieben worden ist. Infos: Museum Geyerhammer, Tel.: 07615/2971, Fax: 2365-75.
Leonstein/Grünburg ***Auf den Spuren der Schwarzen Grafen:*** Zu Fuß oder per Rad gelangt man vom Schloß Leonstein in die Schmiedleithen. Entlang des Klingenbaches erstrecken sich die Gebäude des schönsten Hammerherren-Ensembles der Eisenwurzen. Infos: Verein d'Hammerschmied, Tel.: 0663/917 20 17 Fax: 07584/2730-4.
Steinbach a. d. Steyr ***Messererweg:*** Malerisch am Ufer der Steyr liegt Steinbach, jahrhundertelang Sitz der Messer- und Klingenschmiede. Sehenswert das Messerermuseum, die renovierten Pilshallen, die romantische Hochgasse und der revitalisierte Dorfplatz. Infos: Tourismusbüro Steinbach/Steyr, Tel.: 07257/8411, Fax: 8455.
Trattenbach ***Im Tal der Feitelmacher:*** Einst trieb der vorbeifließende Bach in jedem Haus ein Wasserrad an. In 6 Schaubetrieben und Museen wird man in jene Zeit zurückversetzt, in der 17 Meister die berühmten Taschenfeitel (Klappmesser) produzierten und in alle Welt lieferten. Unvergeßlich ist der Besuch der Feitel-Manufaktur Löschenkohl.
Infos: Tourismusbüro Ternberg, Tel.: 07256/6005, Fax: 6005-80.
Großraming ***Knappenweg:*** Vorbei an ehemaligen Unterkünften der Bergleute kommt man zu Stollen, aus denen man im vorigen Jahrhundert die „Alpenkohle" (Glanzbraunkohle) im Pechgraben förderte und bekommt die Arbeits- und Lebensverhältnisse der bis zu 160 Bergknappen vermittelt. In den Ab-

Das Jugendstil-Kraftwerk am Steyrdurchbruch bei Molln

raumhalden findet man vielleicht noch heute Pflanzenversteinerungen. Infos: Tourismusinformation Großraming, Tel.: 07254/8414, Fax: 8414-4.

Losenstein ***Nagelschmiedweg:*** Einst prägten die Nagelschmiede den Ennstaler Ort Losenstein. Vom Ortszentrum gelangt man unter der Burgruine vorbei ins Tal des Stiedelsbaches mit dem „Brandstätter Hammer" (Nagelschmiedemuseum und Schmiedevorführungen). Infos: Tourismusverband Losenstein, Tel.: 07255/6000-13, Fax: 6000-20.

Laussa ***Energiepfad:*** Drei mächtige Rotoren des Windparks Laussa, der größten Windkraftanlage Österreichs, grüßen bereits aus der Ferne. Am Weg erfährt man Wissenswertes über die Energieträger Sonne, Wasser, Wind und Biomasse und deren Nutzung. Infos: Tourismusbüro Laussa, Tel./Fax: 07255/7255-76.

AUS DEM „LAND DES SALZES"

Themen- und Wanderwege:

Bad Goisern ***Goiserer Geschichten:*** Historischer Themenweg durch Bad Goisern.

Bad Goisern ***Hallstätter See Ostuferwanderweg:*** Hier kann man bei herrlichem Ausblick über den Hallstätter See anhand eines Lehrpfades botanische Kostbarkeiten kennenlernen.

Bad Goisern ***Rundwanderweg Weissenbachtal:*** Entlang eines Wanderweges erlebt man das „Schlagen" der Chorinsky-Klause, einer aus Stein gemauerten historischen Holztriftanlage aus der Kaiserzeit. Infos: Kurverwaltung Bad Goisern, Tel.: 06135/8329-0, Fax: 8329-74.

Bad Ischl ***Salzbergwerk:*** Mit der Bergwerksbahn fährt man 1500 m tief in das Herz des Berges. Über Holzrutschen gelangt man, wie einst die Bergknappen, hinab zum geheimnisvollen Salzsee, in die Welt des „Weißen Goldes". Infos: Salinen Tourismus, Tel.: 06132/23948-31, Fax: 06134/82 51 30.

Hallstatt bis Ebensee ***Soleleitungsweg:*** Entlang des 40 km langen Weges kann man, ausgehend vom prähistorischen Salzbergbau und Gräberfeld von Hallstatt bis nach Ebensee, die Mühen und die hochstehende technische Kunstfertigkeit – besonders bei der Überquerung des „Gosauzwangs" – der Erbauer der ersten aus gebohrten und geglätteten Holzrohren hergestellten Soleleitung der Welt bewundern.
Infos: Tourismusbüro Ebensee, Tel.: 06133/8016, Fax: 4655.

DIE NATIONALPARKGEMEINDEN

GROSSRAMING

Kutschenmuseum: Mit viel Mühe wurden Schlitten und Kutschen zusammengetragen und in der eigenen Tischlerwerkstätte fachgerecht restauriert. Vom Schlitten, mit dem Josef Werndl fuhr, bis zum Wagen, mit dem Anton Bruckner reiste. Infos: Kutschenmuseum Gruber, Tel./Fax: 07254/8283.

Knappenweg: Am Knappenweg liegt auch das Leopold-von-Buch-Denkmal, eine monumentale Granit-Klippe, die als geologische Rarität weit über die Grenzen Österreichs bekannt ist. Infos: Tourismusinformation Großraming, Tel.: 07254/8414, Fax: 07254/8414-4.

MOLLN

Zugang für Wanderungen ins Sengsengebirge, Kraftwerk Steyrdurchbruch im Jugendstil. Infos: Tourismusverband Molln, Tel.: 07584/3939, Fax: 3939-3.

„Rinnende Mauer": Ein vom Österreichischen Alpenverein angelegter, 2 km langer Steig mit zahlreichen Infotafeln erklärt nicht nur das Phänomen der tief eingeschnittenen Steyrschlucht, sondern vor allem das Naturwunder der „Rinnenden Mauer", die von austretenden Grund- und Hangwasserquellen 5 m über dem Flußniveau gebildet wird.

Museum im Dorf: Hier in Molln ist die Heimat der Maultrommel. Zur Blütezeit vor 150 Jahren fertigten 31 Meister jährlich bis 3 Mio. Stück dieses weltweit gespielten Musikinstruments. Bodenständige Handwerke (Schaufelhacker, Wagner) gab es ebenso wie Bergbau am Gaisberg und Erzverhüttung, Sensenwerke und Aluminiumverarbeitung.

Von der Maultrommel zur Harmonika: Die Entwicklung von Mund- und Ziehharmonika aus der Maultrommel wird in einer Ausstellung gezeigt. Die Familie Schwarz (Maultrommelerzeugung seit 1679 in Familienbesitz) verfügt auch über eine umfangreiche Sammlung teils 300 Jahre alter, seltener Handwerksrelikte. Infos: Maultrommel-Harmonikabau Schauwerkstätte Schwarz, Tel.: 07584/2407, Fax: 2407-21.

Maultrommelschaubetrieb Wimmer: Modelle aus fernen Ländern, alte Werkzeuge sowie Bilder von Vorfahren und Werkstätten aus früherer Zeit zeigen die Geschichte dieses Musikinstruments.
Infos: Franz Wimmer, Tel.: 07584/2831, Fax: 39611.

Schwertschmiede und Harnischmacherei: Von einer Besuchergalerie aus kann man das Schmieden beobachten. Meister Johann Schmidberger fertigte seine

Schwerter, Hellebarden und Rüstungen für Opernstar Placido Domingo, die Salzburger Festspiele und den Hollywood-Film „Braveheart“. Infos: Johann Schmidberger, Tel./Fax: 07584/3073.

REICHRAMING
Reichraming ist das „Tor zum Nationalpark Kalkalpen“ und weist eine wechselvolle Geschichte auf (Holzgewinnung, Waldbahn, Messingfabrik, Hintergebirgsbesetzung). Malerische Almen (Anlaufalm, Ebenforstalm).

Forstmuseum Reichraming: Schon Ende des 14. Jh. wurde in den Wäldern des Hintergebirges Holz geschlägert. Die Holzbeförderung erfolgte Jahrhunderte auf dem Triftwege zu Wasser. Erst während des 1. Weltkrieges errichtete man eine Waldbahn, die unter anderem von der „Wällerhütte“ – dem heutigen Forstmuseum – zum Ortsteil Schallau führte und sogar eine Verbindung für die Bergknappen zu den Bauxitlagerstätten tief im Hintergebirge herstellte. Das Forstmuseum zeigt das gefährliche und anstrengende Leben der Holzknechte (Holzknechtnock'n). Infos: Forstmuseum, Tel.: 07255/8201 od. 8257, Nationalparkregion Ennstal, Tel.: 07254/8414, Fax: 8414-4.

Nationalpark-Kutschenfahrten: Auf zwei Pferdekutschen kann man die Schluchten des Hintergebirges erleben. Eine Bauernjause mit Most und Schnaps machen die 5- bis 6 stündige Fahrt zu einem Erlebnis für jung und alt. Infos: Brigitte und Michael Schwarzlmüller, Tel./Fax: 07255/8260.

ROSENAU AM HENGSTPASS
Die Gemeinde liegt am Fuße des Hengstpasses. Zugang einerseits ins Hintergebirge bzw. Sengsengebirge, andererseits in die Haller Mauern. Malerische Almen und Jausenstationen (Karlhütte, Puglalm, Laussabaueralm).

ROSSLEITHEN
Zugang für Wanderungen zum Warscheneck (Loigistal).

Im Tal der Quellen, Hämmer und Mühlen: Im Sensen- und Mähmesserwerk Franz de Paul Schröckenfux, der größten noch bestehenden Sensenschmiede, kann man das „Breiten“ einer Sense miterleben. Vom Gasthof Sengsschmied mit seiner Multimediaschau über das Eisenwesen und den Naturraum führt der Wanderweg entlang des Pießlingbaches vorbei am „Waldhammer“ bis zur Stummer-Mühle (Mahlvorführungen) und weiter zum Naturdenkmal Pießling-Ursprung. Infos: Heimatverein Windischgarsten, Tel.: 07562/5007 od. 0663/9271579; Kurverwaltung Windischgarsten, Tel.: 07562/5266, Fax: 7101.

Wildpark Enghagen: Hier gibt es Rot- und Damwild, Mufflons, Elche, Steinböcke, Wildschweine, Bären, Füchse, Dachse und eine Nutriafarm, für Kinder einen Streichelzoo. Infos: Ferienhof Enghagengut, Fam. Schmidleithner, Tel.: 07562/525.

ST. PANKRAZ
Wilderer im Alpenraum – Rebellen der Berge: Der Wildschütze wurde wegen seiner Schlauheit und seines Mutes, sich gegen die Obrigkeit aufzulehnen, vom Volk verehrt. In Gasthäusern machten Spottlieder über die herrschaftlichen Jäger die Runde. Kämpfe zwischen Wildererbanden und Jägern forderten viele Opfer – als tote Rebellen wurden sie unsterblich. Das Wilderermuseum in St. Pankraz zeigt diese legendenumrankten Ereignisse, arbeitet aber auch das den Jägern widerfahrene Unrecht und die sozialen Gründe fürs Wildern auf. Gh. Steyrbrücke mit Wildererstub'n und original Wildererpfanne. Barockkirche mit Altarbildern von Altomonte, Zugang für Wanderungen in die Teichlschlucht bzw. ins Sengsengebirge. Infos: Eisenstraßenwirt Steyrbrücke, Tel.: 07565/313-10, Fax: 313-40.

WEYER-LAND
Knappenhaus Unterlaussa: Am Rande des Nationalparks Kalkalpen liegt der kleine Ort Unterlaussa. Mitteleuropas längste Materialseilbahn brachte einst das Bauxit aus dem Hintergebirge zur Waldbahntrasse nach Weißenbach. Das wiedererrichtete Bergknappenhaus samt Nationalpark Infostelle (Sonderausstellung mit Fossilien und Mineralien) dokumentiert die bergmännische Vergangenheit und den Weg vom Rohstoffabbau bis zum Endprodukt Aluminium. Infos: Tourismusverband Weyer,
Tel: 07355/6406-16, Fax: 6406-18;
Knappenhaus Unterlaussa, Tel.: 03631/322; Gasthaus Petroczy, Tel.: 03631/223; Verein „Glück auf“, Unterlaussa, Frau Dworak, Tel.: 03631/270.

Borsee: Der Borsee ist der letzte noch erhaltene Triftsee in der Nationalparkregion. Die Klause wurde 1996 neu errichtet. Bienenlehrpfad, Wanderungen über Schüttbauernalm zur Bodenwies, einer Erhebung mit zahlreichen Orchideenarten.
Infos: Tourismusverb. Weyer, Tel.: 07355/6406-16, Fax: 6406-18.

Ennsmuseum Kastenreith: Das Museum, der „Kasten an der Enns“, war einst ein wichtiger Stützpunkt der Flößer zwischen Hieflau und Steyr. Ge-

Die Flößerei war seit Jahrhunderten Transportmittel des Roheisens auf der Enns.

Köstliche „Almsäuerling“ gehörten zu den kräftigen Speisen der Holzknechte und Flößer.

Die Goiserer-Bergschuhe machten den Ort Bad Goisern berühmt.

zeigt wird in diesem Gebäude ein Überblick über Natur, Kulturgeschichte, Volkskunst und Wirtschaft des Ennsraumes mit Schwerpunkt Flößerei. Infos: Ennsmuseum, Tel./Fax: 07355/7305.

WINDISCHGARSTEN
Zugang für Wanderungen ins Sengsengebirge.
Psalmenweg – Arkadenhof: Eine Sehenswürdigkeit stellen die 15 schmiedeeisernen, restaurierten Grabkreuze aus dem Barock dar, die um die Kirche aufgestellt sind. In der Kirche befindet sich das besonders prächtige „Schoiswohl-Kreuz" (1702), eines der schönsten Österreichs. Weitere 45 gußeiserne Grabkreuze vervollständigen den Psalmenweg und laden zur Besinnung ein. Nahe dem Marktplatz liegt das Handelshaus (1556 erstmals erwähnt), dessen Innenhof eine stimmungsvolle Atmosphäre bietet und als Kulturzentrum genutzt wird.
Heimathaus: Das Herrenhaus eines Drahtzuggewerken (16. Jh.) dient heute als Heimatmuseum für die Region rund um Windischgarsten. Schwerpunkt sind Römerfunde der wichtigen Station Gabromagus in der Verbindung über den Pyhrnpaß und das alte Handwerk. Infos: Kurverband Windischgarsten, Tel.: 07562/5266, Fax: 7101; Heimathaus Windischgarsten, Tel.: 07562/5007 od. 5397 (auch Fax).

GEMEINDEN DES NATIONALPARKPLANUNGSRAUMS

EBENSEE
Ebensee ist die „Eingangspforte" zum Salzkammergut-Kernland. Seit 1596 befindet sich hier am Endpunkt der Soleleitung aus Hallstatt Österreichs größte Saline. Heimatmuseum, Brillantbleikristall-Schleiferei, Traunkristall-Schleiferei. Ausgangspunkt für Wanderungen via Offensee ins Tote Gebirge (Rindbach-Wasserfall). Infos: Tourismusbüro Ebensee, Tel.: 06133/8016, Fax: 4655.
KZ-Gedenkstätte Ebensee: Die zeitgeschichtliche Ausstellung in den unterirdischen Anlagen bietet Informationen über die Geschichte des Konzentrationslagers und seiner Produktionsstätten. Infos: KZ-Gedenkstätte Ebensee, Tel.: 06133/5601.
Gassel-Tropfsteinhöhle: Die Gassel-Tropfsteinhöhle ist die schönste Tropfsteinhöhle der Nördlichen Kalkalpen. Infos: Verein für Höhlenkunde Ebensee, Tel.: 06133/8416.

BAD GOISERN
Bekannter Kurort mit Jodschwefelbad. Entstehungsort der weltberühmten Goiserer Bergschuhe. Gemeinde des Weltkulturerbes „Hallstatt – Dachstein/Salzkammergut". Brauchtum mit „Schützenmaler", „Schafmusterung", „Gamsjagatage", begleitet von unvergleichlicher Volksmusik. Wanderungen und Touren in Ausläufer des Toten Gebirges (Hütteneckalm). Infos: Kurverwaltung Bad Goisern, Tel.: 07613/8329-0, Fax: 8644-42.
Heimatmuseum und Landlermuseum: Präsentation vor- und frühgeschichtlicher Funde, Schützenwesen und Handwerk, Goiserer Schuhmacher und Nagelschmiede, Volkskultur und Volkskunst, Konrad Deubler Sammlung (Bauernphilosoph), Dokumentation der Siebenbürger Landler, der Nachkommen der im 18. Jh. ausgewiesenen Protestanten.
Holzknechtmuseum: Überblick über die schwere und gefährliche Arbeit der Holzknechte (Holzknechtnock'n).
Freilichtmuseum Anzenaumühle: Ältestes Haus (Bauernhof mit Rauchküche und Stall-Stadl, Schwarzbrotbacken) der gleichnamigen Siedlung (1325). Infos: Freilichtmuseum Anzenaumühle, Tel.: 0664/252 87 41.

Die Lehar-Villa des berühmten Operetten-Komponisten in Bad Ischl

BAD ISCHL
Österreichs ältestes Solebad wurde im 19. Jh. durch die kurende Kaiserfamilie zu einer Metropole des europäischen Adels. Ausgangspunkt für Wanderungen ins Tote Gebirge (Schönberg), Rettenbachwildnis (Rettenbachalm). Infos: Kurverwaltung Bad Ischl, Tel.: 06132/27757 od. 27758, Fax: 27757-77.
Museum der Stadt Bad Ischl: Im ehem. Hotel Austria ist der Werdegang der Stadt historisch, kulturell und folkloristisch dargestellt.
Infos: Museum, Tel.: 06132/25476 od. 301-14, Fax: 23341-12.
Kaiservilla Bad Ischl: Führung durch 12 Räume der kaiserlichen Sommerresidenz.
Infos: Kaiservilla, Tel.: 06132/23241, Fax: 28285.

Lehar-Villa Bad Ischl: Besichtigung der Villa des berühmten Operettenkomponisten.
Infos: Lehar-Villa, Tel.: 06132/26992,
Fax: 23341-12.

GRÜNAU IM ALMTAL
Hauptort des Almtals. Zugang ins Tote Gebirge über Hetzau (Ödseen) zum Großen Priel bzw. Schermberg und über Almsee („Schwimmende Insel"!) auf Hochplateau des Toten Gebirges. Infos: Tourismusbüro Grünau/Almtal, Tel.: 07616/8268 od. 8898, Fax: 8895.
Cumberland Wildpark Grünau: Wildpark mit Konrad Lorenz Institut (Graugänse). Bär, Dachs, Wildschwein, Steinbock, Luchs, Kolkrabe und Fischotter in familiengerechter Atmosphäre. Infos: Cumberland-Wildpark Grünau, Tel.: 07616/8205 od. 8300; Konrad-Lorenz-Institut, Tel.: 07616/8510.

HINTERSTODER
Flötzer, Firn und steiler Fels: Im Alpineum (moderne Holz-Glaskonstruktion) kann man die alpine Gebirgswelt erleben. Schilauf und Bergsteigen prägten die Entwicklung Hinterstoders vom Gebirgsbauerndorf zu einem Sommer- und Wintertourismusort. Infos: Tourismusverband Hinterstoder und Alpineum, Tel.: 07564/5263 od. 5263-18, Fax: 5263-55.

LAUSSA
Sensenschmiede Sonnleithner: Hier findet noch die Sensenschmiedearbeit an Esse und Hammer statt. Im Sensenwerk erlebt man die Hitze der Glut, das Stampfen der Hämmer, den Geruch des Eisens. Infos: Tourismusbüro Laussa, Tel./Fax: 07255/7255-76.

LEONSTEIN/GRÜNBURG
Auf den Spuren der Schwarzen Grafen: Sensenschmiedeensemble Schmiedleithen. Originale Herren- und Gesindehäuser, Sensenwerkstätten, ehemaliger Herrschaftsgarten, Kunstausstellungen, Bauernmarkt. Infos: Gemeindeamt Grünburg,
Tel.: 07257/7255-15.

LOSENSTEIN
Nagelschmiedweg: Im „Brandstätter Hammer" sieht man die weltgrößte Sammlung handgeschmiedeter Nägel und kann auch das glühende Eisen selbst bearbeiten. Infos: Tourismusverband Losenstein,
Tel.: 07255/6000-13, Fax: 6000-20;
Herr Schwaiger, Tel.: 07255/4602.

SCHARNSTEIN
Mächtig dröhnt der Hämmer Klang: An der Alm befindet sich das 400 Jahre alte Sensenwerk „Geyerhammer" – einst die größte Sensenproduktion der k.u.k.-Monarchie. Schloß Scharnstein mit Österr. Kriminalmuseum, Museum der österr. Zeitgeschichte und Reptilienzoo, Burgruine Scharnstein. Infos: Tourismusverband Scharnstein,
Tel.: 07615/2340, Fax: 2255-30; Museum Geyerhammer, Tel.: 07615/2971, Fax: 2365-75.

SPITAL AM PYHRN
Ein Naturjuwel stellt die Dr.-Vogelgesang-Klamm dar, Gewässerlehrpfad der Naturfreunde an der Teichl. Zugang für Wanderungen in die Haller Mauern und Warscheneck (über Wurzeralm).
Pilger, Paß und Puschen: Eine Multimediaschau schildert die Entstehung des Naturraumes im Pyhrn-Priel-Gebiet und wie sich am Pyhrnpaß aus einem Hospiz für Pilger ein prachtvolles Stift entwickelte. Das Felsbildermuseum zeigt prähistorische Felsritzbilder aus der „Höll" im Warscheneckgebiet und weiteren österreichischen und europäischen Fundgebieten. Ein Meisterwerk der Schmiedekunst ist das Abschlußgitter des A. F. Lindermayr in der Stiftskirche.
Huf- und Hackenschmiede Lindermayr: In der original erhaltenen Lindermayrschmiede standen schon ab dem 14. Jh. Schmiedemeister mit dem Feuer im Bunde. Besucher können selbst ihre Schmiedekunst erproben. Infos: Tourismusverband Spital/Pyhrn,
Tel.: 07563/249, Fax: 7007-6;
Frau Eggl, Tel.: 07563/318 od. 600.

Die „Zaukerl" (Taschenfeitel) aus Trattenbach im Ennstal

TERNBERG–TRATTENBACH
Trattenbach – im Tal der Feitelmacher: Das Trattenbachtal ist seit über 300 Jahren Heimat der Taschenfeitel. 17 Werkstätten erzeugten einst jährlich 8 Millionen Messer! Im wasserradgetriebenen Rameishammer werden Klingen geschmiedet, in der Drechslerei Holzgriffe gedreht. In der Besucherwerkstatt kann man seinen eigenen Feitel produzieren. Infos: Tourismusverband Ternberg, Tel.: 07256/6005,
Fax: 6005-80; Museumsdorf Trattenbach,
Tel.: 07256/7376.

WEYER-MARKT
Balgsetzerhaus: Hier wurden Blasbälge zum Befeuern der Schmiedeöfen erzeugt. Die Werkstatt mit einem original Spitzblasbalg beherbergt Werkzeuge des Wagner-, Schmiede- und Ledererhandwerks sowie eine Hofschmiede. Eine Schau zeigt die „Bäuerliche Arbeit". Es laden Kunsthandwerk der Region,

ein „Bauerngartl“ mit Blumen und Kräutern und ein Bauernladen zum Einkaufen und Verkosten ein. Juwele Weyers sind der Marktplatz mit seinen vornehmen Bürgerhäusern, der den einstigen Reichtum der Stadt zeigt, und der „Innerberger Stadel“.
Infos: Kurverwaltung Weyer, Tel.: 07355/8768, Fax: 8767; Balgsetzerhaus, Tel.: 07355/7470 od. Obmann Ing. Leo Klaffner, Tel.: 07445/22528.
Katzensteiner Mühle: Voll funktionsfähige Bauernmühle (1820). Infos: Kurverwaltung Weyer, Tel.: 07355/8768, Fax: 8767.

Glasklares Trinkwasser sprudelt aus den Karstquellen.

TRINKWASSER AUS DEM KARST

Wer auf angenehme und abwechslungsreiche Art mehr Informationen über das Wesen des „Wasserschlosses“ im Karst, die Gewinnung von reinstem Trinkwasser und die damit verbundene Waldbewirtschaftung erlangen will, kann die in den Kalkmassiven des Hochschwabs, des Schneebergs und der Rax gelegenen, familiengerecht gestalteten Infozentren der Stadt Wien besuchen.

WASSER FÜR WIEN

Von weit außerhalb Wiens bezieht diese Großstadt tagtäglich ihr quellfrisches Wasser. Hochschwab, Schneeberg und Rax sind vor allem den WienerInnen von Wanderungen und Urlauben ein Begriff. Daß Wien in diesen Gebieten der Steiermark und Niederösterreichs Großgrundbesitzer ist, dürfte hingegen weniger bekannt sein. Seit über 100 Jahren ist die Stadt Wien nun bemüht, die „Wiener Quellen“ dauerhaft zu schützen, denn es geht um die nachhaltige Sicherung des kostbaren Naß!
Um die seuchengeplagten Einwohner Wiens endlich mit einwandfreiem Trinkwasser versorgen zu können, beschloß der Stadtsenat Mitte des 19. Jhs., eine erste Wasserleitung aus dem Schneeberg-Raxgebiet in die damalige Residenzstadt zu bauen. Die 1. Wiener Hochquellenwasserleitung wurde 1873, im Jahre der Wiener Weltausstellung, nach nur 4jähriger Bauzeit fertiggestellt. Nach der Stadterweiterung um 1890 (Wien wurde damals zur Millionenmetropole) wurde das Wasser wieder knapp. Die 2. Hochquellenwasserleitung sollte aus dem steirischen Hochschwabgebiet ab 1910 alle Versorgungssorgen beenden. Seitdem wird Wien zu beinahe 100% mit hochwertigstem Quellwasser aus dem Karst versorgt.
Schon bei der Errichtung der 1. Hochquellenwasserleitung erkannte die Stadtverwaltung, daß zur dauerhaften Sicherung der Wasserqualität die Naturlandschaften rund um die Quellen besonders geschützt und gepflegt werden müssen. Aus diesem Grunde begann man schon damals, die Bergmassive mit ihren Wäldern, Wiesen, Gewässern, Almen und Felsregionen stückweise aufzukaufen – denn nur wer Eigentümer von Grund und Boden ist, kann auch wirklich für dessen Schutz und Sicherheit sorgen! Zur Zeit besitzt Wien rund 320 km² Quellenschutzgebiete im Karst.

WÄLDER – FILTER DER NATUR

Wald und Boden sind Filter und Wasserspeicher zugleich. Ohne entsprechenden Baumbestand würden die Quellenschutzgebiete rasch vollständig verkarsten und die Versorgung Wiens mit Trinkwasser gefährden.
Die Bäume des Waldes mildern die Wucht des Regens ab, denn ohne sie würden die Regentropfen ungehindert auf den mitunter alpinen, nur mit einer dünnen Humusschichte bedeckten Boden prasseln und diese bald ausspülen.
Der Waldboden filtert den Staub aus dem Regenwasser und neutralisiert weitere mögliche chemische Stoffe. Gerade deswegen sind Pflanzen und Moose, Humus und Erde so wichtig. Zudem speichert der Boden in seinen feinen Poren, Gängen und Hohlräumen das Wasser und gibt es langsam an die Hohlräume des Kalkgesteins weiter. Die Hohlräume des Bodens wiederum werden von Abermilliarden Bodenbewohnern, wie etwa Pilze und Würmer, geschaffen und bewohnt. Laub und Nadeln des Waldes bieten diesen Lebewesen optimale Lebensbedingungen. Wären Laub und Nadeln infolge Fehlen des Waldes nicht vorhanden, gäbe es kein Bodenleben, die Poren würden verfallen und die so wichtige Speicher- und Filterwirkung des Bodens würde abnehmen.

DIE ARBEIT DES FORSTAMTS (MA 49)

Die heutigen Quellenschutzwälder Wiens sind vor mehr als 200 Jahren aus riesigen Kahlschlägen entstanden. Wo einst Naturwälder standen, hinterließ der gewaltige Bedarf an Holz als Heiz- und Brennstoff nur mehr kahlgeschlagene Flächen.
Aus rein wirtschaftlichen Betrachtungsweisen des Waldes entstanden daher vor allem schnellwachsende Fichtenmonokulturen. Als Mitte der 70er Jahre katastrophale Windbrüche große Teile des Schutzwaldes im Rax/Schneebergbereich vernichteten, kam es zu einem Umdenken. Mit großem Erfolg werden seitdem die Fichtenwälder in Laub-Nadelmischwälder umgewandelt. Auch das teils problematische Verhältnis zwischen Wildbestand und

Waldgröße konnte wieder ins Lot gebracht werden. Die Mitarbeiter des Forstamts verzichten vollkommen auf Kahlschläge und versuchen von der traditionellen Aufforstung zur Naturverjüngung des Waldes zu gelangen. Im Bereich der Schutzwälder gilt ein striktes Verbot von Dünge- und Spritzmitteln. Auch der Baumtransport erfolgt nicht mehr auf dem Rücken der Natur, sondern auf dem Rücken der Pferde: Haflinger unterstützen mit „Pferderückung" die mobilen Seilbahnen beim Holztransport.

DIE ARBEIT DER WIENER WASSERWERKE (MA 31)

In den stark zerklüfteten Karstgebieten der Rax und des Schneeberges dringt das Regen- und Schmelzwasser ins Berginnere, sickert dann sehr schnell durchs Bergmassiv, wobei es Mineralien löst und aufnimmt. Auf der wasserundurchlässigen Schieferschicht am Bergfuß angelangt, sammelt sich das Wasser und tritt in kräftigen Quellen zutage, wo es gefaßt wird. Für die Reinheit der Quellen ist es daher besonders wichtig, die Bergoberfläche vor Verunreinigungen zu schützen. 1965 wurde daher das gesamte Rax-Schneeberg-Schneealpenmassiv zum Wasserschutzgebiet erklärt.

1869 bis 1873 erfolgte die Fassung der Kaiserbrunnquelle, die Errichtung eines 90 km langen Leitungskanals und des Stadtrohrnetzes. Die Leitungstrasse der 1. Hochquellenwasserleitung verläuft von Kaiserbrunn bis Hirschwang in einem 3 km langen Stollen und von dort in einem gemauerten Kanal über Baden und Mödling bis zum Wasserbehälter am Rosenhügel in Wien (Höhenunterschied: 280 m – Fließzeit 16 Std.). Durch diverse Umbauten und durch die Fassung neuer Quellen konnte die Wassermenge auf 200 000 m^3/Tag gesteigert werden.

Von 1900 bis 1910 wurde an der 2. Hochquellenwasserleitung aus dem Hochschwabgebiet gearbeitet. Über 100 Aquädukte (Gewölbe aus Naturstein) und 19 Düker (Gußrohrleitungen) mußten zur Über- und Unterquerung von Flüssen und Tälern errichtet werden. Die Leitungstrasse führt von Gußwerk über Wildalpen, Lunz am See und Preßbaum nach Wien-Mauer (Höhenunterschied: 361 m - Fließzeit 36 Std.). An der 1. Wiener Hochquellenwasserleitung halten die Wiener Wasserwerke im Leitungsspeicher Neusiedl/Steinfeld 600 000 m^3 Wasser leitungsbereit in Reserve. In Wien selbst stehen 34 Behälter mit 860 000 m^3 Wasser zur Verfügung.

In der 1. Republik blieb der Wasserverbrauch Wiens ziemlich konstant, ging in der Wirtschaftskrise der 30er Jahre sogar zurück und stieg nach dem 2. Weltkrieg sprunghaft an. 1970 lag er bereits bei 185 Mio. m^3/Jahr.

Durch ein in der internationalen Fachwelt vielbeachtetes Kontrollprogramm der Inneninstallationen gelang es ab den 70er Jahren, rund 100 000 m^3 Wasser/Jahr einzusparen. Der Wasserverbrauch ging dadurch wieder zurück und beträgt derzeit ca. 140 Mio. m^3/Jahr. 1 Liter köstliches Quellwasser kostet den Wiener nur 1,68 Groschen.

Das Wasserleitungsnetz umfaßt mehr als 3000 km öffentliche Rohrstränge und über 97 000 Abzweigleitungen.

Um das äußerst fein aufeinander abgestimmte System des Wasserhaushaltes und der Wassergewinnung besser einschätzen zu können, erarbeitet die Stadt Wien ein Karstforschungsprojekt (QUIS), welches Methoden und Instrumentarien zur Erfassung und Analyse aller für einen nachhaltigen Quellschutz in Karstgebieten erforderlichen Informationen im Hinblick auf die Aspekte der laufenden Administration, des Krisenmanagements sowie der Planung beinhaltet, und eine Ergänzung zu dem bereits seit einigen Jahren laufenden interdisziplinären Karstforschungsprogramm darstellt.

Wasserleitungsmuseum Wildalpen:
Hier erfährt man die Entstehungsgeschichte der 2. Wiener Hochquellenwasserleitung, Geologie, Hygiene und Betriebstechnik, die Pfarr- und Heimatgeschichte von Wildalpen.
Infos: Betriebsleitung Wildalpen, 8924 Wildalpen Sausenbach 14 (Steiermark), Tel.: 03636/451-0; Magistrat der Stadt Wien, MA 31 – Wasserwerke, 1061 Wien Grabnergasse 4-6, Tel.: 01/59959-94510.

Wasserleitungsmuseum Kaiserbrunn:
Hier erfährt man die Entstehungsgeschichte der 1. Wiener Hochquellenwasserleitung, Geologie, Hygiene und Betriebstechnik. Infos: Betriebsleitung Hirschwang, 2652 Hirschwang 67 (Niederösterreich), Tel.: 02666/2548.

Huebmer-Gedächtnisstätte:
Hier erfährt man Wissenswertes über Georg Huebmer, den legendären „Raxkönig", und über die Geschichte der Holzgewinnung (Sterzessen und Kaffeetrinken am offenen Feuer). Infos: 2661 Naßwald (Niederösterreich), Tel.: 02667/7242.

Ein Blick ins Innere der Quellfassung des Kaiserbrunnens

Literatur

ADLER W., OSWALD K., FISCHER R., HG. M.A. FISCHER: Exkursionsflora von Österreich. Verlag Eugen Ulmer, Stuttgart und Wien, 1994

BRIX F. u. SCHULTZ O.: Erdöl und Erdgas in Österreich. Veröffentl. Naturhistor. Museum Wien, 1993

BRINKMANN R.: Abriß der Geologie (Bd. 1). Enke Verlag, Stuttgart, 1980

DAUCHER H., RETTENEGGER G., SCHÖRKHUBER O.: Hintergebirge – Stilles Leben im grünen Meer. Verlag Weishaupt, 1992

DECKER K., PERRESSON H., FAUPL P.: Die miozäne Tektonik der östlichen Kalkalpen; Kinematik, Paläospannungen und Deformationsaufteilung während der „lateralen Extrusion" der Zentralalpen. Jahrbuch d. Geolog. Bundesanstalt Wien, 1994

Der Nationalpark Kalkalpen im Spiegel der Presse: Forschungsarbeit. Verein Nationalpark Kalkalpen, 1993

DIESENER G., REICHHOLF J.: Lurche und Kriechtiere. Mosaikverlag München, 1985

FINKENZELLER X., GRAU J.: Alpenblumen. Mosaikverlag München, 1984

GRABNER S.: Die Vegetation des Warscheneckstockes oberhalb der Waldgrenze (Oberösterr. Landesgebiet). Verein Nationalpark Kalkalpen, Bericht 1991

GRANER H. P.: Nationalpark Donau-March-Thaya-Auen. Die letzte Aulandschaft Mitteleuropas. Verlag Chr. Brandstätter Wien, 1994

GRANER H. P.: Österreichs Nationalparks – Idee und Realität. Verlag Chr. Brandstätter Wien, 1996

HAIDER S.: Geschichte Oberösterreichs. Verlag f. Geschichte u. Politik, 1987

Heimat Eisenwurzen. Beiträge zum Eisenstraßensymposion Weyer. Verlag Ennsthaler, 1997

HÖRANDL E.: Die Flora der Umgebung von Hinterstoder mit Einschluß der Prielgruppe (Oberösterreich). Stapfia, Botanische Arbeitsgemeinschaft am OÖ Landesmuseum Linz, 1989

HOCHRATHNER P.: Die Brutvogelfauna im Sengsengebirge. Verein Nationalpark Kalkalpen, Jahresberichte 1991

Jahresforschungsbericht 1990 Verein Nationalpark Kalkalpen, 1990

Land der Hämmer: Heimat Eisenwurzen. Katalog der O.Ö.Landesausstellung, 1998. Residenz-Verlag, Salzburg

LEHR R.: Landeschronik Oberösterreich. Verlag Chr. Brandstätter, 1987

KOMAREK A.: Salzkammergut. Reise durch ein unbekanntes Land. Verlag Kremayr u. Scheriau, Wien, 1994

KUFFNER D.: Die Gassel-Tropfsteinhöhle. HG. Verein für Höhlenkunde Ebensee, 1997

KUSCHE R.: Gold, das nicht glänzt. Eigenverlag, 1994

MÜNKER B.: Wildblumen. Mosaikverlag München, 1982

Natur im Aufwind: Die Nationalpark Kalkalpen-Zeitschrift, Hefte Nr. 1/92, 4/93, 7/94, 10/94, 12/95, 13/95, 14/95, 15/95, 16/96, 17/96, 19/97, 20/97, 21/97, 22/97, 23/97

Natur im Aufwind: Der Nationalpark in den oberösterreichischen Kalkalpen. Linz: Landesverlag, 1997

PACHER M., DÖPPES D.: Zwei Faunenelemente aus Pleistozänen Höhlenfundstellen des Toten Gebirges Canis Lupus L. und Gulo gulo L. Geolog. Paläont. Mitteilungen Innsbruck, 1997

Planungskonzept Nationalpark Kalkalpen – Verordnungsabschnitt 1: Amt der O.Ö. Landesregierung Nationalpark – Planung, 1993

PÜRCHER A. u. E., REINISCH G.: Erlebnis Salzkammergut. Verlag Styria, Graz, Wien, Köln, 1992

PITTERLE A.: Waldbau in Nationalparken. Wesentlichste Waldgesellschaften und deren Behandlung in Kern- und Außenzonen – Kalkalpen. Studie des Waldbau-Institutes d. Univ. für Bodenkultur – Wien, i.A. BMUJF. (unveröffentlicht), 1994

REDL K.: Wildwachsende Orchideen in Österreich. Eigenverlag, 1996

REICHHOLF-RIEHM H.: Insekten. Mosaikverlag München, 1984

REICHHOLF-RIEHM H.: Schmetterlinge. Mosaikverlag München, 1984

Richtlinien für Management-Kategorien von Schutzgebieten: IUCN, 1994

SAUER F.: Landvögel. Mosaikverlag München, 1982

SAUER F.: Wasservögel. Mosaikverlag München, 1982

SCHERZINGER W.: Am längeren Ast. Natur im Aufwind, Heft Nr.10, Winter 1994

STADLER I.: Vegetationskartierung im Reichraminger Hintergebirge mit Schwerpunkt i. d. Kernzone des Nationalpark-Planungsgebiets (exkl. Almen) nördlich des Langfirst. Verein Nationalpark Kalkalpen, Jahresbericht 1991

STADLER I.: Vegetationskartierung im Reichraminger Hintergebirge. Verein Nationalpark Kalkalpen, Endbericht 1992

STRAUCH M.: Rote Liste gefährdeter Farn- und Blütenpflanzen Oberösterreichs und Liste der einheimischen Farn- und Blütenpflanzen Oberösterreichs. Beiträge zur Naturkunde Oberösterreichs Band 5/1997

TOCKNER K., FESL CH., WEILGUNI H.: Limnologische Studie Hinterer Rettenbach. Verein Nationalpark Kalkalpen, Jahresberichte 1991
TREFFER G.: Weißes Gold – 3000 Jahre Salz in Österreich. Verlag F. Molden Wien-München-Zürich-New York, 1981
TRIMMEL H.: Die Karstlandschaften der österreichischen Alpen und der Schutz ihres Lebensraumes und ihrer natürlichen Ressourcen. HG. CIPRA Österreich, 1998
TRIMMEL H.: Höhlenkunde. Verlag Friedrich Vieweg u. Sohn, Braunschweig, 1968
WAGNER CH., WESTERMANN K.M.: Salzkammergut. Natur- und Kulturlandschaft. Edition Christian Brandstätter, 1996
WEICHENBERGER J.: Systematische Dokumentation der unterirdischen Karstformen im Sengsengebirge und Reichraminger Hintergebirge. Amt d. O.Ö. Landesreg. Nationalparkplanung im Verein Nationalpark Kalkalpen, Jahresbericht 1991
WEICHENBERGER J.: Speläologische Bearbeitung des Transekt-Gebietes Sengsengebirge. Verein Nationalpark Kalkalpen, 1992
WEICHENBERGER J.: Die Holztrift im Nationalpark Kalkalpen. Verein Nationalpark Kalkalpen, 1994
Windischgarsten – 550 Jahre Markt. Eigenverlag, 1994

Bildnachweis

Franz Antonicek: S. 51, 53, 66 u.
Walter Berger: S. 85 r., 89 u. l.
Birdlife Österreich: S. 65
Markus Lutz und Emmerich Wallerberger, Verein für Höhlenkunde Sierning O.Ö.: S. 45
Nationalparkverwaltung Hohe Tauern/Salzburg
Ferdinand Rieder: S. 67 u., 69 u., 86
Nationalparkverwaltung Hohe Tauern/Tirol, Alpenzoo: S. 70 u. l., 90 u. r.
Roland Mayr: S. 82
Österreich-Werbung: Himsel S. 179, Trumler S. 181 o., S. 185, Kneidinger S. 183 o., Wiesenhofer S. 184 o., Diejun S. 184 u.
Zdenek Tunka: S. 54 r., 64 u. l., 66 o., 67 o.
Verlag Christian Brandstätter: S. 110 u, 111, 136 o., 146, 147, 148 o., u., 149, 151
Sammlung Michael Wartecker: S. 128
Alle übrigen Photos stammen von Hans Peter Graner

Danksagung

Für fachliche Hinweise und Unterstützung bei der Erstellung der Manuskripte möchte ich folgenden Wissenschaftlern und Persönlichkeiten besonders danken: Mag. Dr. Walpurga Antl-Weiser (Geschichte der Region), Dipl. Ing. Christian Fraissl (Waldgesellschaften, Forstwirtschaft), Nationalparkdirektor Dr. Erich Mayrhofer (Gesamtdurchsicht der Texte), Univ. Prof. Dr. Friedrich Reimoser (Wildtiere, Wildtiermanagement), Univ. Prof. Dr. Hubert Trimmel (Karstökologie), Dr. Ernst Vitek (Botanik), Univ. Prof. Dr. Kurt Zukrigl (Waldgesellschaften, Forstwirtschaft).

Besonderer Dank gilt hier vor allem meinem Freund Dr. Thomas Hofmann für seine selbstlose Unterstützung bei der Erstellung der geologischen Texte und dazugehöriger Bildunterschriften.

Für die Bereitstellung von Unterlagen und weiteren wertvollen Materialien möchte ich insbesondere den Bürgermeistern, Gemeindesekretären und Fremdenverkehrsreferenten der Nationalparkgemeinden und der gesamten Nationalparkregion herzlich danken.

Weiterer Dank gilt Franz Antonicek, Ing. Franz Burgstaller, Sepp Kerschbaumsteiner, Mag. Johannes Kubalek, Johann Löschenkohl, OFö. Ing. Johann Mayer, Roland Mayr, OFR. Dipl. Ing. Gerald Plattner, Ferdinand Rieder, Gertrude Rumplmayr, KR Ing. Alois Salzmann, Karl Schatzl, Dr. Robert Seemann, Hugo Tannwalder, FR. Dipl. Ing. Herbert Weidinger, Franz Wimmer, Karl Zemsauer sen., Gerhard Zeppetsauer, Josef Zeppetsauer.

Weiterer Dank gilt FM. Dipl. Ing. Harald Lindner vom Cumberland Wildtierpark.

Für ihre großartige und immer bereitwillig gewährte Unterstützung bei der Erstellung des umfangreichen Bild- und Textmaterials möchte ich vor allem meinen Freunden Helmut Frank, Manfred Furtner, Rudi Göbel, Friedl und Adi Priller, GR. Michael Schwarzlmüller, Hanns Senftl sowie Ing. Hans und Erika Wollatz herzlich danken.

Besonderer Dank gilt LH. Bgm. Dr. Michael Häupl, LR. Dipl. Ing. Erich Haider und Vors. d. Gewerkschaft d. Gemeindebediensteten Günter Weninger, ohne deren Unterstützung dieses Buch nicht zustande gekommen wäre.

Österreichs Regionen im Verlag Christian Brandstätter

Christoph Wagner · Lois Lammerhuber
DAS MOSTVIERTEL
Natur- und Kulturlandschaft
192 Seiten mit 128 Farb- und 20 SW-Abb.
Format 24 x 29 cm. Schutzumschlag.
ISBN 3-85447-546-2
DM 136,-, öS 990,-, sfr 121,-

Christoph Wagner · Kurt-Michael Westermann
DAS VIERTEL UNTER DEM WIENERWALD
Natur- und Kulturlandschaft
192 Seiten mit 130 Farb-Abbildungen.
Format 24 x 29 cm. Schutzumschlag.
ISBN 3-85447-993-3
DM 136,-, öS 990,-, sfr 121,-

Hans Schaumberger (Hg.)
DAS WALDVIERTEL
Natur- und Kulturlandschaft
200 Seiten mit 151 Farb- u. 20 Abb. in duotone.
Format 24 x 29 cm. Schutzumschlag.
ISBN 3-85447-420-2
DM 136,-, öS 990,-, sfr 121,-

Christoph Wagner · Lois Lammerhuber
DAS WEINVIERTEL
Natur- und Kulturlandschaft
192 Seiten mit 103 Farb- und 12 SW-Abb.
Format 24 x 29 cm. Schutzumschlag.
ISBN 3-85447-473-3
DM 136,-, öS 990,-, sfr 121,-

Christoph Wagner · Lois Lammerhuber
DIE WACHAU
Natur- und Kulturlandschaft
192 Seiten mit 125 Farb-Abbildungen.
Format 24 x 29 cm. Schutzumschlag.
ISBN 3-85447-566-7
DM 136,-, öS 990,-, sfr 121,-

Christoph Wagner · Gerhard Trumler
DAS MÜHLVIERTEL
Natur- und Kulturlandschaft
200 Seiten mit 127 Farb-Abbildungen.
Format 24 x 29 cm. Schutzumschlag.
ISBN 3-85447-730-9
DM 136,-, öS 990,-, sfr 121,-